무엇이 한국사회를 분열시키나?

조화순 편

박영사

머리말

이 책은 오늘날 한국사회의 분열을 초래하는 다양한 요인에 주목하고 있다. 이 주제는 연세대학교 디지털사회과학센터가 오랫동안 집중해온 문제이기도 하다. 지난 10여 년간, 탈진실(post-truth) 현상이 공동체와 민주주의에 가져온 위기를 진단하고 이에 대한 해법을 모색하기 위한 연구가 꾸준히 이루어져 왔다. 정치적 양극화와 민주주의 쇠퇴, 그리고 이를 극복하기 위한 스마트시티즌의 역할 강화는 센터의 지속적인 연구의제였으며, 본 책은 이러한 오랜 축적의 결실이다.

『무엇이 한국사회를 분열시키나?』는 최근의 급변하는 정세가 반영되어 있다. 탈진실 시대를 살아가는 사람들이 각자의 진실을 주장하며 정치적 양극화로 나아간다는 점은 이미 많은 이들이 인지하는 현상이다. 그러던 중 2024년 12월 계엄령 선포와 뒤이은 탄핵 과정을 거치며 전개된 일련의 사태는 일반 국민들의 예상을 훨씬 뛰어넘는 충격을 안겼다. 한국사회 내 분열의 양상이 우리가 인식했던 수준보다 훨씬 더 심각하다는 사실이 드러났고, 이로 인해 '무엇이 현재의 상황을 초래했는가'라는 근본적인 질문이 제기되기에 이르렀다. 이러한 질문에 균형 잡힌 관점에서 체계적으로 정리된 답변을 접하기는 쉽지 않아 보인다. 언론과 정치권에서 제시되는 설명들은 부분적인 요인들을 다루고 있어 전체적인 그림을 파악하기 어렵고, 시민들이 더 쉽게 접하는 유튜브 등의 뉴미디어에서는 특정 관점에 치우친 설명들이 주를 이룬 한편 학계의 연구 성과들은 전문적이어서 대중들이 쉽게 접근하기 어렵다.

이러한 문제의식은 학술 연구의 경계를 넘어, 일반 시민들과 소통할 수 있는 방안을 함께 고민하게 만든다. 특히 현재 한국사회 분열의 원인을 체계적이면서도 포괄적으로 설명해줄 수 있는 책의 필요성이 절실한 상황이다. 물론 분열을 유발하는 다양한 요인들에 대해서는 이미 상당한 연구 축적이 이루어져 왔고, 그동안의 연구들 또한 이와 깊게 맞닿아 있다. 그럼에도 불구하고 이러한 요인들을 총체적으로 다루면서도 일반 독자들이 어렵지 않게 접근할 수 있는 대중서는 드물다. 이에 따라 다양한 분야의 연구 성과를 종합하고, 한국사회 분열의 다차원적 구조를 명확하고도 쉽게 설명하는 책을 기획하게 되었다.

이 책은 분열의 요인들을 크게 세 차원으로 나누어 접근한다. 개인적 차원에서는 디지털 공간에서의 감정 증폭과 사이버폭력, 인지 편향과 정치적 과신, 그리고 음모론의 확산에 주목한다. 기술적 차원에서는 인공지능 기술이 어떻게 사회적 분열을 조장하거나 완화할 수 있는지를 살펴본다. 정치적 차원에서는 정파적 미디어의 역할, 당파적 양극화와 세대와 연령의 문제 그리고 경쟁하는 민족주의 서사를 다룬다. 나아가 단순히 분열의 원인을 진단하는 데에만 머물지 않고 현재의 비관적 상황 속에서도 분열을 극복하고 민주적 공동체를 회복할 수 있는 구체적인 방안들을 함께 제시하고자 한다.

이 책은 각 분야의 전문가들이 오랜 연구 경험과 다양한 연구성과를 바탕으로 분열의 각 요인을 설명하고 실현 가능한 대안을 제안하고 있으면서도 일반 독자들과 학생들이 부담 없이 읽을 수 있도록 집필되었다. 저자들은 분열의 원인에 대한 이론적 설명과 함께, 우리가 일상에서 쉽게 접할 수 있는 구체적인 사례들을 중심으로 서술함으로써 복잡한 사회 현상을 보다 친근하게 설명하고자 했다. 이를 통해 많은 사람들이 한국사회의 분열 구조를 더 깊이 이해하고, 나아가 이를 극복하기 위한 실천적 행동에 적극적으로 참여하기를 진심으로 기대한다.

분열은 하루아침에 만들어진 것이 아니듯 그것을 극복하는 것 역시 시간이 걸리는 일이다. 그러나 문제를 정확히 이해하는 것이 해결의 첫걸음이라는 믿음으로 이 책이 한국사회의 건강한 민주적 공동체 회복을 위한 작은 디딤돌이 되기를 바란다. 이 책은 2020년 대한민국 교육부와 한국연구재단의 지원을 받아 수행된 연구(NRF-2020S1A5C2A03093177)의 결과물이다. 이 책의 집필을 위해 귀한 원고를 작성해주신 저자들에게 감사드리고, 이 책의 출판에 선뜻 동의해주시고 좋은 책을 출판하기 위해 노력해준 박영사의 안상준 대표께도 고마운 마음을 전하고 싶다.

2025년 6월
연세대학교 디지털사회과학센터장
조화순

차례

제4장
음모론과 정치: 진단과 해법
/김범수/

제5장
정치와 AI 기술: 분열을 조장하는 무형의 힘
/한은수/

제6장
대형언어모델의 편향: 공통감각의 부재와 기술적 한계
/송경호/

제7장
소셜 미디어 공간의 가짜뉴스 확산: 양극화된 정치와 정파적 미디어의 전략적 활용

/ 민희 /

제8장
정당에 의해 갈라진 우리: 연령과 세대에 따른 분열

/ 김기동 · 이재묵 /

제9장

다중의 민족주의, 분열된 국가:
한국사회를 가르는 상상의 지도들

/장휘/

이 책의 참고문헌은 아래의 QR코드를 통해 확인하실 수 있습니다.

제1장

허위 정보의 시대, 분열은 어떻게 증폭되는가?

/조화순

제1장 허위 정보의 시대, 분열은 어떻게 증폭되는가?/조화순

2024년 계엄령 선포부터 2025년 대통령 탄핵 판결에 이르기까지, 한국사회는 극심한 사회적 갈등과 정치적 긴장 상태를 겪었다. 이 시기를 관통하는 정서는 단지 정책에 대한 의견 차이나 정치적 경쟁을 넘어서는 것이었다. 서로 다른 정치적 진영이 상대를 동등한 시민이 아니라 위협적인 존재로 인식하며, 대화보다 경계와 혐오, 소문과 공격이 일상화되는 양상이 나타났다. 일부 사회학자들이 이를 "심리적 내전"이라 부른 것은 단지 과장이 아니었다. 대립은 제도와 정당을 넘어서 개인 간의 신뢰까지 파괴하며, 같은 공간에 살면서도 전혀 다른 현실을 소비하는 이중 구조를 만들어냈다. 이러한 상황은 사회 구성원들이 더 이상 공통의 기반에서 사고하고 소통하지 못하게 되었음을 보여주며, 공동체가 하나의 현실을 공유하지 못하는 위기에 처해 있음을 시사한다.

이처럼 공적 신뢰가 위협받고 정서적 분열이 심화된 상태에서, 허위정보는 단순한 정보의 오류나 왜곡이 아니라, 사회적 긴장을 증폭시키고 감정을 증폭시키는 핵심 매개로 작동했다. 특히 2024년 이후의 한국사회는 정보 자체보다 정보가 불러일으키는 감정적 반응이 더 우선되는 환경으로 이동했다. 정보 소비의 속도는 검증의 속도를 압도했고, 디지털 플랫폼에서의 알고리즘 작동은 자극적이고 흥분을 유발하는 콘텐츠를 우선시했다. 이러한 구조 속에서 사람들은 정확한 사실을 추구하기보다, 정치적 정체성과 감정적 확신을 강화하기 위해 허위정보를 소비했다. 사람들은 자신이 믿고 싶은 방향의 정보만을 선택적으로 받아들이고, 자신이 속하지 않은 진영에서 나온 정보는 '가짜'로 간주하는 정보 소비의 이중 규범이 형성되었다고 해도 과언이 아니다. 이로 인해 허위정보는 더 이상 예외적 현상이 아니라, '심리적 내전' 상태에서 감정과 인식을 구성하는 방식의 일부가 되었는데, 2024년 12월 계엄령 이후 한국사회는 이를 잘 보여준다.

계엄령 선포 직후, 시민들은 실질적인 물리적 통제보다 '정보에 의한 통제'에 더 크게 반응했다. 가장 대표적인 사례는 '오후 11시 이후 통행 시 불시검문·체포'가 이루어진다는 조작된 뉴스 자막 이미지였다. 실제로 존재하지 않는 방송 내용을 정교하게 위조한 이 이미지는, 과거 군사정권 시절의 공포를 떠올리게 했고, 많은 이들이 즉각적으로 이를 가족과 지인에게 전달하며 사회적 확산을 가속시켰다. 동시에 SNS와 오픈채팅방을 통해 '도심에 장갑차가 출몰했다'는 사진이 퍼졌고, 이 이미지들은 실제로는 과거 군 훈련 중 찍힌 사진이거나 계절과 지역이 어긋나는 조작물이었지만, 시민들은 이미 사진 한 장으로 현실을 해석하고 공포에 빠져들기도 했다. 여기에 '계엄이라는 단어를 메신저에 쓰면 계정이 정지된다'거나 '대화 내용이 실시간으로 청와대에 전달된다'는 루머까지 더해지며 시민들은 자신의 사적 공간마저 감시당하고 있다는 인식을 내면화하게 되었다. 허위정보는 이처럼 두려움과 혼란이 가중된 상황에서, 현실보다 더 강한 현실감을 만들어내며 사회 전체를 '상상된 위기' 속으로 몰아넣기도 했다.

하지만 허위정보의 확산은 계엄령 직후에만 그치지 않았다. 탄핵 심판 과정에서도 허위정보는 정치적 이해관계에 따라 조직적으로 유통되었으며, 재판의 공정성과 정당성에 대한 근본적인 불신을 조장하는 방식으로 작동했다. 예를 들어, “보수 성향의 A 재판관과 B 재판관이 이미 탄핵 기각으로 입장을 정했다”거나 “재판관 3명이 대통령 파면을 주도하고 있다”는 식의 주장들이 실명과 얼굴 사진과 함께 SNS에 확산되었다. 또한 ‘헌재가 선고를 3월 13일 이후로 고의로 미뤄, 이후 재판관 수가 7명으로 줄어들게 되면 파면 요건인 6명 찬성을 얻기 어려워진다’는 음모론, ‘3월 17일에 탄핵 선고가 내려질 것’이라는 조작된 가짜뉴스까지 등장하면서 혼란은 더욱 심화되었다. 특히 ‘3월 17일 탄핵 선고설’의 경우, 인터넷상에서 가짜뉴스를 쉽게 만들 수 있는 자동 생성 사이트에서 제작된 것으로 확인되었지만, 이미 언론인들까지 혼란을 겪을 정도로 그 영향력은 상당했다.

이러한 허위정보의 성격은 몇 가지 공통된 특징으로 요약할 수 있다. 첫째, 허위정보는 집단적 불안과 공포를 의도적으로 유발하여 시민들의 감정적 판단을 앞세우게 만든다. 공포 속에서 사람들은 사실 여부보다 ‘불안에 대한 즉각적 대응’을 선택하게 되며, 이는 정보의 선별적 소비를 촉진한다. 둘째, 허위정보는 상대 진영을 악마화하고 제도적 정당성을 약화시킨다. 정치적 반대자나 공적 기관을 ‘부패한 권력’이나 ‘배후 세력’으로 서술함을 통해 정당한 경쟁과 심의의 공간을 무력화시킨다. 셋째, 허위정보는 정서적 반응을 기반으로 확산되기 때문에 논박이 어렵고 정정이 늦다는 특징을 가진다. 그 결과, 허위정보는 단지 정보 체계의 문제를 넘어서 공론장의 붕괴와 민주주의의 약화를 초래하는 인식적 무기로 작용하게 된다.

그러나 이러한 허위정보는 그 자체로 분열의 원인이라기보다는,

이미 분열된 사회에서 허위정보가 생산되고 소비될 수 있는 조건이 갖춰져 있기 때문에 작동하는 것이다. 즉, 허위정보는 분열의 결과이자 증상이자, 한국사회의 심층적 분열 구조를 드러내는 지표다. 이 책은 바로 그 분열의 조건을 다음과 같이 개인적, 기술적, 정치적 차원에서 추적하고자 한다.

첫째, 개인적 차원에서의 요인들은 분열의 정서적·인지적 기반과 관련되어 있다. 조계원(2장)은 사이버폭력이 단순한 말다툼이 아니라, 감정 왜곡과 혐오표현의 확산을 통해 사회적 갈등을 증폭시키는 구조적 문제로 진화하고 있다고 지적한다. 디지털 플랫폼은 자극적인 콘텐츠를 우선 노출시키고, 익명성은 감정적 반응과 공격성을 부추긴다. 이로 인해 '에코체임버' 현상이 심화되며, 타인에 대한 공감은 적대감으로 대체된다는 것이다. 이훈(3장)은 정치적 지식이 부족한 개인들이 유튜브 등에서 편향된 콘텐츠를 반복 소비하며 '지식의 환상'에 빠지는 현상을 설명한다. 이는 더닝-크루거 효과와 결합되어 타인의 견해를 왜곡하거나 배제하는 경향으로 이어지고, '우리 편은 옳고 상대는 무지하다'는 사고를 강화한다. 결국 허위정보는 단순 오류가 아닌, 정치적 소통을 가로막는 심리적 장벽이 된다는 점을 지적한다. 김범수(4장)는 '해로운 사건이 비밀스러운 집단에 의해 조작되었다고 확신하는 설명'으로서 음모론을 정치적 불신과 정파 갈등을 심화시키는 핵심요인으로 지목한다. 음모론은 검증없이 믿고, 그것을 사실처럼 주장하는 데서 생기는 갈등의 결과로서, 정치에 대한 불신과 혐오를 증폭시키고 정파 간 갈등을 심화시키며, 정부의 통치력을 약화시킨다고 지적한다.

둘째, 기술적 차원에서는 AI 기술의 발전에 주목한다. 한은수(5장)는 인공지능을 중립적 도구가 아닌, 설계와 활용 방식에 따라 우리를 갈라놓는 '보이지 않는 손'이 될 수 있는 힘으로 본다. AI는 정보 환경을 분절시키고, 정교한 허위정보와 감정 조작을 통해 사회적 불신과 갈등을 증폭시키며, 기술 발전 속도가 규제와 이해를 앞지르면서 그 분열 효과를 더욱 강화할 수 있다는 점을 선거를 중심으로 보여준다. 특히 마이크로타기팅과 챗봇을 통한 여론 조작은 민주적 토대를 잠식하는 방식으로 작동할 수 있음을 지적한다. 송경호(6장)는 AI 기술 중에서도 대형언어모델(Large Language Model, LLM)에 초점을 맞춘다. 그에 따르면, LLM의 정치적 편향이 모든 관점을 동등하게 다루지 않음으로써 사용자 인식과 신뢰에 영향을 미친다고 지적한다. 이러한 편향은 정보와 기술에 대한 신뢰를 약화시키고, 다양한 관점이 배제된 인지적 고립 상태를 조성하며, 민주적 공론의 기반이 되는 사실 공유를 어렵게 만들어 사회적 분열을 심화시킨다.

셋째, 정치적 차원에서는 허위정보가 전략적으로 활용되는 구조가 한국사회의 분열을 더욱 고착시키는 핵심 요인으로 작동하고 있다. 민희(7장)는 한국사회 분열의 원인을 가짜뉴스의 확산과 무기화, 소셜미디어 플랫폼의 증폭 역할, 정치적 양극화와 정파적 미디어의 심화, 그리고 정체성 정치와 혐오의 주류화로 설명한다. 특히 가짜뉴스가 단순한 거짓 정보를 넘어 정치적 조작 도구로 활용되면서 감정적 대립을 격화시키고, 소셜미디어의 필터버블과 에코 체임버 효과가 기존 신념을 강화하여 진영 논리를 심화시킨다고 진단한다. 이러한 환경에서 '누가 말했는가'가 '진실'보다 중요해지며, 가짜뉴스는 정체성의 신호로 작용하여 기존의 정파적 분열을 더욱 공고화한다고 분석한다. 김기동과 이재묵(8장)은 정당 정치가 감정적 충성심에 기반한 정체성 정치로 변화하고 있음을 분석한다. 특히 고령층과 특정 세대가 당파적 정체성과 강하게 결합되면서, 상대 진영에 대한 극단적 혐오가 일상화되고, 정치적 타협이나 연합은 배신으로 간주되는 환경이 조성된다. 이러한 정서적 양극화는 정치 엘리트의 협력 가능성을 약화시키고, 유권자 사이의 공통 기반을 무너뜨린다. 장휘(9장)는 오늘날 한국사회의 분열의 원인으로서 서로 충돌하는 민족주의 서사에 주목한다. 해방 이후 형성된 국가 주도의 민족주의는 반공과 국가주의적 동원을 중심으로 통합적 정체성을 구성해 왔지만, 민주화 이후 다양한 역사인식과 정치적 비전이 등장하면서 민족주의는 통합의 담론이 아니라 정치적 정체성의 경쟁 구도로 전환되었다. 각 진영은 자신만의 '진짜 한국인'을 주장하며 갈등을 심화시키고 있다.

이 책은 이처럼 한국사회 분열의 조건을 개인적 심리, 기술, 정치적 전략이라는 다층적 차원에서 분석할 뿐만 아니라, 이를 바탕으로 분열을 극복할 수 있는 방안 또한 제시한다. 먼저 2장(조계원)에서는 혐오표현, 디지털 마녀사냥, 온라인 극단주의와 같은 사이버폭력을 단순한 온라인 일탈이 아니라 사회적 불평등과 배제 구조 속에서 형성된 구조적 사회 문제로 인식할 것을 요구하며, 피해자 중심의 회복 지원, 플랫폼 기업의 책임 강화, 시민 개개인의 감정 조절과 공감 능력 함양 등을 포함한 사회 전체의 공동 대응이 필요하다고 강조한다. 3장(이훈)은 정치적 과신과 정보 편향을 극복하기 위한 방법으로 메타인지 개입 전략과 역알고리즘 도입, 그리고 유튜브 등 플랫폼 환경에 맞춘 종합적 미디어 리터러시 교육을 제안한다. 이 교육은 알고리즘 구조 이해, 출처 평가, 과신의 위험성 인식 등을 포함하며, 특히 정체성에 기반한 강한 신념을 지닌 이들과의 소통에는 공감과 자기성찰을 유도하는 대화 방식이 효과적임을 강조한다. 4장(김범수)은 음모론을 극복하려면 개인이 정파적 감정과 편향을 절제하고, 증거 기반의 이성적 토론에 참여하며, 투명성과 공론장을 적극적으로 요구해야 한다고 강조한다. 동시에 정부는 중립적이고 투명한 조사를 수행하고 그 결과를 명확히 소통함으로써 사회적 신뢰를 회복하는 역할을 수행해야 한다.

5장(한은수)은 AI가 분열의 도구가 되지 않기 위해서는 개인의 비판적 정보 소비 습관과 감정 조절 노력이 필요하다고 강조한다. 동시에 플랫폼 기업을 중심으로 투명성 확보, 편향 문제 대응, 윤리 기준 정립 등 제도적 대응이 병행되어야 한다고 제안한다. 이러한 다층적 접근을 통해 AI 기술의 사회적 영향력을 민주적 방향으로 이끌어 갈 수 있다고 전망한다. 6장(송경호)은 AI가 분열을 심화시키는 기술적 조건이 될 수도 있지만, 올바르게 설계될 경우 오히려 공통 기반 회복의 도구로 작동할 수 있다고 본다. 이를 위해 AI는 다원성과 공공 윤리를 반영한 구조로 설계되어야 하며, 정치적 정렬 과정의 민주적 대표성과 투명성, 피해 구제를 위한 제도 마련, 균형 잡힌 정보 제공 기능과 편향 감지·인식 도구로서의 활용이 함께 논의되어야 함을 지적한다.

7장(민희)은 정파적 미디어와 정치 양극화로 인한 가짜뉴스의 범람과 탈진실 시대의 극복 방안을 정치·사회·기술적 측면에서 제시한다. 정치적으로는 정당 간 협력과 민주적 공론장 회복, 사회적으로는 '시민적 의도성'을 바탕으로 한 미디어 리터러시(media literacy) 향상을 위한 문화 정착, 기술적으로는 개인 메시징 앱(personal messaging app) 등에 대한 대응 전략 마련이 필요함을 강조한다. 8장(김기동·이재묵)은 정서적 양극화를 심화시키는 세대와 연령에 주목해야 할 것을 강조하면서 사회의 적대감을 고조시키는 세대의 자정 노력을 촉구한다. 마지막으로 9장(장휘)은 민족주의의 경쟁으로 인한 분열을 극복하기 위해 민족주의의 재구성을 제안한다. 이는 개인의 권리, 자유, 참여와 같은 보편적 가치에 기반한 새로운 국가 서사를 구축하는 것을 의미한다. 이를 통해 다양한 정체성과 기억이 공존할 수 있는 포용적 민주주의의 실현을 촉구한다.

제2장

디지털 공간의 감정과 폭력: 디지털의 숨은 상처/조계원

제2장

디지털 공간의 감정과 폭력: 디지털의 숨은 상처/조계원

최근 몇 년 사이, 사이버폭력은 단순한 말다툼이나 익명의 욕설을 넘어, 개인의 삶을 무너뜨리고 사회 전체의 신뢰를 흔드는 심각한 문제로 부상하고 있다. 과거에는 사이버폭력이 주로 채팅방이나 댓글에서 일어나는 언어적 폭력, 악성 댓글이나 조롱 정도로 인식되었지만, 이제는 그 범위와 양상이 훨씬 넓어지고 정교해졌다. 대표적으로 딥페이크(deepfake) 기술은 인공지능을 활용해 사람의 얼굴과 목소리를 조작한 영상이나 음성을 만들어내며, 실제 하지 않은 행동이나 말을 마치 사실인 것처럼 퍼뜨려 피해자의 삶을 송두리째 파괴한다. 이처럼 사이버폭력은 단순한 온라인상 말다툼을 넘어, 누군가의 정체성과 삶 전체를 위협하는 감정적·사회적 폭력으로 진화하고 있다.

더욱이 사이버폭력은 개인의 문제에 그치지 않고, 사회적 갈등을 증폭시키고 공동체의 기반을 약화시키는 구조적 문제로 확대되고 있다. 디지털 공간에서는 감정을 자극하는 발언일수록 더 많은 클릭과 공유를 유도하기 때문에, 알고리즘에 의해 확산 속도가 더욱 빨라지고, 혐오가 일상화되기 쉬운 환경이 조성된다. 성별, 인종, 출신 지역, 종교, 성적 지향 등 개인이 선택할 수 없는 정체성을 이유로 한 혐오표현은 '농담'이나 '의견'처럼 포장되어 쉽게 소비되지만, 실제로는 특정 집단에 대한 사회적 배제와 낙인을 정당화하며, 개인에게 깊은 불안과 고립감을 안긴다. 이러한 혐오표현이 반복적으로 유통되면 사람들의 인식은 점점 왜곡되고, 차별과 폭력에 대한 감수성도 무뎌진다. 또한 '디지털 마녀사냥'과 같은 집단적 응징 문화가 정당한 비판처럼 포장되는 경우도 많다. 이 과정에서 '공공의 적'으로 지목된 개인이나 집단은 사회적 낙인을 뒤집어쓴 채 불특정 다수의 공격을 감당해야 하며, 그 결과 극단적 선택으로 이어지기도 한다. 최근에는 온라인상에서 축적된 분노와 혐오가 현실의 물리적 폭력, 극단주의적 행동으로 이어지는 사례도 발생하고 있다. 이러한 현상은 사이버폭력이 사회적 불평등, 정보의 왜곡, 공감 능력의 약화, 민주주의 가치의 훼손과 같은 복합적인 구조적 문제와 얽혀 있음을 보여준다.

사이버폭력은 디지털 공간을 통해 이루어지는 다양한 형태의 인권 침해를 포괄하는 개념으로, 인터넷이나 스마트폰을 매개로 한 모든 유형의 폭력 행위를 포함한다. 그 범위는 매우 넓으며, 기술 발전과 함께 새로운 방식의 폭력도 계속해서 등장하고 있다. 이는 전통적인 폭력이 장소를 옮겨 온라인에서 반복되는 것에 그치지 않고, 디지털 환경 자체가 새로운 폭력의 양식을 만들어내는 배경이 되고 있다는 점에서 더욱 주목할 필요가 있다. 사이버폭력은 사회 구조와 문화 속에서 반복적으로 발생하는 복합적인 현상이므로, 이를 단지 개인의 일탈로 보지 않고 사회 전체가 함께 해결해야 할 과제로 인식하는 것이 중요하다.

이러한 문제의식에서 이 장은 '무엇이 사이버폭력을 낳는가'라는 질문에서 출발해, 디지털 공간에서 감정이 증폭되고 확산되는 구조적 특성을 살펴본다. 이어서, 이러한 특성이 어떻게 혐오표현과 디지털 마녀사냥이라는 형태로 구체화되는지를 분석하고, 나아가 사이버폭력이 단지 온라인상의 문제가 아니라 현실의 극단적 폭력과 사회적 분열로 이어질 수 있다는 점을 지적한다. 마지막으로, 이러한 디지털 시대의 사이버폭력을 어떻게 극복할 수 있을지에 대해 사회적 대응 방안과 책임 있는 시민성을 중심으로 방향을 제시한다.

1. 디지털 공간의 구조가 만든 상처: 사이버폭력의 깊은 그림자

중학생 지훈이는 친구 준호에게 게임을 하자고 했지만, 준호는 바쁘다며 거절했다. 기분이 상한 지훈이는 화가 난 나머지 준호를 조롱하는 사진을 만들어 SNS에 올렸다. "얘는 친구보다 자기 일만 중요한 애"라는 말과 함께 올린 그 사진에는 곧 친구들의 댓글이 달리기 시작했다. "ㅋㅋ 진짜 딱이네.", "얘 원래 저랬어." 이 사진은 단체방을 넘어 다른 반 친구들까지 퍼졌고, 준호는 점점 모든 사람들이 자신을 비웃고 있다고 느끼기 시작했다. 준호는 그날 이후 학교 가는 것이 두려워졌고, 친구들과 눈을 마주치는 것도 힘들어졌다.

사람들이 인터넷에서 누군가를 공격하거나 상처 주는 말을 남길 때, 그 출발점은 아주 사소한 감정인 경우가 많다. 이 가상의 사례에서 지훈이는 처음엔 단지 기분이 조금 상했을 뿐이다. 서운함, 실망감, 분노와 같은 일상적인 감정은 디지털 공간에서 더 쉽게 표현된다. 글이나 사진을 올리거나, 댓글을 남기거나, 단체 채팅방에 누군가를 빼놓고 이야기하는 것만으로도 이러한 감정을 손쉽게 드러낼 수 있다. 누군가에게 상처 주는 말을 해도, 그 사람의 표정을 볼 수 없으니, 얼마나 아픈지 알기 어렵다. 그래서 가해자는 죄책감을 느끼지 못하고, 오히려 "그냥 장난이었어.", "그 정도 가지고 왜 그래?"라고 말할 수 있다.

디지털 공간에서는 한 번 튀어나온 감정이 점점 커진다. 누군가 화가 난 마음으로 올린 글이나 사진 하나가 많은 사람의 반응을 끌어내면, 그 감정은 점점 커진다. 장난처럼 시작한 말이나 이미지를 누군가 공유하고 댓글을 달면서 점점 거칠어지고, 비웃음이나 조롱으로 바뀐다. 처음에는 단 한 사람의 감정이었지만, 많은 반응이 덧붙여지면서 감정은 하나의 집단적인 흐름이 된다. SNS나 단체 채팅방 같은 디지털 공간에서는 이렇게 자극적인 감정이 더 잘 퍼지기 때문에 조롱이나 분노 같은 감정이 공감이나 침묵보다 훨씬 쉽게 확산된다. 결국 많은 사람이 이 분위기에서 벗어나지 못하고 감정에 편승하게 되면서, 자신도 모르게 가해자가 된다. 감정은 클릭을 타고 순식간에 퍼지고, 한 사람의 기분이 여러 사람의 행동을 바꾸기도 한다.

현실에서는 힘든 상황이 생기면 그 장소나 사람을 피하면 된다. 하지만 인터넷에서는 그렇지 않다. 폭력이 담긴 글이나 사진, 영상은 공간의 제한 없이 언제든 다시 나타나고, 피해자는 혼자 있어도 도망갈 수 없는 곳에서 계속 상처를 받는다. 준호는 단지 놀림을 받은 것이 아니라, 주변 친구들에게 버림받은 감정을 느꼈다. 감정이 증폭된 채로 이어지고, 그 안에서 고립된 느낌이 커진 것이다. 지훈은 장난 삼아 사진 하나 올렸다고 생각할지 모르지만, 그 사진은 준호에게 학교생활 전체를 흔드는 균열이 되었다. 이처럼 사이버폭력은 단지 사소한 말 한마디가 아니라, 작은 감정에서 시작해 큰 고통으로 이어질 수 있는 멈추기 어려운 감정의 폭력이다. 디지털 공간에 남긴 감정은 현실 속 누군가에겐 오래 남는 상처가 될 수 있다.

우리는 흔히 디지털을 '기술'이라고 생각한다. 인터넷, 스마트폰,

SNS, 채팅방 같은 것들은 정보를 전달하고 소통을 돕는 도구로 여겨진다. 하지만 이 기술을 통해 오가는 것은 단순한 언어나 표현이 아니다. 우리의 감정, 그리고 서로의 관계가 이 안에 담긴다. 친구에게 '좋아요'를 눌러주는 일, 단톡방에서 누군가를 배려하거나 무시하는 일, SNS에 올린 글에 달리는 댓글 하나하나에 우리는 웃고, 상처받고, 때로는 분노한다. 그래서 디지털은 감정이 모이고 부딪히고 흘러가는 공간이다. 게다가 이 공간은 눈에 보이지는 않지만, 실제 세계만큼이나 관계가 얽혀 있다. 누구와 단톡방을 같이 하고 있는지, 누가 내 글을 공유했는지, 어떤 이모티콘을 썼는지조차 관계의 신호가 된다. 누가 누구를 지지하거나 따돌리는지, 누가 누구의 감정을 무시하는지 모두 여기에서 드러난다. 우리는 차가운 스마트폰 화면을 들여다보고 있지만, 사실은 서로의 마음을 들여다보고 있는 셈이다. 디지털 공간에서의 소통은 대면 상호작용과는 다르다. 눈빛도, 목소리도, 표정도 없기 때문에, 같은 말이라도 사람마다 다르게 해석된다. 단순한 "그래"라는 말도 어떤 때는 동의처럼 느껴지고, 어떤 때는 무관심이나 비꼼처럼 들린다. 말투를 알 수 없으니, 이모티콘 하나, 말 끝에 붙인 점 하나가 감정의 방향을 바꿔버리기도 한다. 누군가 농담으로 보낸 메시지를 진심으로 받아들일 수도 있고, 반대로 진심어린 말이 가볍게 취급되기도 한다. 이렇게 디지털 공간에서는 감정이 쉽게 오해되거나 왜곡된다.

이런 감정의 왜곡은 단순한 오해로 끝나지 않는다. 오해는 쉽게 상처가 되고, 상처는 곧 공격성으로 바뀐다. '무시당했다', '놀림받았다'는 느낌은 상대가 그럴 의도가 없었더라도 실제로 관계를 틀어지게 만든다. 그렇게 시작된 감정은 글로, 댓글로, 이미지와 영상으로 표현되며 때로는 폭력적인 방식으로 표출된다. 또한 디지털 공간에서 상처를 받은 사람은 그 고통을 비슷한 방식으로 되갚으려는 유혹에 빠지기 쉽다. 자신이 당했던 조롱, 무시, 비난을 그대로 돌려주려고 하는 것이다. '나도 그렇게 당했으니까', '이번엔 네 차례야' 같은 마음은 다시 댓글을 달고, 이미지를 만들고, 친구를 끌어들여 보복하는 행동으로 이어진다. 이렇게 감정은 폭력이 되고, 그 폭력은 또 다른 감정을 낳으며 보이지 않는 복수의 고리를 만들어 낸다.

인터넷이나 스마트폰이 없는 삶을 경험하지 못한 '디지털 원주민' 세대는 디지털 공간 속의 평가와 평판에 특히 민감하다. SNS에서 몇 명이 '좋아요'를 눌렀는지, 어떤 댓글이 달렸는지를 자신의 가치나 지위를 결정하는 것처럼 느끼는 경우도 많다. 이들은 디지털 공간을 단지 온라인이 아니라, 자신을 표현하고 인정받는 '진짜 공간'으로 느끼며 자라왔기 때문에 그 안에서 무시를 당하거나 모욕을 느끼면, '이건 내 존재를 공격한 거야'처럼 받아들이게 된다. 그래서 손상된 자존감을 회복하기 위해 다른 사람을 공격하거나 지배하려는 모습을 보인다. 또한 여기서는 누가 더 센지, 누가 더 인기 있는지, 누가 더 무시당하는지와 같은 보이지 않는 '지위 게임'이 벌어지기도 한다. 이런 상황에서는 누군가를 공격해서 우위를 점하고 싶다는 유혹이 커지고, 그로 인해 폭력의 강도도 점점 심해질 수 있다. 이렇게 되면 처음엔 피해자였던 사람도 나중에는 또 다른 가해자가 되거나, 누가 피해자이고 누가 가해자인지 경계가 흐려지는 일도 일어난다(조계원, 2024).

방송통신위원회와 한국지능정보사회진흥원이 공동으로 실시한 「2024 사이버폭력 실태조사」 결과에 따르면, 청소년 응답자의 38.5%가 사이버폭력을 저지른 이유로 "상대방이 먼저 그런 행동을 해서 보복하려"했다고 답했으며, 이는 전체 항목 중 가장 높은 비율이었다. 또한 "상대방이 싫거나 화가 나서"라는 응답도 24.2%에 달해,

분노 감정이 사이버폭력의 출발점이 되는 비중이 높음을 알 수 있다. 성인 응답자에서도 보복(40.3%)과 분노(30.7%)가 주요한 동기로 나타났다. 가해 후 심리상태를 보면, "상대방에게 미안하고 후회했다"(청소년 60.2%, 성인 40.1%)는 답이 가장 많았지만, "정당한 행동이었다"(청소년 27.2%, 성인 38.7%), "흥미롭고 재미있었다"(청소년 16.2%, 성인 20.2%)는 응답도 높았다(방송통신위원회·한국지능정보사회진흥원, 2025). 이는 분노에 기반한 폭력이 때때로 자신의 행위를 정당화하거나 반복하게 만드는 심리적 기제를 형성함을 시사한다. 이러한 점에서 사이버폭력은 단지 순간적인 실수나 장난이 아니라, 감정의 누적과 오해, 그리고 되갚고 싶은 충동이 만들어낸 폭력이라고 할 수 있다.

디지털 공간에서는 감정이 현실보다 훨씬 더 빠르고, 자극적으로 움직인다. 익명성은 감정을 왜곡하고 과장되게 만들며, 이는 곧 폭력으로 이어질 가능성을 높인다. 현실에서는 다른 사람의 시선이나 사회적 규범이 우리의 감정을 절제하게 하지만, 인터넷에서는 자신이 누구인지 드러나지 않기 때문에 이러한 제약이 약해진다. 그 결과, 순간적인 분노와 같은 감정이 평소보다 더 거칠고 공격적인 방식으로 표출되기 쉽다. 익명성은 단순히 신원을 숨기는 기능에 그치는 것이 아니라, 감정의 브레이크를 약하게 만드는 구조적 요인으로 작용하는 것이다. 이런 환경에서 감정은 더 자극적이고 왜곡된 방식으로 흘러가게 된다. 특히 자제력이 아직 충분히 형성되지 않은 청소년의 경우, 감정 조절이 어렵고 충동적으로 반응하는 경향이 높다. 「2024 사이버폭력 실태조사」에 따르면, 청소년 피해자의 50.8%가 가해자를 전혀 모르는 사람이라고 답했으며, 가해 경험이 있는 응답자의 경우도 그 대상의 43.7%가 전혀 모르는 사이라고 답했다. 이는 사이버폭력이 사회적 관계나 맥락 없이도 발생할 수 있음을 뜻한다.

물론 디지털 공간에서 벌어지는 폭력이 꼭 서로 모르는 사이에서만 일어나는 것은 아니다. 친구 및 동료와 같은 가까운 사이나 게임에서 만난 사람처럼 온라인에서 알게 된 관계에서도 쉽게 사이버폭력이 벌어진다. 익명성이 보장되지 않더라도 화면 너머에 있다는 거리감, 직접 얼굴을 보지 않아 상대방의 감정이나 상처를 실감하기 어려운 구조, 그리고 단순한 말 한마디나 이모티콘, 짧은 댓글 등으로 쉽게 감정을 전달할 수 있는 환경이 결합되면서, 현실에서는 하지 못할 말과 행동도 디지털 공간에서는 훨씬 쉽게 튀어나온다. 디지털 공간에서는 상대방의 얼굴도, 표정도, 목소리도 보이지 않는다. 그래서 내가 어떤 말을 했을 때, 그 말을 들은 사람이 어떤 표정을 짓는지, 속으로 얼마나 놀라거나 상처받았는지를 알기 어렵다. 이처럼 감정에 대한 반응이 보이지 않으면, 우리는 점점 상대방을 진짜 사람이 아니라, 단지 반응 없는 화면 속 존재처럼 느끼게 된다. 그러다 보면 원래는 하지 않았을 말이나, 평소에는 참고 넘어갔을 행동도 쉽게 하게 된다. 마치 게임 속 캐릭터를 대하듯, 상대방의 감정을 잘 상상하지 못하게 되고, 그만큼 감정도 더 거칠고 폭력적으로 흘러갈 수 있는 것이다. 이처럼 디지털 공간의 특성은 폭력의 문턱을 낮추고, 평소에는 드러나지 않던 감정의 어두운 면까지 표출하게 만든다.

디지털 공간에서 감정이 왜곡되고 자극적으로 움직이는 것은, 단지 개인의 성격이나 상황만이 아니라 디지털 플랫폼의 구조 자체와도 깊이 관련돼 있다. 많은 디지털 플랫폼은 사람들이 사진이나 영상을 올리면, 그에 대한 반응이 바로 나타나도록 설계돼 있다. 예를 들어, 누군가 댓글을 달면 바로 알림이 오고, 친구가 '좋아요'를 누르면 바로 확인할 수 있다. 이렇게 빠르게 감정이 오가는 환경에서는 신중하게 생각하기보다는 즉시 반응하는 방식이 익숙해진다. 이때 강한 감정일수록 더 많은 주목을 받고 반응을 끌어내기 쉽기 때문에, 사람들은 점점 더 과장되고 자극적인 감정 표현을 하게 된다. 친구를 놀리거나 비꼬는 말, 공격적인 농담 같은 표현은 "장난이었다"는 말로 쉽게 넘어가는 경우가 많은데, 이런 행동이 반복되다 보면 단순한 예외가 아니라 그 안에서 통용되는 문화처럼 굳어지게 된다. 처음에는 진심으로 상처를 받았던 사람도 '다들 그러니까', '나만 예민한 건가?' 하고 느끼게 되고, 가해자 역시 '원래 이렇게 노는 거야'라고 정당화하게 된다. 결국 플랫폼은 감정 표현을 더 즉각적이고 자극적인 방향으로 유도하고, 그것이 반복되면서 공격적인 상호작용 자체가 일상적인 대화 방식처럼 자리잡는 구조가 만들어진다. 실제로 「2024 사이버폭력 실태조사」 결과에서도 사이버폭력이 가장 많이 일어나는 공간은 메신저, 온라인 게임, SNS 등 반응과 상호작용이 빠른 플랫폼들이었다. 이는 기술적 구조가 중립적인 매개체가 아니라, 감정의 속도와 강도를 키우는 가속장치 역할을 하고 있다는 것을 보여준다.

또한 디지털 플랫폼은 사용자들이 더 오래 머물고, 더 자주 반응하도록 설계되어 있다. 이를 위해 대부분의 플랫폼은 사용자의 관심을 끌 만한 자극적인 콘텐츠를 우선적으로 보여주는 알고리즘을 사용한다. 이러한 알고리즘은 정보의 정확성이나 균형보다는, 얼마나 강한 감정 반응을 일으킬 수 있는지가 콘텐츠의 확산 여부를 결정하는 기준이 된다. 그래서 차분한 말보다 분노, 따뜻한 칭찬보다 비난이나 조롱이 더 잘 보이고, 더 멀리 퍼진다. 댓글 한 줄, 공유 한 번, 밈 하나로 감정이 걷잡을 수 없이 확산되는 것이다. 이처럼 디지털 플랫폼은 감정 표현의 양을 늘리고, 감정 전달의 속도를 높이며, 감정의 수위를 끌어올리는 방식으로 작동한다. 공감보다는 조롱, 대화보다는 공격이 더 많은 반응을 얻는 구조 속에서, 감정의 흐름은 갈등과 혐오의 방향으로 흐르기 쉽다. 이 점에서 사이버폭력은 디지털 기술이 구성해 놓은 감정의 정치적 공간에서 발생하는 구조적 현상이라고 볼 수 있다.

디지털 공간에서 벌어지는 사이버폭력으로 인한 상처는 겉으로 잘 드러나지 않는다. 현실에서 누가 맞거나 소리를 지르면 주변 사람들이 알아차릴 수 있지만, 인터넷에서는 피해자의 고통이 조용하게, 그리고 오랫동안 이어진다. 말 한마디, 사진 한 장, 댓글 하나가 누군가의 마음을 찌르고 지나가도, 대부분의 사람은 그걸 알아차리지 못한다. 아무 일도 없는 듯 보이는데, 본인은 SNS를 열었다 닫았다 하며 온종일 불안에 시달린다. 댓글 하나를 다시 읽고, 채팅방을 들여다보며, 자신이 조롱받고 있다는 느낌에 움츠러든다. 몸에 멍이 드는 대신, 마음에 멍이 드는 폭력이다. 피해자는 "별일 아니잖아"라는 말에 더 고립되고, 혼자서 그 상황을 감당해야 한다. 특히 디지털 콘텐츠는 한 번 퍼지면 그 전파 속도가 빠르고, 어디까지 번졌는지 확인하기도 어렵다. 누군가 올린 조롱이나 비난, 조작된 사진이나 영상은 삭제하더라도 캡처되거나 복사돼 영구적으로 다른 곳에 남아 있을 가능성이 크다. 피해자는 이런 상황에서 점점 더 무력감을 느끼고, 대처할 의지도 꺾이게 된다. 자신이 혼자서 끝없이 싸워야 하는 것처럼 느끼다가 무너지는 것이다. 많은 피해자들은 이런 고통을 주위 사람들에게 말하지 않는다. '알리면 일이 커질지도 몰라'라는 생각이 피해자를 더 침묵하게 만든다. 때로는 부끄럽고, 때로는 두렵고, 때로는 아무도 믿을 수 없기 때문이다. 이렇게 해서 디지털 공간에서의 상처는 깊이 묻히고, 보이지 않는 고통으로 남는다.

2. 우리를 찢어놓는 말들, 혐오표현

"리아는 냄새 나." 누군가 단체 채팅방에 그렇게 썼다. 리아는 동남아 출신 엄마를 둔 다문화 가정의 중학생이다. 누군가 "급식 먹을 때 나도 냄새 나는 것 같아."라고 썼고, 이어 "다문화라 그런가?"와 같은 댓글이 줄줄이 달렸다. 그 채팅방에 있던 아이들 대부분은 아무 말도 하지 않았다. 리아는 점점 혼자 있는 시간이 많아졌고, 자기 사진은 절대 올리지 않겠다고 다짐했다.

김지혜의 『선량한 차별주의자』 6장 내용을 바탕으로 만든 이 사례는 혐오표현이 어떻게 일상적인 말 속에 숨어들어 타인을 배제하고 고립시키는지를 보여준다. "냄새 난다"는 말은 겉보기에 단순한 감각적 진술처럼 보일 수 있다. 하지만 특정한 사람이나 집단을 향해 사용될 때, 이 말은 사회적 낙인과 감정적 배제의 메시지를 담게 된다. 여기에는 '다문화 가정 출신'이라는 정체성을 근거로 그를 불쾌하고 이질적인 존재로 규정짓는 사회적 편견이 섞여 있다. 그래서 이 말은 단지 후각에 대한 묘사가 아니라, 그 대상을 멀리하고 싶고, 함께하기 꺼리는 존재로 낙인찍는 감정적 표현이라고 할 수 있다(하홍규, 2021). 문제는 이 말이 장난처럼 소비되고, 아무도 말리지 않았다는 데 있다. 이런 말이 반복되면, 대상은 점점 공동체에서 배제되고, 스스로를 숨기게 되며, 혐오의 말은 일상적인 폭력으로 굳어진다. 리아가 스스로의 존재를 숨기고 고립되기를 선택한 것은, 단순히 상처 받아서가 아니라 공동체 안에서 자신이 '환영받지 않는 존재'라는 메시지를 반복적으로 전달받은 결과인 셈이다.

'다문화'라는 단어는 원래 문화적 배경이 다양한 사람들과의 공존을 의미하는 중립적 개념이다. 하지만 최근에는 이 단어가 특정 집단을 조롱하고 구별짓는 부정적인 의미로 사용되는 경우가 많다. 예를 들어, "다문화라 그런가?", "역시 다문화 애들은…" 같은 말은 누군가의 실수나 행동을 그의 문화적 배경 탓으로 돌리며, 다문화 배경의 자녀들을 일반적인 규범에서 벗어난 존재로 낙인찍는 역할을 한다. 여기서 '다문화'는 더 이상 다양한 문화를 뜻하지 않는다. 대신 '이질적이고 문제를 일으키는 존재', '우리와는 다른 사람'이라는 평가가 덧붙은 말이 된다. '다문화'라는 단어가 혐오의 언어로 전락하게 되는 순간, 그것은 그 사람의 문화나 배경에 대한 이해가 아니라, 배제와 차별을 정당화하는 집단적 감정의 표현이 되어버린다(김지혜, 2019). 다문화 가정에 대한 혐오표현은 종종 "세금을 축낸다", "불법체류자일 거다", "우리가 차별당하고 있다"는 식의 말들과 연결된다. 그 결과, 다문화 가정에 사회적 지원이 제공되는 것조차 '불공평하다'고 여겨지기도 한다(조숙정·조일윤, 2024). 이런 사회적 분위기 속에서 다문화 가정의 아이들은 아무런 잘못 없어도 단지 '다르다'는 이유만으로 조롱당하고 배제된다.

'다문화'라는 말은 단지 리아 한 사람을 향한 조롱이 아니다. 이 말을 듣는 다른 다문화 가정의 자녀들 혹은 그와 유사한 정체성을 지닌 친구들도 '나도 저런 말의 대상이 될 수 있다'는 불안과 두려움을 느끼게 된다. 그래서 혐오표현은 직접적으로 지목된 사람뿐 아니라, 그와 비슷한 조건에 있는 제2, 제3의 리아들에게도 깊은 상처를 남긴다. 이들은 자신이 속한 배경이나 정체성을 부끄럽게 여기거나 드러내지 않으려 하며, 결국 말수가 줄고 타인과의 관계를 피하게 된다. 혐오는 이렇게 개별적인 상처를 넘어, 집단적인 침묵과 고립을 만들어내는 힘으로 작동한다.

혐오표현이란 단순히 누군가를 싫어한다는 감정을 넘어서, 그 사람이나 집단이 '우리와 다르다', '정상에서 벗어났다'는 낙인을 찍는 말이나 행동을 말한다. 이런 표현은 보통 인종, 성별, 국적, 성적 지향, 종교, 장애, 지역, 계층, 외모 등 개인이 선택할 수 없는 정체성이나 배경을 근거로 한다. 그리고 이런 다름을 부정적으로 바라보고, 그로 인해 상대방이 마치 사회적으로 덜 중요한 사람 혹은 존중받을 필요가 없는 존재처럼 여겨지게 만든다. 그래서 이런 말들은 그 말들이 겨냥하는 대상에게 자신이 공동체 안에 설 자리가 없다는 인식을 심는다 (홍성수, 2018). 예를 들어, 인터넷에서는 누군가를 비하하거나 조롱할 때 '~충'이라는 말을 붙이는 경우가 많다. 이 표현에서 '충(蟲)'은 벌레라는 뜻으로, 어떤 사람이나 집단을 벌레처럼 하찮고 더러운 존재로 취급하려는 의도가 담겨 있다. 이런 말은 보통 특정한 성별, 나이, 직업, 지역, 계층 등을 가진 사람을 싸잡아 비하할 때 사용된다. 그래서 단지 한 사람을 놀리는 것이 아니라, 그 집단 전체를 '이기적이다', '비정상이다', '문제의 원인이다'라고 규정짓는 틀로 작동하게 된다.

그림 1 '혐오표현' 관련 기사 건수 추이(2014~2024년)

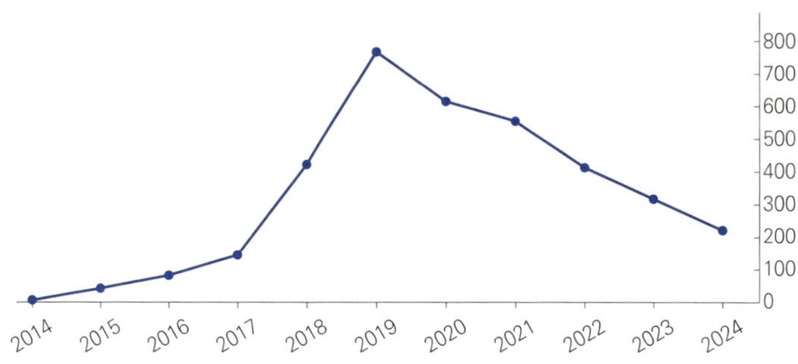

자료: 한국언론진흥재단 뉴스 빅데이터 분석 서비스(bigkinds.or.kr).

〈그림 1〉은 2014년부터 2024년까지 혐오표현 관련 기사 건수의 변화 추이를 보여준다. 2017년을 전후로 혐오표현이 사회적 이슈로 부각되기 시작했음을 알 수 있는데, 온라인 커뮤니티와 SNS가 급속도로 성장하면서 특정 집단에 대한 조롱과 비하도 급속히 확산되었다. 사람들이 혐오표현에 대해 걱정하기 시작한 큰 계기 중 하나는 2016년 5월에 일어난 '강남역 여성살인사건'이었다. 한 여성이 서울 강남역 근처에서 낯선 남성에게 살해당한 이 사건은 여성이라는 이유만으로 공격받을 수 있다는 두려움을 많은 사람들에게 안겨줬다. 이 사건을 계기로 '여성혐오'라는 말이 많은 사람들에게 알려졌고, 이에 대응해 '남성혐오' 문제도 제기되었다. 이후 남성과 여성 사이의 갈등이 부각되면서, 일부 인터넷 커뮤니티에서는 이러한 혐오표현을 공격의 콘텐츠로 삼아 소비하는 문화까지 만들어졌다. 동시에 다문화 가정, 이주민, 난민 등을 바라보는 불안한 시선이나 차별적인 말도 늘어났다. 피부색이 다르거나, 말투가 낯설거나, 다른 나라에서 왔다는 이유로 '우리와는 다른 존재'처럼 여겨지는 사람들에 대한 차별이나 편견이 더 직접적으로, 거칠게 말로 표현되기 시작한 것이다. 어떤 사람들은 "외국인이 오면 범죄가 늘어난다", "일자리가 줄어 우리가 피해를 본다"고 이야기했고, 이런 말들이 퍼지면서 다른 문화를 가진 사람들에 대한 불신과 혐오를 키우는 결과를 낳았다. 그리고 정치적으로도 서로 견해가 다른 사람들끼리 싸우는 일이 많아지면서, 정치적 입장이 다른 사람을 무시하거나 혐오하는 말도 더 많이 퍼졌다. 처음에는 그냥 심한 말이나 농담처럼 여겨졌던 혐오표현이 점점 더 많은 사람들에게 진짜 상처를 주고 사회를 갈라놓는 문제로 인식되기 시작했다. 혐오표현은 단지 말의 문제가 아니라, 사람들의 생각과 태도에 영향을 주고, 누군가를 위험한 존재처럼 보이게 하거나 한 집단 전체를

나쁜 이미지로 낙인찍는 결과를 낳는다는 인식이 커진 것이다. 그 결과, 혐오표현은 더 이상 개인의 문제가 아니라 사회 전체가 함께 다뤄야 할 중요한 문제라는 공감대도 점점 넓어지게 되었으며, 많은 언론과 시민단체, 학교에서도 이 문제를 진지하게 다루게 되었다.

혐오표현은 사이버폭력의 가장 일상적이고 구조적인 형태 중 하나다. 특히 디지털 공간에서는 혐오의 말이 빠르게 확산되고, 많은 사람들에게 반복적으로 소비되면서 지속적인 공격이자 배제의 수단이 된다. 특정 집단에 대한 조롱, 비하, 낙인은 온라인 댓글, 이미지, 밈, 영상 등 다양한 방식으로 표현되며, 피해자는 단지 한두 마디의 불쾌한 말을 듣는 것이 아니라 자신의 존재를 부정당하고 사회로부터 밀려나는 경험을 하게 된다. 게다가 디지털 공간에서는 이러한 표현들이 '유행'처럼 포장되어 공유되기 때문에, 많은 이들은 그것이 폭력이라는 사실조차 인식하지 못한 채 가해에 가담하게 된다. 이렇게 혐오표현은 사이버폭력이 구조화되고 정당화되는 출발점이 되기도 한다.

사람들이 무언가를 혐오스럽다고 느끼는 감정은 원래 생존을 위한 본능적인 반응에서 시작됐다. 예를 들어, 썩은 음식이나 오염된 물체를 보면 본능적으로 몸을 멀리하려는 반응이 생기는데, 이는 병이나 감염을 피하기 위한 감정적 방어기제였다. 혐오 감정은 누구나 본능적으로 불쾌하게 여기는 대상에서 출발하며, 이런 반응은 모든 사람에게서 공통적으로 나타난다. 이러한 혐오 감정은 때때로 실제 위험을 경계하고 피하는 데 도움을 주기도 한다. 처음에는 꺼려지는 외부 대상에 대한 반응이었지만, 시간이 지나면서 혐오 감정은 사회적으로 확대되어 특정한 사람이나 집단에게 투사되기 시작했다. 이러한 혐오에는 단순한 불쾌감 이상의 심리적 구조가 숨어 있다. 인간은 누구나 먹고 자고 배설하는 동물적인 존재이지만, 사회 속에서 살아가면서 자신이 지닌 동물성과 약함을 드러내지 않으려 한다. 그래서 그런 모습을 떠올리게 하는 사람이나 상황을 보면 스스로의 불안과 취약함을 피하고 싶어 하며, 그 감정을 외부로 밀어내려 한다. 혐오 감정은 바로 이러한 자기 회피의 심리에서 비롯되며, 자신과 다르거나 불편함을 느끼게 하는 대상을 통해 자신의 경계선을 지키고자 하는 반응이라고 볼 수 있다. 그래서 사회적 위계와 차별 구조를 만들어내는 힘이 된다. 누군가를 "더럽다", "냄새 난다"고 말하는 것은, 그 사람을 동물처럼 낮은 존재로 보고, 스스로는 그런 존재와는 다르다고 믿으려는 태도다. 실제로 역사 속에서 유대인, 여성, 성소수자, 특정 계급이나 카스트 집단 등이 이런 식으로 혐오 대상이 되어 왔다. 타인을 전염이나 오염 같은 개념으로 정의하면, 그들을 배제하거나 차별하는 것도 '본능적'이고 '당연한' 일처럼 느껴지게 된다. 이런 투사적 혐오는 결국 '저 사람들은 우리보다 열등하다'는 믿음을 강화하며, 모든 사람을 동등한 존재로 보는 민주주의 가치를 무너뜨리는 결과를 낳는다(Nussbaum, 2004/2015).

디지털 공간은 이러한 혐오가 더 빠르고 쉽게 확산될 수 있는 구조를 가지고 있기 때문에 파급력이 더 크고 오래 지속될 수 있다. 디지털 공간에서 혐오표현이 빠르게 퍼지는 이유 중 하나는, 디지털 언어의 형식이 혐오표현의 빠른 확산에 적합하기 때문이다. 혐오표현은 종종 매우 짧고 간단한 말로 구성되며, 이미지, 밈, 댓글 같은 형태로 표현되기 때문에 공유와 확산이 용이하다. 이런 표현은 때로는 농담처럼 포장되며 "다들 그렇게 말하잖아", "재밌어서 퍼온 거야" 같은 방식으로 정당화된다. 이렇게 반복되는 표현은 온라인 밈이나 유행어처럼 굳어지면서, 재미와 상호작용을 매개로 소비되는 방식으로 정착되기 쉽다. 가령 '~충'과 같은 표현은 혐오를 웃음과 결합해 유통시키며, 특정 집단을 조롱하거나 낮추는 혐오표현이 '재미'나 '솔직함'으로 정당화되는 문화적 토대를 만든다. 이를 통해 혐오표현은 비판 없이 소비되는 일상의 언어가 되며, 그 결과 특정 집단에 대한 고정관념과 낙인을 굳히고 이들을 집단적으로 비인간화하는 문화적 도구가 되어 간다.

디지털 공간의 집단적 동조 분위기도 혐오표현의 확산을 부추긴다. 온라인에서는 '좋아요', 공유, 댓글처럼 감정적 반응을 빠르게 보일 수 있는 기능이 활성화되어 있고, 특정 표현에 사람들이 많이 반응할수록 그것이 옳은 말처럼 보이게 되는 심리적 착시 효과가 일어난다. 누군가를 향한 혐오표현이 지지를 받는 듯한 분위기 속에서 침묵하거나 방관하는 다수는 그 표현을 '문제 없는 말'로 받아들이게 되고, 결국 혐오표현은 하나의 '통용되는 문화'로 자리잡게 된다. 이렇게 만들어진 동조적 분위기는 또 다른 혐오를 재생산한다. 말의 폭력성이 줄어든 것이 아니라, 사회의 감각이 그것을 문제라고 느끼지 않게 되는 것이다.

요즘은 혐오표현이 욕설이나 모욕처럼 거칠게 드러나지 않더라도, 은근한 방식으로 사회 속에 퍼져 있는 경우가 많다. 예를 들어, "요즘 외국인 너무 많지 않아?", "요즘 장애인들은 권리를 너무 과도하게 요구해"와 같은 말은 누군가를 직접 공격하지 않는 단순한 의견처럼 들릴 수 있지만, 그 대상을 동등한 사람으로 대우하지 않으려는 태도를 담고 있다. 이런 말은 가볍게 얘기되거나 개인적인 불편을 호소하면서 표현되기 때문에 자신이 한 말이 혐오표현이라는 사실을 인정하기 쉽지 않고, 듣는 사람도 그저 자신의 경험이나 견해를 말한 것뿐이라고 넘겨버린다. 이렇게 되면 혐오가 있는지도 모른 채 사회적으로 묵인되거나 당연한 것처럼 받아들여지는 분위기가 만들어진다. 그러나 겉으로는 사소해 보여도, 이런 말들은 실제로는 어떤 사람을 덜 중요한 존재로 만들고, 이들이 동등하게 존중받을 자격이 없다는 메시지를 전달한다. "그 권리는 원래 너희 것이 아니야", "필요 이상으로 많은 걸 요구하는 거야"라는 메시지를 전달하기 때문이다. 결국 이런 말은 이들이 사회 안에서 당연히 누려야 할 자리를 흔들고, 그 사람을 '정당한 시민'이 아니라 '예외적인 존재'로 밀어내는 역할을 하게 된다. 그래서 노골적인 비난이나 조롱보다 덜 심각하다고 느껴질 수 있지만, 이런 미묘한 혐오표현이야말로 더 넓고 깊게 퍼져 사회를 조용히 분열시키는 힘이 될 수 있다(조계원, 2024).

혐오표현은 당사자에게 상처를 주는 데 그치지 않는다. 누군가가 피부색, 말투, 성별, 성적 지향, 종교, 출신 지역, 집안 형편처럼 자기가 선택하지 않은 이유로 조롱을 당하거나 무시당하는 것을 보면, 그와 유사한 특성을 지닌 사람들도 '언제든지 나도 저런 말을 들을 수 있다'는 두려움을 느끼게 된다. 특히 내가 바꿀 수 없는 부분 때문에 공격을 받는다면, 그 상처는 더 깊고 고통스럽다. 이런 두려움은 대체로 말로 표현되지는 않지만, 마음 속 깊이 남아서 자신을 숨기거나 소속감을 느끼지 못하게 만들고, 결국 사람들 사이에 벽을 만들게 된다. 그래서 혐오표현은 듣는 사람에게 상처를 줄 뿐 아니라, 그와 비슷한 많은 사람들을 조용히 멀어지게 하는 말이기도 하다.

이런 말들이 자주 퍼지게 되면, 우리 사회 안에서 누군가는 환영받고, 누군가는 배제당하는 분위기가 생긴다. 사람들이 듣고도 가만히 있거나 같이 웃고 넘기게 되면, 그 말은 점점 더 '해도 괜찮은 말'처럼 여겨진다. 하지만 스스로 선택할 수 없는 이유로 무시당하거나 존중받지 못한다면, 그 사회는 누구도 안전하게 소속감을 느낄 수 없는 사회가 된다. 우리는 누구나 언젠가는 소수자가 될 수 있고, 그를 향한 말 한마디가 자신도 이 사회에서 존중받지 않을 수 있다는 신호가 될 수 있기 때문이다. 따라서 혐오표현은 한 사람의 자존감만이 아니라, 사람들 사이의 평등과 연대감, 그리고 함께 살아가는 사회에 대한 믿음 자체를 무너뜨리는 흔적을 남긴다.

칼날이 된 말들은 우리의 일상 속에 스며들고, 디지털 공간의 빠른 속도와 가벼운 반응 속에서 너무도 쉽게 퍼져 나간다. 결국엔 누군가를 향한 공격이 된다. 그렇게 말에서 멈추지 않고, 어떤 사람을 '공격해도 괜찮은 존재'로 만들어버린다.

3. 온라인 폭민과 디지털 마녀사냥

"요즘도 그 배우 영상 보면 기분 나빠요." 한 유튜버가 그렇게 말하며 어떤 여배우의 과거 인터뷰 영상을 다시 끄집어냈다. 2년 전 그녀는 한 예능 방송에서 말실수를 했다. 일부 시청자들은 그 발언이 특정 직업군을 비하한 것이라고 분노했고, 관련된 장면은 순식간에 캡처되어 커뮤니티와 SNS로 퍼져 나갔다. 곧이어 유튜브에는 "여배우 ○○○, 이런 사람을 왜 방송에 내보내나?" 같은 영상이 쏟아졌고, 검색창에 그녀의 이름을 입력하면 '○○○ 논란', '인성', '갑질' 같은 자동완성어가 따라붙었다. 논란 이후 사과문을 올리고 활동을 중단했지만, 시간이 지나도 분노는 멈추지 않았다. "사과가 진심이 아니다", "자숙 기간이 너무 짧다"는 말과 함께 그녀를 향한 비난은 계속되었고, 그녀의 가족과 친구들까지 조롱의 대상이 되었다. 몇 달 뒤, 그녀는 자신의 집에서 생을 마감한 채 발견되었다. 그 일이 있고 나서야 유튜버들은 해당 영상을 삭제했고, 커뮤니티엔 "이 정도로 힘들어 하는 줄은 몰랐다"라는 글이 올라왔다.

이 가상의 사례는 우리 사회에서 반복적으로 나타나고 있는 집단적인 사이버폭력의 전형적인 형태를 재구성한 것이다. 이 연예인이 잘못된 말을 한 것은 사실이므로, 많은 사람들이 그 말에 실망하거나 문제를 지적한 것은 당연해 보인다. 하지만 문제는 그 비판이 멈추지 않고 점점 심해지거나 지속적으로 반복되었다는 점이다. 한 사람의 말실수가 대중의 분노를 자극하자, 불특정 다수의 공격 대상이 된 것이다. 사람들은 그 말 한마디를 넘어서, 그녀라는 사람 전체를 나쁜 사람으로 몰아가기 시작했다. 댓글과 커뮤니티에서는 그 사람의 '인성', '사생활', '가치관'까지 도마 위에 올랐고, 결국 다시 일어설 기회를 얻지 못한 채, 계속된 비난 속에서 세상을 떠나게 되었다.

이처럼 온라인에서는 잘못한 사람에 대한 분노가 도덕적 응징 욕구와 맞물리게 되면, '반드시 벌을 받아야 한다'는 집단적 분위기와 압력이 형성된다. 감정은 마치 바이러스처럼 퍼지는데, 분노는 특히 전염성이 강한 감정이라서 누군가 분개할만한 글이나 영상을 올리면, 그 감정은 댓글, 공유, 밈, 패러디 영상 등을 통해 순식간에 퍼져 나간다. 사람들은 자신이 직접 겪은 일이 아니어도 쉽게 공감하고 분노하며, 비슷한 감정을 가진 사람들끼리 서로 연결되면서 그 분노는 더 증폭되고 거칠어진다. 처음에는 누군가의 잘못된 행동에 대한 분노로 시작되지만, 시간이 지나면서 그 감정은 점점 혐오로 변해간다. 분노는 원래 특정 행위의 부당함에 대한 반응이다. 즉, 우리는 누군가의 말이나 행동이 타인에게 해를 끼쳤을 때, 그 부당함에 대해 화를 낸다. 하지만 이러한 분노는 점점 그 사람 전체를 부정하고 오염된 존재로 취급하는 감정으로 바뀌기 쉽다. 분노는 "그 행동이 잘못됐다"고 말하지만, 혐오는 "그 사람 자체가 잘못된 존재"라고 느끼게 만든다(조계원, 2019). 특히 디지털 공간에서는 집단 감정이 빠르게 쌓이면서, 잘못된 행위만이 아니라 그 사람 자체를 공격하고 배제하려는 충동에 사로잡히기 쉽다. 이 과정에서 분노와 혐오는 서로 구분되지 않고, 쉽게 뒤섞인다. 처음에는 행동에 대한 비판이었지만, 어느 순간 대상 전체를 부정하고, 그 존재 자체를 '쓰레기'나 '짐승'처럼 느끼는 혐오로 감정이 전이되는 것이다.

유튜브나 SNS에서는 이러한 감정을 자극하는 콘텐츠가 더 많은 클릭과 수익을 만들기 때문에, 잘못한 사람에 대한 확대, 과장된 논란은 일종의 '디지털 정의 비즈니스'처럼 작동하게 된다. 당사자의 고통은 소비의 대상이 되고, 반복적으로 회자된다. '한 번 잘못한 사람은 계속 욕먹어도 된다'는 분위기가 만들어지는 것이다. 이 과정에서 한 사람이 저지른 잘못은 특정 행위의 문제로 남지 않고, "그는 원래 그런 사람"이라는 낙인으로 바뀐다. 사건의 맥락이나 당사자의 변화가능성, 인간으로서의 존엄성은 지워진다.

심각한 사실은, 많은 사람들이 이런 행위에 가담하면서 자신이 정의로운 일에 동참한다고 믿고 있다는 점이다. 하지만 아무리 잘못을 했더라도, 그 사람을 끝없이 몰아세우고 괴롭게 하는 것은 비판이 아니라 폭력에 가깝다. 이러한 디지털 마녀사냥은 누군가를 벌주는 일에 참여하면서 스스로는 옳은 일을 하고 있다고 믿는 감정을 통해 더욱 강화된다. 그러나 정의감이 사실 확인 없이 작동하거나 사회적 추방을 추구한다면, 그것은 정의가 아니다. 정의감은 옳고 그름을 분별하고 부당한 일에 맞서기 위한 중요한 감정이다. 하지만 정의감에 도취되면, 무엇이 진짜 부당한 일인지 차분히 따져보는 대신, 끊임없이 누군가를 심판하고 처벌하는 데 몰두하게 된다. 이때 정의는 타인을 이해하거나 사회를 더 나은 방향으로 바꾸는 힘이 아니라, 혐오를 정당화하고 폭력을 허락하는 도구로 변해버린다. 정의감에 중독된 사람은 "나는 옳고, 저 사람은 틀렸다"는 확신 속에서 다른 사람의 실수나 약점을 끊임없이 찾아내고, 그들을 비난하고 조롱하면서 스스로 도덕적 우위에 있다는 만족감을 얻는다. 결국 정의를 내세운 행동이 더 많은 상처와 분열을 만들어내고, 진정한 문제 해결이나 회복은 오히려 멀어지게 된다.

디지털 마녀사냥은 디지털 공간에서 누군가의 도덕적 잘못이나 사회적 비난거리를 이유로, 사실이 충분히 확인되지 않은 상태에서 집단적인 감정에 의해 이루어지는 사회적 제재를 뜻한다. 이는 중세 유럽의 마녀사냥처럼, 특정 인물을 '위험한 존재'로 낙인찍고, 공공연히 추방하거나 응징하는 구조와 유사하다. 특히 연예인처럼 대중의 관심을 받는 사람들은 마치 사회 전체를 대표해야 할 존재처럼 여겨지면서, 일말의 실수에도 큰 도덕적 추궁을 받게 된다. 언론과 미디어에 의해 개인의 사생활까지 무차별적으로 드러나며, 국민의 알 권리를 내세운 기사와 자극적인 콘텐츠 속에서 사실 여부와 무관하게 '마녀'로 만들어진다. 사람들은 유명인이나 영향력 있는 사람들의 실수나 논란이 공개되었을 때, 기다렸다는 듯이 달려들어 공격의 대상으로 삼는다. 이는 단순한 분노 표출이 아니라, 마치 오랫동안 눌려 있던 감정이 터져 나오는 일종의 복수극처럼 보이기도 한다. 이를 통해 내가 그 위에 올라섰다는 착각과 통제감을 얻을 수 있기 때문이다. 누군가를 모욕하고 깎아내리며, 평소 자신이 느껴온 무력감이나 열등감을 뒤집으려는 감정의 반전극이 일어나는 것이다.

이러한 디지털 마녀사냥은 여론의 비판을 넘어서 개인의 존엄을 훼손하고, 회복할 수 없는 정신적 피해를 남기는 구조적 폭력이다. 이 과정에서 미디어는 중요한 역할을 한다. 연예인 등 유명 인물을 공인으로 설정하고, 이들을 감시해야 할 대상으로 간주하면서 그들의 사생활이나 논란을 빠르게 보도한다. 특히, 사실 확인이 미흡한 상태에서도 조회수를 위해 자극적인 내용을 반복적으로 보도하면서, 해당 인물을 '공적 판단'의 대상으로 삼는다(권하나·정정주, 2024). 최근에는 사회적 영향력이 있는 사람들의 발언, 행동, 실수 등을 빠르게 캡처하거나 편집해서 자극적인 제목을 붙인 영상 콘텐츠를 만드는 사람들도 등장했다. 소위 '사이버렉카'로 불리는 사람들이다. 이 말은 본래 자동차 사고 현장에 가장 먼저 달려와 잔해를 수거하는 '렉카차'에서 유래했으며, 논란을 빠르게 영상으로 만들어 퍼뜨리는 사람을 빗댄 표현이다. 이들은 기자도 아니고 당사자도 아닌 제3자이지만, 유명인의 실수나 잘못을 '소비 가능한 콘텐츠'로 바꿔 조회수 증가, 유튜브 광고, 채널 성장과 같은 수익을 거둔다. 이들은 대개 정확한 정보나 사실 확인보다는 속도와 반응을 우선하기 때문에 맥락이 왜곡되거나 확인되지 않은 내용을 영상으로 내보내는 경우가 많다. 그리고 단순한 2차 가공이라는 이름 아래 언론의 책임도, 플랫폼의 규제도 피해간다. 이 과정에서 해당 인물의 명예나 사생활 보호는 쉽게 무시된다. 특정 사건을 둘러싼 수많은 영상들은 이들을 통해 확대 재생산되며, 당사자에 대한 공격과 조롱이 양산된다(이신행·현아연, 2023). 이처럼 디지털 마녀사냥의 불쏘시개인 사이버렉카는 대중의 감정적 반응을 더욱 증폭시켜 '집단 응징'의 형태로 나아가게 하고, 이를 수익으로 전환하는 플랫폼 시대의 새로운 가해자라고 할 수 있다.

사회 내에 불안이나 분노와 같은 감정이 쌓이면, 그 감정을 어떤 사람이나 집단에게 쏟아내서 푸는 경우가 있다. 이런 현상을 희생양 메커니즘이라고 하는데, 이때 희생양이 되는 대상은 비난하기 쉬운 위치에 있는 사람일 때가 많다. 예를 들면, 혼자이거나 약하거나, 다수와 조금 다른 모습을 가진 사람을 예로 들 수 있다. 사람들은 그런 희생양에게 분노를 쏟아붓고, 그 사람을 벌주면 마치 문제가 해결된 것처럼 느끼게 된다. 하지만 사실 이는 문제를 해결하는 것이 아니라, 감정을 다른 사람에게 떠넘기는 방식일 뿐이다(이종원, 2015). 온라인에서도 이러한 메커니즘은 반복된다. 누군가가 실수를 하거나 말 한마디 잘못하면, 그 장면은 잘라져서 영상이나 이미지로 퍼지고, 수많은 댓글과 영상들이 "이런 사람은 응징해야 한다"는 분위기로 몰아간다. 이때는 누구도 전체 맥락을 보려 하지 않고, 그 사람을 지탄의 대상으로 만들어버린다. 사람들은 정의로운 일을 하고 있다고 생각하지만, 그 안에는 사실 불안과 분노를 누군가에게 쏟아내고 싶은 마음이 숨어 있는 경우가 많다.

디지털 공간에서는 서로 얼굴을 모르는 수많은 사람들이 빠르게 모여 하나의 목소리를 낼 수 있다. 이처럼 불특정 다수가 동시에 같은 방향으로 움직이는 집단성은 온라인에서 매우 쉽게 형성된다. 그래서 SNS나 커뮤니티에서 특정 인물을 향한 비난이 시작되면, 가해자가 집단 전체가 되는 상황이 벌어진다. 디지털 마녀사냥에서 자주 등장하는 방식은 소위 '조리돌림'이다. 조리돌림은 원래 전통적으로 사람을 죄인처럼 몰아 공공장소에서 여럿이 둘러싸고 망신을 주는 행위를 말하지만, 요즘은 디지털 공간에서 집단적으로 누군가를 조롱하거나 욕하며, 끊임없이 부정적인 댓글과 비난을 쏟아내는 행위를 뜻한다. 이러한 행위는 정신적인 고통을 주어 사회적으로 매장시키는 사이버 폭력의 한 형태로, 그 사람의 존엄성과 삶 자체를 위협한다.

말했지만, 이러한 폭력은 종종 '정의의 이름으로' 실행된다. 사람들은 누군가의 잘못을 비판하면서 동시에 자신이 옳은 일을 하고 있다는 느낌을 갖게 되고, 그 감정이 강해지면 '정의를 구현'하고 있다는 자부심으로 변한다. 정의를 외치며 누군가를 비판할 때, 사람들은 스스로를 더 나은 존재라고 느끼고, 같은 생각을 가진 사람들과 연결되어 있다는 강한 소속감을 경험한다. 이 감정은 그 자체로 큰 보상처럼 작용하면서, 계속해서 누군가를 심판하게 만드는 힘이 된다. 이런 감정은 반복될수록 일종의 중독처럼 작동해서, 계속해서 누군가를 심판해야만 마음이 안정되는 상태에 빠지기도 한다. 정의를 판단하는 기준이 같은 사람들끼리 모여서 일체감을 느끼고, 그 안에서 불안, 스트레스, 분노와 같은 감정이 해소되는 구조가 만들어지는 것이다. 이렇게 형성된 집단은 점점 더 강한 자극을 원하게 되고, '좌표를 찍고', '몰려가자'고 선동하며 실제 행동을 유도한다. 이 과정에서 개인은 집단의 분위기에 휩쓸려 더 거칠고 공격적인 행동을 하게 된다.

이런 집단적인 공격 속에서 자주 등장하는 행동 중 하나가 바로 '신상털기'다. 이는 누군가를 비난하거나 공격하는 과정에서 그 사람의 이름, 학교, 직장, 가족관계, 연락처, 과거 이력 등을 온라인상에 무단으로 공개하거나 퍼뜨리는 행위를 말한다. 사람들은 당사자의 허락 없이 개인 정보를 '폭로'의 형식으로 공유하면서 마치 그 사람을 처벌하거나 응징하는 일처럼 여긴다. 하지만 이는 당사자뿐 아니라 그 주변 사람들까지 위험에 빠뜨릴 수 있고, 일상생활과 사회적 관계, 생계까지 무너뜨릴 수 있는 매우 심각한 폭력이다. 이런 신상정보가 잘못되었거나 과장된 것이어도, 한 번 퍼진 정보는 바로잡거나 지우는 것이 거의 불가능하다.

요즘 우리가 사용하는 유튜브, 인스타그램, 페이스북 같은 디지털 플랫폼은 예전처럼 사적인 것과 공적인 것이라는 구분이 잘 작용하지 않는 공간이다. 이런 플랫폼에서는 누구나 말할 수 있고, 누구나 쉽게 연결될 수 있기 때문에, 사람들이 모여서 감정을 나누고, 문제라고 느끼는 일을 함께 비판하거나 행동에 나서기가 훨씬 쉬워졌다. 이제는 개인의 손에 든 스마트폰을 통해 공적 이슈가 빠르게 퍼지고, 공감하거나 분노하는 사람들이 서로를 찾아 연결되면서 집단의 감정으로 번지게 된다. 이렇게 감정이 모이면, 사회의 어떤 문제에 대해 목소리를 내고, 변화를 요구하거나 행동에 나설 수 있는 힘도 생긴다. 그런데 이런 힘이 꼭 긍정적인 방향으로만 작동하는 것은 아니다. 특히 공식적인 기관이나 법 절차에 대한 불신이 커지면서, 어떤 문제나 논란이 생겼을 때 일부 사람들은 "우리가 직접 나서서 처리해야 한다"고 생각하게 된다. 이런 사람들은 온라인에서 자발적으로 모여서 '디지털 자경단'처럼 움직이기도 한다. 누군가의 잘못이나 문제를 공식 기관이나 법적 절차를 거치지 않고 직접 처벌하거나 응징하기 위해 집단적으로 행동하는 것이다. 문제는 그 판단이 충분한 사실 확인 없이 감정이나 여론에 따라 이뤄진다는 점이다. 그래서 한 번 '가해자'로 낙인찍히면, 대상자는 반론을 내거나 방어할 기회도 갖지 못한 채, 수많은 사람들의 공격에 혼자 노출되게 되는 것이다.

우리는 어떤 정보가 사실인지 아닌지를 충분히 따져보기도 전에 믿어버리는 경우가 많다. 특히 누군가를 비난하거나 문제가 있다고 지적하는 말은 더 빠르게 믿게 되는 경향이 있다. 그 이유 중 하나는 인간의 심리 때문이다. 사람은 불확실한 상황에서 불안을 느끼는데, 누군가가 "저 사람이 문제야"라고 지적해 주면, 그 불안은 잠시 해소되고 세상이 조금 더 단순하게 보인다. 그리고 우리는 이미 가지고 있던 생각이나 감정에 잘 맞는 정보는 더 쉽게 받아들이고, 그와 반대되는 정보는 무시하거나 의심하는 경향이 있다. 이러한 확증편향은 우리가 보고 싶은 것만 보게 만드는 작용을 한다. 또한, 집단적 감정은 개인의 판단을 흐리게 만든다. 많은 사람들이 분노하고 있고, 그 분위기 속에서 누군가를 향해 비난이 쏟아지고 있다면, 우리는 그 정보를 믿지 않으면 무언가 잘못된 쪽에 서 있는 것 같은 불안감을 느낄 수 있다. 함께 분노하고 행동하는 것은 정의로운 일에 참여하는 것처럼 느껴지기 때문에, 사실 여부를 확인하기보다는 분위기에 따라가는 쪽을 선택하게 된다. 결국 우리는 '사실이냐 아니냐'보다 '사람들이 어떻게 느끼고 있느냐'에 더 민감하게 반응하게 되고, 그 과정에서 사실이 아닐 수도 있는 정보조차 진실처럼 받아들이게 되는 것이다.

우리는 누군가가 잘못된 행동을 했을 때, 그 행동 자체를 분명하게 비판할 수 있어야 한다. 그 사람이 저지른 나쁜 행동이나 해로운 결과를 외면해서는 안 되고, 잘못에 대해 책임을 묻는 것은 사회를 건강하게 만드는 데 꼭 필요한 일이다. 하지만 그와 동시에, 잘못을 저질렀다고 해서 그 사람 전체를 부정하거나 영원히 낙인찍어서는 안 된다. 모든 인간은 실수를 하고, 그 실수를 통해 배우고 변화할 가능성을 지닌 존재이기 때문이다. 그래서 우리는 행위는 비판하되, 그 사람 자체에 대한 인간적 존중은 끝까지 놓지 않는 태도를 가져야 한다. 이런 균형 있는 시선이야말로, 진정한 정의를 지키는 방법이다.

4. 디지털을 타고 퍼지는 극단주의

2023년 11월 진주의 한 편의점에서 손님인 20대 남성이 일하던 20대 여성 직원을 '머리가 짧아 페미니스트 같다'는 이유로 무차별적으로 폭행하는 사건이 발생했다. 그는 "페미니스트는 맞아야 한다",

"나는 남성연대다"라고 말하면서 폭력을 행사했으며, 이를 말리는 50대 남성 손님에게도 "왜 남자가 남자를 돕지 않느냐"며 폭행을 가했다(고경주, 2024).

이 사건은 디지털 공간에서 형성된 왜곡된 감정과 집단 정체성이 어떻게 현실의 폭력으로 이어지는지를 보여주는 단적인 사례다. 가해자의 폭력은 우발적 행동이라기보다는, 온라인상에서 지속적으로 학습되고 강화된 혐오의 감정이 실제 공간에서 터져 나온 결과로 볼 수 있다. 가해자는 단지 피해자의 외모만 보고 '페미니스트 같다'는 낙인을 찍고, 그 자체를 폭력의 정당한 이유로 삼았다. 가해자가 스스로 "나는 남성연대다"라고 외친 것은 온라인상에서 활동하는 남성 중심 집단들의 사고방식과 정서를 내면화했음을 보여준다. 이 발언은 자신이 속한 집단의 '정의'를 수행하고 있다고 믿는 심리를 드러내는데, 이런 믿음은 죄책감을 약화시키고 폭력을 의롭다고 느끼게 만든다. '남성연대'와 같은 온라인 커뮤니티들은 여성혐오, 피해의식, 성별 갈등을 조장하며, 여성 전체를 '남성의 적'으로 규정하는 서사를 끊임없이 퍼뜨려 왔다. 이런 집단적 서사는 개인이 느끼는 좌절감이나 불만을 여성이라는 특정 집단에 대한 증오로 바꿔 놓는데, 이는 현실의 폭력을 정당화하는 심리적 기반이 된다. 이런 점에서 이 사건은 온라인 혐오가 단순한 말의 문제가 아니라 사람들의 사고방식과 현실 행동을 바꿔놓는다는 점을 잘 보여준다. "페미니스트는 공격해도 된다"는 식의 자극적이고 단순화된 메시지가 확산되고, 집단적 신념이 쌓이면 집단의 정서에 동조하며 극단적인 행동을 할 수 있는 것이다.

극단주의(extremism)란, 어떤 정치적 생각이나 사회적 목표 또는 믿고 있는 생각을 이루기 위해 폭력을 쓰려고 하거나, 폭력을 써도 괜찮다고 생각하는 태도를 말한다. 단순히 생각이나 주장이 강한 것만으로는 극단주의라고 하지 않는다. 자신의 생각이 맞다고 믿어서, 다른 사람의 자유나 생명을 존중하지 않고, 목적을 위해서라면 폭력도 정당하다고 여기는 것이 극단주의의 핵심이다. 디지털 공간으로 확장된 극단주의는 기존의 극단주의적 사고와 감정을 디지털 플랫폼을 통해 빠르게 확산시키고, 집단화하며, 현실 세계로까지 폭력을 전이시키는 특징을 보인다. 오늘날 온라인에서 확산되는 혐오 감정은 단순히 거친 말이나 조롱으로 끝나지 않고, 실제 테러나 집단적 폭력과 같은 현실적 위협으로 연결되고 있다. 혐오 감정은 처음에는 특정 대상을 피하거나 불편하게 여기는 수준에서 시작하지만, 점차 그 대상을 적극적으로 배척하고 공격하려는 증오로 발전할 수 있다. 증오는 단순한 기피를 넘어, 상대를 적대시하고 제거하거나 응징해야 할 대상으로 바라보는 감정이다. 증오를 가진 사람은 종종 자신이 심각한 모욕이나 수치심을 당했다고 느끼며, 이로 인해 강한 분노를 품는다. 누군가 자신을 무시하거나 모욕했다고 느낄 때, 상처받은 자존심은 통제하기 어려운 분노로 터져 나온다. 이런 분노는 상대방을 적으로 간주하고, 복수를 정당화하는 위험한 감정으로 발전할 수 있다. 폭력을 행사하기 위해서는 일반적으로 인간 사이에 존재하는 '타인에게 위해를 가해서는 안 된다'는 사회적, 정서적 장벽을 넘어서는 자기 확신이 필요하다. 증오하는 사람은 상대가 그럴 이유를 충분히 제공했다고 보기 때문에 타인에게 폭력을 행사하는 것을 정당한 행동으로 여긴다.

특정 성별, 장애, 종교, 출신 지역, 인종, 성적 지향 등을 이유로 한 노골적인 혐오표현과 폭력적 주장이 확산되면서, 디지털 공간이 온라인 극단주의가 자라나고 조직화되는 비옥한 토양이 되고 있다. 온라인 상에서 혐오표현이 반복되고 확산될 때, 그것은 특정 집단에 대한 사회적 낙인과 차별을 강화하며, 나아가 물리적 폭력과 극단주의적

범죄로까지 이어질 수 있다. 혐오표현이 일상화되면 특정 집단에 대한 적대감을 공공연히 드러내고, 이를 '정의'나 '상식'으로 포장하는 경향이 강해진다. 또한 폭력적인 언어나 차별적 메시지가 '교육'이나 '정당한 비판'이라는 이름으로 옹호되면서, 많은 이용자들이 그것을 폭력이나 차별로 인식하지 못한 채 소비하고 확산시킨다. 그 결과 사람들은 점점 더 쉽게, 더 노골적으로 폭력적 언어와 행동을 드러내게 된다. 특히 많은 청소년들이 온라인상에서 혐오표현이나 극단주의적 메시지에 노출되고 있는데, 이는 신뢰 저하, 분노, 불안 같은 부정적 감정을 유발할 뿐 아니라 폭력적 행동으로 이어질 가능성을 높인다. 과거에는 청소년들이 겪는 분노나 충동이 주로 자신을 향하거나 가족 안에서 제한적으로 표출되는 경우가 많았다. 하지만 최근에는 이런 감정이 외부를 향한 폭력으로 드러나는 사례가 적지 않게 나타나고 있다. 디지털 공간에서 극단적이고 자극적인 정보에 끊임없이 노출되면서, 자신의 감정을 조절하거나 여과하는 과정 없이 즉각적으로 행동으로 옮기는 경향이 강해지고 있는 것이다(백종순·홍성운, 2024).

혐오표현은 차별을 정당화하고 집단적 폭력을 부추기는 기반이 된다. 차별 선동은 이런 혐오표현이 보다 적극적이고 조직적인 형태로 나타나는 현상이다. 차별 선동은 특정 집단의 소속 자체만으로 그 집단 전체를 부정적으로 낙인찍는 비합리적인 차별 행위이다. 이들은 개인의 행동이나 태도가 아니라, 단지 성별, 인종, 출신, 성적 지향과 같은 정체성만으로 상대를 적대시한다. 또한 차별 선동은 편견과 혐오감, 공포심을 조장하는 것을 목적으로 하며, 결과적으로 해당 집단에 대한 사회적 불이익과 배제를 초래하려는 의도를 분명히 드러낸다. 이를 통해 사람들을 특정한 방향으로 행동하게 하려는 목적성을 지닌다. 이러한 차별 선동은 사회적 소수자 집단을 위험한 존재로 낙인찍고,

그들을 향한 차별과 폭력을 사회적으로 용인하게 만드는 구조를 만들어낸다. 그래서 특정 집단을 향한 공적 증오를 조직화하고, 이를 통해 극단적인 집단 행동이나 물리적 폭력을 부추길 수 있다(홍성수, 2021).

이처럼 디지털 공간은 감정의 증폭과 혐오의 확산을 넘어, 사람들의 신념과 행동을 구조적으로 극단화시키는 토대가 되고 있다. 최근 연구에 따르면, SNS 사용이 늘어나고, 논쟁적 주제에 대한 의견 표명이 활발해질수록, 그리고 온라인 혐오 콘텐츠에 자주 노출될수록 폭력적 극단주의에 노출될 위험도 커진다. 특히 정치적 불신, 경제적 소외 등 사회적 불만이 큰 사람들은 비슷한 불만을 가진 이들과 온라인상에서 빠르게 연결되고, 이 안에서 서로의 분노와 신념을 강화하는 경향을 보인다. 디지털 플랫폼에서는 시간이 지날수록 비슷한 생각과 신념을 가진 사람들이 뭉치는 경향이 나타나는데, 에코체임버(반향실) 효과 속에서 사람들은 자신의 신념이 끊임없이 반복되고 강화되는 환경에 머무르게 된다. 이렇게 형성된 집단성을 통해 서로의 감정을 강화하고, 폭력적 자기 확신을 키우는 분위기가 만들어진다. 그 결과 극단주의적 신념이 강화되고, 사회적 다양성에 대한 노출은 줄어들어 극단적 세계관 속에 고립되는 것이다. 이는 증오 커뮤니티 형성, 사회 불신 증대 및 정치적 급진화로 이어질 수 있다(Hawdon, Bernatzky & Costello, 2019).

사람들이 온라인에서 혐오표현이나 극단적인 생각을 접하게 되는 것은 단순히 우연이 아니다. 사회에서 외로움을 느끼거나 차별을 겪는 사람들, 예를 들면 경제적으로 어려운 사람들이나 사회 제도에 불만을 가진 사람들은 이런 위험한 콘텐츠에 더 쉽게 끌린다. 이런 사람들은 인터넷에서 자신과 비슷한 불만을 가진 사람들을 만나게 되고, 서로의 불만과 분노를 더 키우면서 점점 더 극단적인 생각을 하게 되는 경우가 많다. 즉, 사회에서 소외된 느낌이 클수록, 디지털 공간에서 극단적인 세계관에 빠져들 가능성도 커진다는 것이다. 이는 디지털 공간이 단순한 정보 교류의 장이 아니라, 소외감과 분노를 가진 사람들의 감정과 신념을 점점 더 극단적인 방향으로 밀어붙이는 공간이 되고 있음을 뜻한다.

사회적 불만과 좌절감을 느끼는 사람들은 그 분노를 종종 자신보다 더 약하다고 여겨지는 집단을 향해 폭력적으로 표출하기도 한다. 이는 현대 사회의 경쟁 구조와 깊은 관련이 있다. 경쟁이 삶의 기본 조건처럼 여겨지는 사회에서는, 개인이 실패하거나 낙오했을 때 그 책임을 온전히 개인 스스로 짊어져야 한다. 이 과정에서 누적된 열등감과 분노는 쉽게 외부로 투사되는데, 특히 사회적으로 주변화된 집단, 즉 여성, 장애인, 노숙인, 성적 소수자, 외국인 노동자와 같은 이들이 손쉬운 공격 대상으로 선택되기 쉽다. 그들은 이미 사회적 편견 속에서 약자로 규정되어 있기 때문에, 공격자는 이들에게 위해를 가해도 된다는 왜곡된 정당성을 쉽게 부여받는다. 경쟁에서 밀려나거나 사회적으로 소외된 사람이 스스로를 '강자'와 동일시하며, 자신보다 사회적 지위가 낮거나 보호받지 못하는 이들을 대상으로 삼아 폭력을 행사하는 것은, 자신의 낮아진 자존감을 되찾으려는 왜곡된 시도이다(조효제, 2016). 특히 사회적 편견이 강하게 작용할 때, 개인은 특정 집단 전체를 매도하며 폭력을 정당화하려는 경향을 보인다. 이 과정에서 피해자는 특정 정체성을 지니고 있다는 이유만으로 예를 들면, 여성이라는 이유만으로, 외국인이라는 이유로 공격당하게 된다.

이러한 폭력적 충동을 제어할 수 있는 정서적 역량마저 결핍된 경우, 폭력이 발생할 가능성은 훨씬 높아진다. 사랑, 죄책감, 두려움과 같은 감정은 인간이 타인에게 해를 끼치는 것을 막아주는 중요한 정서적 장치다. 그러나 자신이 사회적 낙오자라는 낙인을 내면화한 사람은 스스로를 고립시키고, 타인과 감정적으로 연결될 수 있는 능력을 점점 상실하게 된다. 타인의 고통에 공감하지 못하고, 오히려 세상을 적대적으로 바라보게 되면서 내면의 분노는 더욱 커진다. 이로 인해 자기 연민과 외부에 대한 적대감이 커지면서, 결국 약자에 대한 공격성을 통제하지 못하고 폭력으로 터뜨리는 상황이 만들어진다. 특히 디지털 공간에서는 이런 정서적 제어가 더 약하게 작동하기 때문에 극단주의로 쉽게 연결될 수 있다. 공감 능력은 디지털 공간에서도 폭력 행동을 억제하는 핵심적인 정서적 요인으로 작용한다. 순간적인 감정이나 욕구에 휘둘리지 않고 차분하게 행동을 조절하는 능력인 자기통제가 높은 사람이라도 공감 능력이 낮으면 공격적인 행동을 보일 가능성이 높다(Irmayanti & Chusniyah, 2024). 공감이 결핍될수록, 상대방은 '나와 같은 사람'이 아니라 '없애야 할 적'이나 '정리해야 할 문제'로 바라보는 비인간화가 촉진되고, 결국 자신이 믿는 신념을 실현하기 위해 폭력을 정당화하거나 조장하는 극단적 행동으로 나아가기 쉬워진다.

극단주의는 사회적, 정치적, 경제적, 심리적 요인이 복합적으로 작용하는 현상이다. 이러한 요인에 노출된 모든 사람이 극단주의자가 되는 것은 아니지만, 특정 조건이 맞물릴 때 폭력적 행동으로 이어질 가능성이 높아진다. 정치적 양극화도 이런 조건 중 하나이다. 정치적 양극화가 심화된 사회에서는 다른 의견을 가진 사람을 단순히 반대자로 보는 것이 아니라, 적대시하고 배제해야 할 존재로 인식하는 경향이 강해진다. 이 과정에서 사회적 불신과 분노가 증폭되고, 개인의 불만이나 소외감이 집단적 증오로 연결되면서 극단주의로 발전할 위험이 커진다. 양극화된 사회에서는 단순히 믿는 내용이 극단화되는 것뿐만 아니라, 타인을 거부하고 어떤 반박에도 마음을 열지 않는 '신념 면역' 상태가 된다(Almagro, 2023). 이렇게 신념이 절대화되고, 상대방을 악으로 규정하는 사회에서는 결국 설득이나 토론이 아닌 폭력만이 남게 된다.

최근 한국사회에서 연이어 발생한 정치인 습격 사건들은 정치적 적대감이 현실의 물리적 폭력으로 발현된 사례로 볼 수 있다. 국내외 정치인에 대한 습격 사건들을 분석한 결과, 가해자는 주로 남성이었고, 연령대는 다양했다. 범행 동기는 이념적 편견, 정치적 불만, 사회적 이슈에 대한 반감, 개인적 분노 등으로 복합적이었다. 특히 온라인상의 혐오표현과 급진화된 커뮤니티 활동이 배경으로 작용하기도 했다. 미국, 일본, 유럽에서도 정치인에 대한 테러와 폭력 사건이 꾸준히 발생하고 있으며, 이는 극단주의가 단순히 개인의 일탈이 아니라 사회적 문제로 확산될 수 있음을 보여준다(백종순·홍성운, 2024).

정치적 신념이 충돌하는 것을 넘어서 존재 자체를 부정하고 제거해야 한다는 생각이 확산되면, 민주주의 사회의 기본인 상호 존중과 평화적 경쟁의 원칙은 무너질 수밖에 없다. 민주주의는 서로 다른 의견과 이해관계를 가진 사람들이 대화와 제도를 통해 갈등을 조정하는 체계다. 그런데 폭력과 적대가 일상이 되면, 법과 제도를 통한 문제 해결이 무력해지고, 정치적 갈등을 오직 힘으로 풀어야 한다는 위험한 논리가 퍼진다. 그리고 자유로운 토론과 경쟁적인 선거, 법의 지배 같은 민주주의의 기본 원칙들이 점점 약화된다. 민주주의는 단순히 제도의 문제가 아니다. 서로 다른 시민들이 공존할 수 있는 신뢰와 존중의 기반 위에 서 있다는 사실을 망각하게 되면 민주주의 역시 쉽게 퇴행할 수 있다.

5. 사이버폭력과 분열을 넘어서: 디지털 시대의 책임 있는 시민되기

사이버폭력은 개인의 감정이 디지털 공간에서 증폭되고 왜곡되는 과정을 통해 우리 사회를 분노와 혐오, 불신과 단절로 이끄는 분열의 도구가 되고 있다. 지금까지 살펴본 것처럼 이는 공동체의 기반을 흔드는 깊은 사회적 상처를 만들어낸다. 우리는 이 감정적 분열이 단지 온라인상의 문제가 아니라 오프라인의 인간관계, 사회적 신뢰, 민주적 질서까지 깊이 침식시키고 있다는 사실을 직시해야 한다. 그렇다면, 우리는 이러한 분열을 어떻게 넘어설 수 있을까?

사이버폭력은 흔히 개인과 개인 사이의 문제 또는 가해자의 일탈적 성격이나 피해자의 약점 때문이라고 가볍게 여겨지기 쉽다. 많은 경우 사이버폭력은 공적인 관심이나 제재 없이, 조용하게 일어난다. 누군가는 심한 고통을 겪고 있지만, 다른 이들은 그것을 인지하지 못하거나 온라인에서는 흔한 일로 치부하며 지나친다. 하지만 사이버폭력은 사소한 개인적 갈등이나 일탈로 치부할 수 없는, 훨씬 더 깊은 사회적 문제다. 디지털 공간에서 감정이 과장되고 왜곡되기 쉬운 구조, 혐오와 차별이 퍼지는 문화, 공감 능력을 약화시키는 환경이 사이버폭력을 지속적이고 구조적인 문제로 만든다. 사람들은 종종 사이버폭력을 당한 사람에게 "그냥 무시해", "너무 신경 쓰지 마"라고 말한다. 이런 반응은 피해자에게 "네가 너무 예민한 거야", "그 정도로 힘들어할 일은 아니야"라는 메시지를 줄 수 있다. 그 결과, 피해자는 스스로의 고통을 작게 여기고, 혼자서 참아야 한다고 느끼며, 점점 더 고립된다. 이런 말들은 폭력의 책임을 피해자에게 돌리는 것과 다름없다. 디지털 공간에서 일어난 상처를 '마음의 문제'나 '감정 조절의 문제'로 축소하면, 정작 중요한 사회적 책임과 구조의 문제는 보이지 않게 된다. 사이버폭력을 목격하고도 '괜히 엮기기 싫어서' 모른 척 넘기는 일은 흔하다. 하지만 폭력 앞에서의 침묵은 종종 암묵적인 동의가 되고, 가해자의 행동을 묵인하거나 정당화하는 분위기를 만든다. 더 나아가, 폭력이 계속 반복되고 확대되는 구조 속에서는 방관하는 주변인들까지도 그 구조를 함께 만들어가는 셈이다. 우리의 침묵이 만들어낸 환경은 누군가에게는 고통이 되고, 또 다른 누군가에게는 가해를 계속해도 괜찮다는 신호가 된다. 사이버폭력은 가해자와 피해자만의 일이 아니다. 침묵하는 청중이 많을수록, 폭력은 더 힘을 얻고 더 깊은 상처를 남긴다. 그리고 그 결과로 만들어진 상처와 고립, 불신의 분위기는 결국 우리 모두에게 되돌아온다. 사이버폭력을 통해 잃어버리는 것은 공동체 전체의 신뢰이고, 연결이고, 감정의 안전망이다. 이 상처를 외면하는 순간, 우리는 우리 모두의 사회적 관계를 조금씩 무너뜨리게 되는 것이다. 따라서 우리는 사이버폭력을 사회 전체의 문제로 바라보고, 모두가 함께 책임지고 해결해야 할 과제로 인식할 필요가 있다.

사이버폭력 대응은 가해자 제재에 그치지 않고, 피해자가 다시 존엄한 시민으로서 사회 안에 설 수 있도록 지원하는 피해자 중심 회복을 핵심 목표로 삼아야 한다. 가해자에 대한 책임을 묻고, 사이버폭력 자체를 줄이려는 노력은 중요하다. 그러나 가해자 중심의 접근은 피해자가 겪는 고통을 실질적으로 치유하지 못한다는 한계를 지닌다. 아무리 가해자를 처벌해도, 피해자가 느낀 상처와 고립, 두려움은 쉽게 사라지지 않기 때문이다. 사이버폭력은 물리적 폭력이 수반되지 않는 경우가 많아 겉으로는 가벼워 보일 수 있지만, 실제로는 깊은 정신적 상처를 남긴다. 전통적인 폭력 피해자에 비해 사이버폭력 피해자의 자살 시도가 약 2배 높다는 연구 결과는 이러한 심각성을 단적으로 보여준다(홍성희, 2022). 따라서 피해자가 스스로의 존엄성을 회복하고 사회 안에서 다시 안전하게 관계를 맺을 수 있도록 적극적이고 신속한 지원이 필요하다. 이를 위해서는 법적 보호, 심리 상담, 사회적 예방이 함께 이루어져야 한다.

디지털 공간에서는 기술을 잘 다루는 사람이, 마치 해커처럼 다른 사람에게 몰래 영향을 끼치거나 괴롭히기 쉬운 구조가 만들어져 있다. 예를 들어, 어떤 사람은 인터넷이나 앱을 이용해 다른 사람을 몰래 감시하거나, 조작하거나, 괴롭힐 수 있는데, 이런 행동은 국가나 경찰이 쉽게 찾아내거나 막기도 어렵다. 게다가 사이버폭력의 방법도 회유/제안, 감시, 차단, 비방, 방해, 조작, 강요, 협박 등 아주 다양하다. 특히 문제는 이런 사이버폭력이 점점 더 교묘하고 새로운 방식으로 나타난다는 것이다. 최근에는 딥페이크와 같이 인공지능 기술을 악용한 새로운 사이버폭력도 등장했다. 사람의 얼굴이나 목소리, 행동 등을 조작해 가짜 영상이나 오디오를 만들어 누군가를 모욕하거나 거짓 정보를 퍼뜨리는 피해가 늘어나고 있다. 인공지능 등의 기술이 발전할수록 이런 사이버폭력은 더 정교해지기 때문에 단순히 기존 방법으로 대응하기에는 한계가 있다. 또한 사이버폭력을 저지르는 사람들은 점점 더 다양한 기술을 이용해서 자신을 숨기기 때문에 쉽게 잡히지 않는 경우가 많다. 반면에 피해자들은 괴롭힘을 당해도 부끄럽거나 무서워서 주변에 알리지 않고 숨기려는 경우가 많아, 문제를 알아채기조차 어려운 상황이 생긴다. 그러므로 새로운 형태의 사이버폭력에 항상 주의를 기울이면서, 모두가 안전하게 디지털 기술을 사용할 수 있는 환경을 만들기 위해 계속 관심을 가져야 한다.

디지털 공간이 폭력을 만들어내는 새로운 환경이 되고 있는 것은 사실이지만, 그렇다고 해서 사이버폭력이 완전히 새로 생긴 것이라고 볼 수는 없다. 사회에 뿌리내린 구조적 차별이나 불평등 같은 문제가 새로운 기술을 통해 다른 모습으로 나타나는 경우도 많기 때문이다. 그래서 디지털 공간이라는 특성만 강조하면, 그 안에 숨겨진 복합적이고 깊은 문제를 놓치기 쉽다. 디지털 공간에서 확산되는 혐오표현과 극단주의는 구조적 차별과 폭력의 연장선에서 이해해야 한다. 구조적 차별을 기반으로 한 혐오와 폭력은 단순히 몇몇 '나쁜 개인'을 처벌한다고 해서 사라지지 않는다. 혐오와 폭력을 가능하게 하는 사회적 불평등, 권력의 비대칭성, 배제의 문화를 근본적으로 바꿔내는 방향으로 재구성되어야 한다.

2025년 1월에 일어난 서부지법 폭동 사태를 둘러싼 10대 청소년들의 반응은, 오늘날 디지털 공간을 통한 극단적 감정 확산과 왜곡이 단순한 개인 일탈의 문제가 아니라, 깊게 뿌리내린 사회구조의 문제임을 보여준다. 아이들은 사법부 침탈과 같은 중대한 사건을 별다른 충격 없이 받아들이고, 심지어 폭동을 '민주화운동'이나 '참교육'이라 부르며 조롱하는 데 익숙해져 있었다. 이는 유튜브를 통한 일상적 혐오 콘텐츠 소비, 자극적이고 선정적인 정보에 대한 무비판적 노출, 그리고 클릭 수와 수익을 우선시하는 플랫폼 경제가 결합하여 만들어낸 구조적 결과다. 극단적 혐오와 폭력을 부추기는 정보 환경 속에서 성장한 아이들은 어느새 법과 민주주의 원칙보다 자극적 재미를 더 중시하게 되었다(서부원, 2025). 이런 현실은 몇몇 개인에 대한 처벌이나 단순한 윤리 교육만으로는 사이버폭력과 온라인 극단주의를 막을 수 없다는 사실을 분명히 보여준다. 혐오와 폭력이 확산되는 구조적 토양 자체를 바꾸지 않는 한, 새로운 피해자와 가해자는 끊임없이 재생산될 것이다. 사이버폭력 예방은 알고리즘에 의해 분노와 혐오가 이익이 되는 구조를 바꾸고, 다양한 목소리를 존중하고 균형 있게 들을 수 있는 디지털 문화를 다시 세우는 방향으로 이루어져야 한다. 이를 위해서는 디지털 공간에서 감정과 언어가 어떻게 흐르고 증폭되는지를 이해하고, 혐오와 배제에 맞서는 문화적·기술적 장치를 마련하는 한편, 공감과 존중을 촉진하는 실천적 교육과 사회적 규범을 함께 만들어야 한다.

디지털 공간에서는 감정과 언어가 현실보다 훨씬 빠르게 움직인다. 특히 분노, 혐오, 조롱 같은 부정적 감정은 긍정적인 감정보다 훨씬 빠른 속도로 퍼져나간다. 알고리즘은 사람들이 더 강한 반응을 보이는 콘텐츠를 우선적으로 보여주기 때문에, 감정은 쉽게 과열되고, 언어는 점점 자극적이고 공격적인 방향으로 흐르기 쉽다. 따라서 디지털 공간에서 감정과 언어가 어떻게 왜곡되고 증폭되는지를 이해하는 것은, 온라인상의 폭력과 분열을 막기 위한 기본적인 출발점이다. 자신이 소비하고 공유하는 콘텐츠가 감정의 흐름을 어떻게 조작할 수 있는지를 의식할 때, 우리는 보다 책임 있게 디지털 환경에 참여할 수 있기 때문이다.

또한 혐오와 배제를 줄이기 위해서는 단순히 개인의 자각만으로는 충분하지 않다. 온라인 플랫폼을 운영하는 회사들은 사이버폭력을 막기 위한 규칙과 기준을 스스로 만들고 이를 준수해야 한다. 누군가를 괴롭히거나 상처 주는 글이나 영상이 올라왔을 때, 어떻게 대응할 것인지 미리 정해두고, 쉽게 신고할 수 있도록 간단한 신고 방법을 마련할 필요가 있다. 신고가 들어오면 빠르고 정확하게 처리해야 하고, 어떤 조치를 했는지도 사람들이 알 수 있게 공개하는 것이 중요하다. 또한, 인공지능 같은 기술을 이용해 문제되는 내용을 자동으로 감지하고 차단하는 시스템도 함께 갖추어야 한다. 이렇게 플랫폼 회사가 적극적으로 나서야, 디지털 공간이 더 안전하고 건강한 곳이 될 수 있다. 사회 전체적으로는 혐오에 맞서 공존을 지지하는 문화를 만드는 노력이 필요하다. 사람들이 서로를 존중하고, 다양한 차이를 포용할 수 있는 문화가 형성되어야만 디지털 공간에서도 혐오가 아닌 공감과 연대의 언어가 살아남을 수 있다. 이를 위해서는 플랫폼 기업, 교육기관, 시민단체, 정부 모두가 함께 협력하여 혐오표현에 대응하고, 차별 없는 디지털 환경을 만들기 위한 실질적 조치를 마련해야 한다.

공감과 존중을 촉진하는 교육과 사회적 규범의 강화도 필수적이다. 공감 능력은 자연스럽게 길러지는 것이 아니라, 의식적으로 훈련되고 사회적으로 뒷받침되어야 성장한다. 이를 위해 학교나 지역사회에서 사이버폭력에 대한 교육 프로그램을 지속적으로 만들어야 한다. 예를 들어, 독일에는 '미디어 헬덴'(Medien Helden)이라는 프로그램이 있는데, 이 프로그램에서는 사이버폭력이 일어나는 상황을 가정해서 학생들이 역할극을 수행한다. 어떤 학생은 가해자, 어떤 학생은 피해자, 또 어떤 학생은 도와주는 친구나 그냥 지켜보기만 하는 친구 역할을 맡아 보는 것이다. 그렇게 여러 입장이 되어 보면서, 어떤 말과 행동이 상처를 주는지, 또 어떻게 도와줄 수 있는지를 직접 느끼고 배운다. 역할극이 끝난 뒤에는 함께 모여 각자의 행동이 왜 좋았는지, 또 어떻게 다르게 행동할 수 있었는지에 대해 서로 이야기하고 연습해 보는 시간도 가진다. 이런 활동을 통해 우리는 단순히 지식만 배우는 게 아니라, 다른 사람의 입장에서 생각해 보고 책임 있는 행동을 할 수 있는 힘을 키울 수 있다(정영희, 2023).

사이버폭력을 줄이기 위해서는 무엇보다 디지털 공간에서 책임 있는 시민으로 행동하는 것이 중요하다. 책임 있는 시민성은 단지 법을 지키거나 예의를 지키는 수준을 넘어서, 디지털 공간에서도 타인의 존엄성을 존중하고, 감정과 언어의 사용에 신중을 기하며, 혐오와 폭력에 맞서 목소리를 내는 적극적인 태도를 포함한다. 구체적으로 다음과 같은 실천이 필요하다.

첫째, 감정의 증폭과 왜곡을 경계해야 한다. 디지털 공간에서는 감정이 현실보다 훨씬 빠르게 퍼지고, 쉽게 과장된다. 작은 불쾌감이나 불만도 SNS, 댓글, 단체 채팅방을 통해 순식간에 분노로 번질 수 있다. 문제는 이처럼 증폭된 감정이 실제 상황보다 훨씬 과장된 판단과 행동을 낳는다는 점이다. 따라서 자신의 감정이 순간적으로 치솟을 때, 즉시 반응하지 않고 한 번 멈춰야 한다. '이 감정은 어디서 온 것일까?', '지금 내가 느끼는 분노는 과장된 것은 아닐까?'라고 스스로 점검하는 습관이 필요하다. 특히 감정에 휩싸인 상태에서는 SNS나 온라인 커뮤니티에 글이나 사진, 영상 등을 즉흥적으로 올리는 것을 조심해야 한다. 감정이 증폭될수록 사고는 좁아지고, 판단은 쉽게 극단으로 치우치기 쉽다. 순간의 감정으로 올린 콘텐츠는 돌이킬 수 없는 결과를 낳을 수 있으며, 다른 사람에게 상처를 주거나 불필요한 논란을 불러올 수 있다. 감정이 격할 때일수록, '지금 이 글을 올리는 것이 정말 필요한가?'라고 스스로에게 물어보는 것이 필요하다. 감정의 속도를 늦추고, 감정의 진위를 구별하려는 노력, 그리고 신중한 표현이야말로 디지털 시민성의 기본이라고 할 수 있다.

둘째, 혐오표현에 맞서야 한다. 디지털 공간에서는 혐오표현이 때로는 농담처럼, 때로는 일상의 불만처럼 가볍게 퍼진다. 그러나 어떤 이유로든 특정 집단이나 개인을 비하하고 배제하는 말은 듣는 이에게 깊은 상처를 주고, 공동체 전체의 건강함을 해치는 결과를 낳는다. 혐오를 방치하면, 그것은 곧 폭력으로 이어지는 토양이 된다. 그러므로 혐오를 조장하거나 부추기는 말 앞에서는 분명히 "그건 옳지 않다"고 말할 수 있어야 한다. 단순히 한 번의 대응에 그치는 것이 아니라, 혐오를 퍼뜨리는 사람들과 계속 대화하고 설득하려는 지속적인 노력이 필요하다. 이때 상대방의 혐오적 입장을 직접 정면으로 비난하기보다는, 서로 공통점을 찾고 조금씩 인식의 변화를 유도하는 방식이 효과적이다. 혐오에 맞설 때 또 다른 혐오로 대응해서는 안 된다. 혐오에 혐오로 맞서는 것은 문제를 해결하기는커녕 오히려 혐오의 악순환을 키우는 결과를 낳는다. 상대방의 모욕적 발언이나 차별적 표현에 대해 분노하면서 같은 방식으로 공격을 되갚으면, 혐오의 감정은 더 증폭되고 확산된다. 이 과정에서 갈등은 더욱 격화되고, 서로를 이해하거나 변화시킬 가능성은 사라진다. 결국 혐오를 반대하려 했던 행동조차 또 다른 혐오의 형태로 변질되어, 공동체의 신뢰와 존중의 문화를 더욱 약화시킬 수 있다. 그러므로 혐오에 맞설 때도 인간의 존엄성과 공존의 가치를 잃지 않아야 한다.

셋째, 디지털 마녀사냥에 동참하지 않아야 한다. 누군가 잘못을 저질렀다는 소문이 돌면, 디지털 공간에서는 순식간에 비난과 조롱이 쏟아진다. 처음에는 정당한 비판이라 해도, 시간이 지나면서 한 사람 전체를 부정하고 매장하는 식으로 바뀌기 쉽다. 디지털 마녀사냥은 정의를 빙자하지만, 결국 또 다른 폭력에 불과하다. 잘못을 지적하는 것과, 사람 전체를 파괴하는 것을 구별할 줄 알아야 한다. 비판이 필요하다면 구체적 사실에 근거해 차분하게 제기해야 하며, 사실 확인이 이뤄지지 않은 상태에서 집단적 분노에 휩쓸리는 것을 경계해야 한다. 누군가를 몰아세우는 집단적 분위기에 편승하지 않고, '이 사람에게 다시 일어설 기회가 필요한 것은 아닐까?'라는 질문을 던질 수 있어야 한다. 누구나 실수할 수 있고, 인간은 실수를 통해 성장할 수 있다.

넷째, 다양한 관점을 접하려는 의식적인 노력이 필요하다. 나와 생각이 비슷한 정보만 계속 보여주는 인터넷 환경에 익숙해지면, 다른 입장이나 새로운 시각을 접하기 어려워진다. 이렇게 되면 세상을 있는 그대로 보는 것이 아니라, 내가 보고 싶은 것만 보게 되면서 생각이 점점 좁아질 수 있다. 감정에만 호소하거나 자극적인 주장만 담긴 극단적인 콘텐츠에 쉽게 휘둘리지 않기 위해서는, 정보를 접할 때마다 사실인지 확인하고, 그 내용이 어떤 맥락에서 나왔는지 살펴보는 습관을 가져야 한다. 이는 단순한 정보 수용의 문제가 아니라, 우리가 어떤 시민으로 살아갈 것인가에 대한 태도의 문제이기도 하다. 디지털 공간에서는 비슷한 생각을 가진 사람끼리 모이기 쉽다. 이 과정에서 다른 의견을 가진 사람을 '적'으로 여기고, 모든 문제를 선과 악의 싸움처럼 단순화하는 위험이 생긴다. 처음에는 작은 분노였던 감정이, 점점 "우리는 옳고, 저들은 사라져야 한다"는 식의 신념으로 변질된다. 사회는 다양한 생각을 가진 사람들이 공존하는 공간이지, 하나의 생각만이 허용되는 전장이 아니다. 내 생각과 다른 의견을 가진 사람도 인간으로서 존엄하며, 함께 살아야 할 사회의 일원임을 기억하는 태도가 필요하다. 서로 다른 생각을 품을 수 있는 용기와 여유를 갖는 것, 그것이 디지털 시대의 진정한 시민성이라고 할 수 있다.

제3장

더닝-크루거 효과와 유튜브가 키운 착각: 아는 것이 병(病)

/이훈

제3장 더닝-크루거 효과와 유튜브가 키운 착각: 아는 것이 병(病)/이훈

1. 유튜브가 불러일으킨 착각의 병

"그래도 지구는 평평하다!"

필자는 몇 년 전, 한 시사교양 프로그램을 보다가 큰 충격을 받은 적이 있다. 아직도 지구가 평평하다고 믿는 사람들이 있었기 때문이다. 프로그램 제작진은 이들을 직접 인터뷰하고, 간단한 실험을 통해 어렵지 않게 지구가 둥글다는 과학적 증거를 제시했다. 그러나 돌아온 반응은 놀라웠다. 어떠한 과학적 설명보다 "유튜브를 믿겠어요"라는 대답이 돌아온 것이다. 과학적으로 이미 반박된 이 믿음이 부활한 배경에는 아이러니하게도 유튜브가 있었던 것이다. 2019년 샘플(Ian Sample)이 가디언지에 발표한 보도에 따르면 평평한 지구 모임 참석자 30명 중 29명이 유튜브 영상을 보고 그러한 믿음을 갖게 되었다고 한다. 유튜브 알고리즘이 제공하는 음모론 영상을 확증편향의 메아리처럼 받아들인 결과, 이들은 자신이 얼마나 모르는지 모르는 상태(not knowing of know nothing), 즉 무지의 무지(ignorance of ignorance) 함정에 빠진 것이다. 이처럼 “아는 것이 힘”이 아니라, “모르는 것이 약(藥)”이 되고 나아가 ‘아는 것이 병(病)’이 되는 현상이 곳곳에서 관찰된다. 실제로 유튜브 발(發) 음모론 확산은 평평한 지구 사례에 국한되지 않는다. 백신에 관한 허위정보, 기후변화 부정론, 선거 조작설 등 과학과 사회 여러 분야에서 유사한 현상이 확인되고 있으며, 유튜브 알고리즘이 이용자의 성향에 맞춘 편향적 콘텐츠를 반복적으로 노출함으로써 이러한 잘못된 믿음이 증폭되는 사례는 세계 각지에서 잇따르고 있다.

위와 같은 지구 평평설은 극단적인 예일 수 있지만, 우리 주변에서도 자신이 잘 안다고 착각하는 모습은 흔히 찾아볼 수 있다. 특히 정치 분야에서 이러한 무지의 확신 문제가 두드러진다. 많은 시민들이 유튜브를 통해 정치 뉴스를 접하면서, 충분한 검증 없이 한쪽 입장만 듣고 모든 것을 알았다고 느끼는 일이 벌어지고 있다. 예컨대, 한쪽 주장만 담은 유튜브 영상을 반복해서 시청한 일부 사람들은 특정 정책이나 인물에 대해 사실과 다른 확신을 가지는 경우가 있다. 이는 유튜브로 인한 지식 착각이 현실 정치 인식에도 영향을 미치고 있음을 보여주는 사례라 할 수 있다. 하지만 현실에서 일반 대중의 정치 지식은 그다지 높다고 보기 어려우며, 그럼에도 불구하고 사람들은 자신의 지식에 대해 과도하게 자신만만한 모습을 보이곤 한다.

이러한 지식 착각 현상을 이해하는 유용한 틀이 바로 더닝-크루거 효과(Dunning-Kruger effect)다. 이는 무능한 사람일수록 자신이 무능하다는 사실을 모르고 오히려 유능하다고 믿는 인지 편향으로, 심리학자 데이비드 더닝(David Dunning)과 저스틴 크루거(Justin Kruger)가 제안한 개념이다. 유튜브상의 편파적인 정치 콘텐츠 환경은 더닝-

크루거 효과를 더욱 부추겨, 사람들이 실제로는 잘 모르면서도 '내가 충분히 알고 있다'고 믿게 만들 수 있다. 정치 영역에서 이러한 과도한 자신감은 의사결정 과정의 왜곡으로 이어질 수 있다.

최근 유튜브는 전 세계적으로 주요한 정치 정보 창구로 자리 잡았다. 2020년 퓨 리서치 센터(Pew Research Center for the People & the Press)가 주관하고 스토킹(Galen Stocking) 등이 발표한 조사에 따르면, 미국에서는 성인 4명 중 1명꼴로 유튜브를 뉴스 출처로 활용하고 있으며, 다수의 이용자들이 유튜브를 신뢰할 수 있는 정보원으로 인식하고 있는 것으로 나타났다. 한국에서는 이러한 경향이 더욱 두드러진다. 한국언론진흥재단의 최근 조사에 따르면, 2024년 기준으로 성인 인구의 60% 이상이 뉴스를 보기 위해 유튜브를 이용하고 있는 것으로 나타났으며, 같은 기관의 지원으로 오세욱과 송해엽이 2019년에 수행한 연구에서는 유튜브가 지상파 방송이나 주요 일간지보다 더 신뢰할 수 있는 뉴스 출처라고 응답한 이들도 적지 않았다.

유튜브상의 정치 콘텐츠들은 종종 '기존 언론이 다루지 않는 숨은 진실'이나 '독점 정보'를 제공한다고 주장한다. 여러 인기 정치 유튜브 채널은 '기성 언론이 말하지 않는 이야기'를 전한다며 음모론이나 편향된 주장을 펼친다. 이처럼 유튜브 이용자들은 남들이 모르는 정보를 자신은 알고 있다는 우월감을 갖기 쉽고, 이는 더닝-크루거 효과와 맞물려 '모르는데 아는 척하는' 현상을 부추길 수 있다.

이 장에서는 유튜브의 정치 콘텐츠 환경이 어떻게 더닝-크루거 효과가 맞물려, 개인의 지식 수준에 대한 과대평가와 집단적 착각을 초래하는지를 살펴보고자 한다. 먼저 더닝-크루거 효과의 개념과 작동 메커니즘을 설명한 뒤, 정치 콘텐츠 플랫폼으로서의 유튜브 특성을 짚어본다. 이어서 유튜브가 어떤 방식으로 지식 착각을 부추기는지를 경험적 연구 결과를 통해 확인하고, 마지막으로 이러한 현상이 발생하는 근본 원인을 분석한 뒤 이를 완화할 수 있는 대응책을 제안하고자 한다.

2. 더닝-크루거 효과와 유튜브가 키운 착각

더닝-크루거 효과란?

더닝-크루거 효과(Dunning-Kruger effect)는 능력이 부족한 사람들이 자신의 능력을 실제보다 과도하게 높게 평가하는 인지적 편향을 의미한다. 이 현상은 1999년, 심리학자 저스틴 크루거와 데이비드 더닝이 일련의 실험을 통해 처음으로 체계적으로 제시하였다. 그들은 참가자들의 유머 감각, 문법 지식, 논리 추론 능력 등을 측정한 뒤, 자신이 얼마나 잘했는지 스스로 평가하도록 했다. 결과는 매우 인상적이었다. 성취도가 가장 낮은 하위 10~20%의 참가자들이 자신을 상위 50% 이상이라고 평가했을 만큼, 실제보다 지나치게 높은 자기 평가를 보인 것이다. 반면 성취도가 높은 참가자들은 오히려 자신의 성과를 실제보다 낮게 평가하거나 과도하게 겸손한 태도를 취했다. 다음 〈그림 2〉에서 볼 수 있듯이, 실제(Actual) 지식이 낮은 1사분위나 2사분위에 해당하는 집단은 자신의 인지 능력을 과대평가한 반면, 지식 수준이 높은 집단일수록 보다 정확한 자기 평가를 내렸다. 이처럼 더닝-크루거 효과는 운전 실력, 학업 성취 등 일상생활의 다양한 영역에서 반복적으로 확인되어 왔으며, 특히 능력이 부족한 사람일수록 자신의 한계를 인식하지 못하고, 조금만 알면 모든 것을 아는 듯한 착각에 빠지는 경향이 강하다는 사실이 밝혀졌다.

그림 2 더닝-크루거 효과

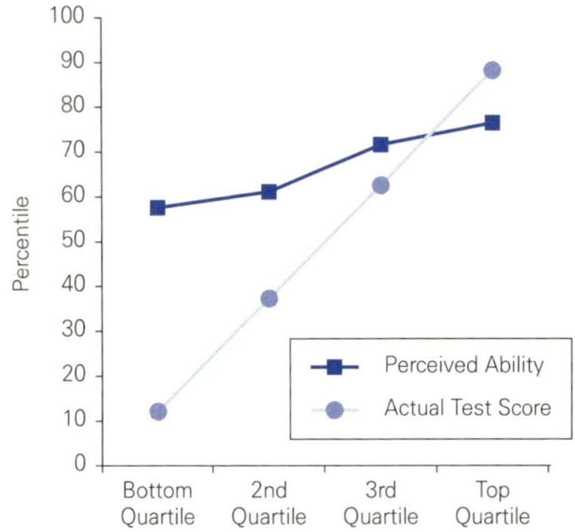

출처: "Unskilled and unaware of it: How difficulties in recognizing one's own incompetence lead to inflated self-assessments", by Kruger & Dunning, 1999, Journal of Personality and Social Psychology, 77(6), p.1124

이러한 효과의 핵심은 메타인지(metacognition), 즉 자기 인식 능력의 결여에 있다. 어떤 분야에 대한 지식이나 기술이 부족한 사람은, 그 부족함을 인식하는 능력 또한 부족하기 때문에 자신의 실력을 정확히 평가하지 못한다. 쉽게 말해, 시험에서 몇 점을 받을지조차 가늠할 능력이 없기 때문에, 틀린 답을 맞았다고 착각하는 것이다. 더닝과 크루거는 이를 "무지의 상처는 자신이 무지하다는 사실을 모르는 데 있다"고 표현했다. 우리말로 풀면, '모르는 사람은 자기가 모르는 것도 모른다'는 말이다. 이러한 현상은 일상에서도 자주 목격된다. 예를 들어, 운전 실력이 형편없는 사람이 자신을 최고의 드라이버라고 믿거나, 경제 정책에 대해 단편적인 정보만 가지고 전문가인 양 말하는 사람이 그 예다. 흔히 "책 한 권만 읽은 사람이 가장 무섭다"는 속담은 이 현상을 정확히 짚은 표현이라 할 수 있다.

더닝-크루거 효과는 다양한 영역에서 반복적으로 관찰되어 왔다. 언어 능력, 금융 지식, 의료 상식, 정치 지식 등 여러 분야에서, 지식 수준이 낮은 집단일수록 자신의 지식을 실제보다 높게 평가하는 경향이 일관되게 확인되었다. 예컨대, 기본 상식을 측정하는 퀴즈에서 하위 성적자의 상당수가 "평균 이상 점수일 것"이라고 응답한 사례는 이 현상의 전형적인 예다. 정치 영역에서도 마찬가지로 더닝-크루거 효과가 나타나는데, 정치적 지식이 부족한 사람들이 자신뿐 아니라 같은 입장을 공유하는 타인의 지식 수준까지 과도하게 높게 평가하는 경향이 있다. 앤슨(Ian G. Anson)의 2018년 연구에 따르면, 강한 당파성을 지닌 시민들 가운데 실제 정치 지식 수준이 낮은 이들이, 자신이 속한 진영이 보유한 지식 수준을 지나치게 높게 추정하는 경향이 확인되었다.

더 나아가, 필자가 최근 제자들과 함께 진행한 연구는 한국과 미국에서 유튜브 정치 채널 시청과 더닝-크루거 효과가 어떻게 맞물려 작동하는지를 경험적으로 보여준다. 이 연구에서는 자신이 지지하는 정치 성향과 일치하는 유튜브 채널을 자주 시청하는 이용자일수록, 실제 지식 수준과 무관하게 정치에 대해 잘 안다고 평가하는 경향이 강하게 나타났다. 특히 실제 지식 수준이 낮은 하위 집단에서 이러한 자기 과신이 두드러졌으며, 이는 유튜브와 같은 정보 환경이 더닝-크루거 효과를 더욱 가속화할 수 있음을 보여주는 중요한 사례다.

물론 더닝-크루거 효과가 모든 상황에서 동일한 양상으로 나타나는 것은 아니다. 개인의 성향이나 문화적 배경에 따라 자기 평가의 정도나 표현 방식에 차이가 있을 수 있다. 얼링거(Joyce Ehrlinger)와 더닝(David Dunning)의 2003년 연구는 동아시아 문화권이 겸손을 미덕으로 여기기 때문에, 주관적인 자기 평가가 다소 낮게 나타나는 경향이 있음을 시사한다. 그러나 자기 평가 오류의 방향성 자체, 즉 '과신'이라는 인지적 왜곡은 문화권을 초월해 유사한 형태로 나타나는 것이 일반적이다.

중요한 점은 더닝-크루거 효과가 단순한 인지 착오를 넘어 사회적으로도 유의미한 영향을 미친다는 것이다. 이 효과는 궁극적으로 '배우지 않음으로 인해 생기는 문제'이며, 자신이 부족하다는 사실을 인지하지 못하면 개선을 위해 노력하지 않게 되고, 이는 무지의 악순환을 초래한다. 특히 민주사회에서는 시민들이 자신이 잘 안다고 착각하면서, 실제로는 잘못된 정보에 기반해 판단을 내릴 경우 공론장의 왜곡이나 비합리적인 의사결정으로 이어질 수 있다. 이 때문에 '자신이 얼마나 모르는지를 아는 것', 즉 지적 겸손(intellectual humility)의 필요성이 강조된다.

요컨대, 더닝-크루거 효과는 지식이나 능력이 부족한 사람이 자신의 한계를 인식하지 못해 오히려 지나치게 자신만만해지는 역설적인 심리 현상이다. 유튜브처럼 정보 접근이 쉽고 자기 신념을 강화할 수 있는 환경에서는 단편적인 지식만으로 전문가가 된 듯한 착각에 빠지기 쉽다. 이는 단순한 개인 착각을 넘어, 사회적 판단과 민주적 의사결정까지도 왜곡시킬 수 있는 위험 요소가 된다.

다음 절에서는 이러한 효과가 유튜브라는 새로운 정보 환경에서 어떻게 증폭될 수 있는지, 그 매체적 조건과 특성을 살펴본다.

유튜브 정치의 특징

유튜브는 전통적인 언론 매체와 달리 콘텐츠 소비의 개인화가 극대화된 플랫폼이다. 이용자들은 자신의 취향에 맞게 채널을 구독하고 영상을 선택하는 사용자 주도(user-driven) 맞춤화가 가능하며, 동시에 유튜브의 추천 알고리즘이 시청 기록과 성향을 기반으로 영상을 제시하는 시스템 주도(system-driven) 맞춤화도 이루어진다. 이러한 이중 맞춤화 구조는 정보 노출을 사용자의 기존 성향에 밀착시키는 결과를 낳는다. 다시 말해, 유튜브에서는 보고 싶은 것만 보고 듣고 싶은 것만 듣기 쉬운 환경이 조성되는 것이다. 이는 선택적 노출(selective exposure)이라는 오래된 커뮤니케이션 개념과 맞닿아 있다. 사람들은 원래 자신 의견과 일치하는 정보에 끌리고, 반대되는 정보는 피하려는 경향이 있는데, 유튜브의 설계는 이러한 편향적 소비를 한층 강화한다.

먼저, 사용자 주도 맞춤화 측면에서 이용자는 자신의 신념에 부합하는 채널을 직접 찾아내 구독하거나 해당 성향의 영상만 골라볼 수 있다. 보수 성향의 이용자라면 보수 논객 채널이나 우파 성향의 시사 채널만 집중적으로 시청하고, 진보 성향 이용자는 반대로 진보적 유튜브 채널에 몰입하는 식이다. 이렇게 이용자 스스로 정보 환경을 자기 입맛에 맞게 구성하다 보면, 자연스럽게 이용자가 선호하는 정보만 접하고 반대되는 정보는 차단되는 필터 버블(filter bubble) 현상이나, 유사한 견해를 가진 사람들끼리만 소통하면서 동일한 주장이 반복적으로 증폭되는 에코 체임버(echo chamber) 현상이 나타난다. 같은 견해를 가진 사람들끼리만 소통하고 다른 견해는 차단되는 환경 속에서, 이용자들은 점점 자신의 신념이 보편적 진실이라 여기는 경향이 강해진다. 이처럼 동질적인 집단 내에서만 상호작용하면 스스로 옳다고 믿는 확신이 강화되고, 대안적 시각을 접할 기회는 급격히 줄어든다. 그 결과 의견이 다른 집단과의 간극은 더 벌어지고, 자신의 지식이나 판단이 객관적이라고 과신하는 분위기가 커질 수 있다.

이러한 유튜브의 맞춤형 구조는 선택적 노출의 강화와 의견 편향의 심화로 이어진다. 유튜브 정치의 한 특징은 전통 미디어보다 훨씬 노골적인 편향 콘텐츠들이 공존한다는 점이다. 많은 유튜브 정치 채널들은 특정 정파의 입장을 강하게 대변하거나 반대 진영을 조롱하고 공격하는 콘텐츠를 쏟아낸다. 예컨대, 극단적인 음모론 채널부터, 특정 후보 지지자 모임의 방송 혹은 편파적인 시사평론 채널까지 다양한 스펙트럼의 당파적(partisan) 콘텐츠가 존재한다. 이런 영상들은 종종 상대편에 대한 조롱과 비난을 담아내며, 시청자들에게 감정적 카타르시스를 제공하기도 한다. 우리 편에 유리한 정보만 강조하고 상대 편의 주장은 폄훼하는 일방향적 서사가 반복적으로 노출되면, 시청자는 점차 자신의 신념이 더욱 확고해지고 상대에 대한 반감이나 편견도 커지기 쉽다. 따라서 당파적 미디어에 노출되면 상대 정당 지지자들을 더 부정적으로 보고 신뢰하지 않게 되는 경향을 보일 가능성이 크다.

또 다른 특징은 기존 언론에 대한 불신과 대안 미디어에 대한 맹신이다. 앞서 언급했듯 많은 사람들이 전통 언론을 불신하여 유튜브로 눈을 돌리고 있다. 이러한 경향 속에서, 유튜브 채널 운영자들은 자신들이야말로 '진실을 말하는 용기 있는 소수'이며, 주류 언론은 숨기거나 왜곡하지만 '우리는 남들이 모르는 정보를 폭로한다'고 주장하곤 한다. 예를 들어 어떤 시사 유튜버가 "메이저 언론이 보도하지 않는 X 파일의 진실"이라는 영상을 통해 음모론적 주장을 펼치면, 시청자들은 이를 접하며 자신들이 특별한 진실을 알게 되었다고 느낄 수 있다. 유튜브 정치 콘텐츠 이용자들은 '남들은 모르는 비밀'을 자기는 알고 있다는 인식을 가질 수 있고, 이는 곧 '내가 더 잘 안다'는 자신감으로 이어질 수 있다. 문제는 이 자신감이 사실 여부와 무관하게 형성될 수 있다는 점이다. 유튜브를 통한 정보 습득이 실제 객관적 지식을 향상시키지 못하면서도 (때로는 잘못된 정보일지라도) 사용자로 하여금 스스로 많이 배웠다고 믿게 만들 수 있는 것이다. 이는 유튜브와 같은 소셜미디어 뉴스 이용이 '지식의 착각'을 불러일으킬 수 있음을 시사한다. 다시 말해, 유튜브 정치 환경은 더닝-크루거 효과의 발현을 부채질할 수 있는 토대를 제공한다고 볼 수 있다.

다음 절에서는 실제로 유튜브 정치 콘텐츠 소비가 어떤 착각과 과신을 만들어내는지, 필자가 직접 수행한 연구의 결과를 통해 자세히 살펴보겠다.

유튜브가 키운 착각

앞서 논의한 유튜브 환경에서는 이용자가 자신의 지식 수준을 실제보다 높게 평가하는 착각이 나타나기 쉽다고 예상할 수 있다. 그렇다면 이러한 착각은 구체적으로 어떻게 드러나는가? 또한 자신에 대한 지식 평가뿐만 아니라, 같은 의견을 공유하는 집단(내집단)과 반대 의견을 가진 집단(외집단)에 대한 지식 평가에도 영향을 미칠까? 이 질문들을 탐구하기 위해 필자는 제자들과 함께 한국과 미국에서 유튜브의 당파적 뉴스 이용과 지식 평가의 관계를 조사하는 연구를 진행하였다.

이 연구는 당파적 유튜브 채널을 두 유형으로 구분했는데, 친성향 채널(태도 일치적 채널)은 응답자 본인의 이념 성향이나 정당 입장과 일치하는 콘텐츠를 제공하는 유튜브 채널들이고, 반대성향 채널(태도 불일치적 채널)은 응답자의 입장과 상충하는 관점을 내보내는 채널들이었다. 예를 들어 한국의 보수 성향 응답자에게는 신보수 성향의 시사 채널이 친성향 채널이고, 진보 성향의 시사 채널은 반대성향 채널로 간주되는 식이다. 마찬가지로 미국에서는 공화당 지지자에게 Fox News나 보수 논객 채널이 친성향, CNN이나 진보 성향 유튜브 채널은 반대성향 채널이 된다. 또한 이용자가 얼마나 자주 친성향 채널과 반대성향 채널을 시청하는지를 측정하고, 스스로 평가한 정치지식 수준(주관적 지식)과 '우리 편'이라 여기는 집단과 '상대편' 집단의 평균 지식 수준에 대한 평가를 조사했다. 나아가 응답자들에게 객관적인 정치상식 퀴즈를 풀게 하여 실제 지식 수준(객관적 지식)을 파악하고, 이를 지식 수준에 따라 사분위 그룹으로 분류하였다. 이를 통해 실제 지식이 많고 적음에 따라 유튜브 이용 효과가 어떻게 달라지는지도 분석하였다.

첫 번째 핵심 결과는, 유튜브에서 자신과 정치 성향이 일치하는 뉴스 채널을 많이 시청할수록, 자신이 정치에 대해 잘 안다고 과신하는 경향이 뚜렷하게 나타났다는 점이다. 이러한 경향은 한국과 미국 모두에서 공통적으로 관찰되었으며, 특히 한국의 경우 실제 지식 수준이 낮은 사람일수록 유튜브의 친성향 채널 소비가 자신의 지식에 대한 과대평가로 이어지는 정도가 더욱 두드러졌다. 이는 더닝-크루거 효과의 전형적인 양상이 디지털 미디어 이용 환경에서도 여전히 유효하게 작동함을 보여주는 사례라 할 수 있다.

이러한 자기 지식에 대한 과신은 단지 추상적인 인식 차원에 그치지 않고, 정책 이해도 같은 실질적인 판단 영역에서도 영향을 미친다.

2013년 펀백(Philip M. Fernbach)등의 연구는 사람들이 복잡한 정책 사안을 단편적으로만 이해하면서도 자신은 충분히 알고 있다고 믿는 착각이 정치적 극단주의를 강화할 수 있음을 보여주었다. 이는 유튜브 이용자들이 실제보다 자신의 정치 지식을 과대평가하는 경향과 일맥상통하며, 지식의 착각이 어떻게 극단적 태도로 이어지는지 보여준다.

〈그림 3〉은 한국 응답자 데이터를 토대로, 친성향 유튜브 이용 정도에 따른 자기 지식 평가 점수를 실제 지식 수준별(상/중상/중하/하위 그룹)로 나타낸 것이다. 그림에서 볼 수 있듯이, 실제 지식이 가장 낮은 집단일수록 유튜브를 통해 친성향 뉴스를 많이 접할 때 스스로를 매우 유식하다고 평가하는 경향이 급격히 높아졌다. 반면 실제 지식이 이보다 높은 집단(특히, 중상/중하 집단)에서는 유튜브 이용 여부에 따른 자기 지식 평가 차이가 비교적 적었다.

그림 3 친성향 유튜브 이용과 자기 지식 평가의 관계

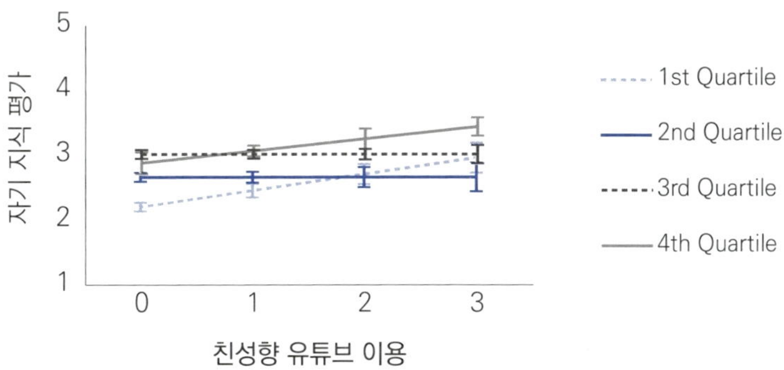

출처: "Partisan YouTube use and evaluation of knowledge in Korea and the United States: a fresh perspective via the Dunning-Kruger effect", by Lee et al., 2024, Human Communication Research, 50(3), p.449

이 연구에서 두 번째 중요한 발견은, 유튜브 이용이 타인의 지식에 대한 평가에도 영향을 준다는 점이었다. 특히 한국의 경우 그 효과가 뚜렷했는데, 유튜브로 자기 정치 성향에 맞는 뉴스만 자주 본 사람은 같은 편(내집단)에 속한 사람들의 정치적 지식 수준을 실제보다 높게 평가하는 경향이 강화되었다. 동시에 반대편(외집단)에 속한 사람들의 지식 수준은 실제보다 더 낮게 깎아내려 평가하는 경향이 나타났다. 쉽게 말해, 유튜브를 통해 '우리 편은 똑똑하고 많이 알고, 저쪽 편은 무지하다'는 인식을 갖게 되는 것이다.

한국 응답자 데이터를 보면, 친성향 유튜브를 열심히 보는 그룹은 '우리 진영 사람들이 정치에 대해 매우 해박하다'고 평가하는 비율이 높았으며, 이런 경향은 실제 지식이 낮은 하위 그룹에서 특히 강했다. 반면 유튜브를 통한 정보 획득이 적은 사람들은 내집단과 외집단의 지식 수준을 크게 다르게 보지 않는 경향이 있었다. 흥미롭게도 이렇게 '우리 편은 우월하게 여기고, 남의 편은 무시하는' 착각은 특정 이념 성향에 국한되지 않고 진보와 보수 진영 모두에게서 관찰된다. 좌우 정치 성향에 따라 정도의 차이는 있을지라도, 인간은 동일한 인지 편향에 빠질 수 있다는 것이다. 이는 누구나 자신과 입장이 다른 집단을 과소평가할 수 있음을 시사한다. 〈그림 4〉는 한국에서 친성향 유튜브 이용과 내집단 지식 평가의 관계를 실제 지식 수준별로 보여준다. 예를 들어 중하위권 지식 수준에 속한 이용자가 친성향 채널 시청을 늘릴수록 내집단 사람들을 '매우 많이 안다'고 평가하는 정도가 크게 올라가는 모습을 확인할 수 있다.

그림 4 친성향 유튜브 이용과 내집단 지식 평가의 관계

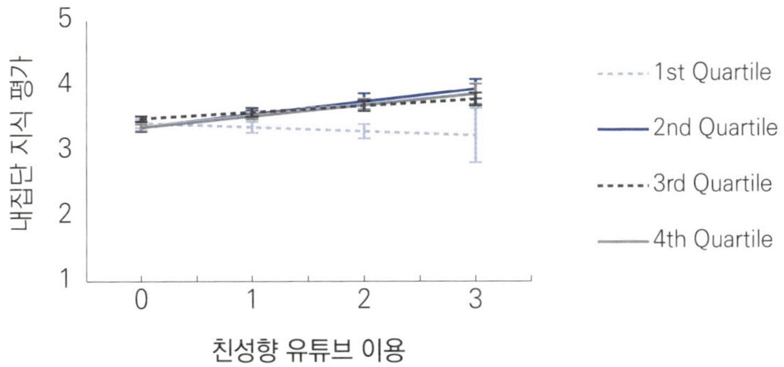

출처: "Partisan YouTube use and evaluation of knowledge in Korea and the United States: a fresh perspective via the Dunning-Kruger effect," by Lee et al., 2024, Human Communication Research, 50(3), p.451

흥미로운 점은 외집단에 대한 평가 절하 현상도 일부 그룹에서 포착된 것이다. 한국 데이터에서 실제 지식이 가장 낮은 집단의 경우, 친성향 유튜브를 많이 볼수록 외집단의 지식 수준을 현저히 낮게 평가하는 경향(타인에 대한 과소평가)이 관찰되었다. 이는 유튜브의 편향된 정보에 많이 노출된 저지식층이 반대 진영을 더욱 무시하거나 무지하다고 여기는 '상대편은 바보' 효과를 보인 것이라 할 수 있다.

요컨대 유튜브가 우리 편에 대한 과신과 남의 편에 대한 경멸이라는 집단적 착각을 키운 셈이다. 이러한 내집단 과대평가 및 외집단 폄하는 결국 이념적 양극화(ideological polarization)를 심화시키는 인지적 토대가 된다. 실제로 연구진은 유튜브 친성향 뉴스 이용이 태도 강화 효과(내집단 호의와 외집단 적대의 강화)와 맞물려 정치적 양극화를 부추길 수 있다고 해석했다. 서로를 무지하다고 깎아내리는 이러한 집단 간 인식 차이가 지속될 경우, 사회 구성원들 간에 사실을 둘러싼 공통 기반을 찾기가 어려워지고 민주적 의사소통이 경색될 위험이 크다.

한편 미국의 경우, 유튜브 이용이 가져오는 영향이 한국과 다소 다른 양상을 보였다. 미국 응답자들은 유튜브 친성향 채널 소비가 자기 자신의 지식 과신과 연결되는 경향은 나타났지만, 타인의 지식 평가와는 유의미한 관계를 보이지 않았다. 다시 말해, 유튜브를 통해 뉴스 영상을 즐겨 보는 미국인들은 '내가 정치에 대해 잘 알고 있다'는 주관적 확신은 높았으나, '우리 당파 사람들이 많이 알고, 반대 당파는 무지하다'는 식의 집단 간 지식 격차 인식은 뚜렷하지 않았다.

이는 앞서 한국에서 발견된 내집단/외집단 평가 차이가 미국에서는 상대적으로 약했다는 것을 의미한다. 문화적 배경이나 미디어 환경의 차이로 해석해 볼 수 있는데, 미국은 한국에 비해 개인주의적 성향이 강하고 정치적 논쟁에서 개인 단위의 지식 수준을 중시하는 경향이 커서, 집단 전체를 싸잡아 평가하는 경향이 덜할 수 있다. 또 하나의 가능성은, 조사 시점의 미국 정치 맥락에서 유튜브 뉴스 이용이 극단적인 일부 계층에 국한되어 있었고, 그들이 주로 자신에 대한 과신만 높아졌을 뿐 상대편 전체를 무지하다고 일반화하지는 않았을 수 있다. 다시 말해, 한국 이용자들이 정치 현안을 집단 대 집단의 구도로 인식하는 경향이 강한 반면, 미국 이용자들은 상대적으로 개인 차원의 확신에 그치는 경우가 많았다는 해석이 가능하다. 이는 집단주의 문화와 개인주의 문화의 차이가 디지털 미디어 이용 양상에도 반영된 결과라고 볼 수 있다.

재미있는 추가 발견으로, 반대성향의 유튜브 채널을 보는 경우의 효과도 있었다. 반대성향 채널이란 자신의 정치적 입장과 상충하는 콘텐츠(예: 보수 성향 사람이 진보 채널을 시청 등)를 말하는데, 이 연구는 이것이 과신을 낮출지 높일지도 탐색했다. 일반적으로 상반된 의견에 노출되면 자신의 잘못을 깨닫고 견해를 조정할 것이라고 기대하기 쉽다. 그러나 이 연구에서는 반대 성향 채널 노출이 항상 교정 효과를 내지는 않는 복잡한 양상이 발견되었다. 미국의 경우, 반대 성향 유튜브를 시청한 사람들이 오히려 자신의 진영(내집단)이 잘 알고 있다고 더욱 확신하는 현상이 나타났다. 이는 심리학에서 말하는 '역효과(backfire effect)'나 확증편향의 극대화 현상으로 해석될 수 있다. 낯선 반대 의견에 접하면 방어적으로 자기 입장을 더욱 강화하는 방향으로 반응한다는 것이다. 반대 의견 콘텐츠를 보면서 '역시 저쪽은 틀렸어, 우리 편이 옳아'라는 신념을 굳히는 것이다. 이 같은 경향은 정치적 지식 수준이 낮거나 중간인 집단에서 두드러졌고, 그 결과 반대 콘텐츠를 본다고 해서 자신의 과신이 줄어들기보다는 감정적 반발로 인해 기존 입장이 재확인되는 효과가 나타났다. 이러한 역효과 현상은 특히 지식 수준이 낮거나 중간 정도인 집단에서 두드러지게 나타났다. 즉, 충분한 배경 지식이 없는 상태에서 반대 의견에 노출되면 자신의 기존 입장만 더욱 공고히 하게 될 가능성이 크다는 의미다.

다만, 실제 지식 수준이 높은 일부 집단에서는 이와는 다른 양상이 관찰되었다. 특히 지식 상위권에 속한 미국 응답자들 가운데 반대 성향의 채널을 접한 경우, 외집단(상대 진영)의 지식 수준을 보다 긍정적으로 평가하는 경향이 나타났다. 이는 일정 수준 이상의 지식을 가진 사람들이 반대 의견에 노출되었을 때, 오히려 사실관계를 보다 정확히 파악하고 균형 잡힌 판단(accuracy-driven reasoning)을 할 수 있으며, 그 결과 상대 진영에 대해서도 관용적인 평가를 내릴 수 있음을 시사한다. 결국 동일한 반대 정보에 노출되더라도, 수용자의 지식과 사고력 수준에 따라 어떤 이에게는 편견을 깨는 계기가, 또 다른 이에게는 오히려 기존 편견을 강화하는 부작용이 될 수 있다는 점을 보여준다. 요약하면, 반대 의견에 대한 노출은 수용자의 수준에 따라 양날의 검과 같아서, 일부에게는 편견을 깨는 학습 기회가 되었지만, 다른 일부에게는 기존 신념을 더욱 공고히 하는 계기가 된 것이다.

전반적으로, 유튜브를 통한 당파적 뉴스 소비는 이용자들로 하여금 자신의 지식을 실제보다 높게 평가하게 만들고(특히 한국 맥락에서), 자신이 속한 진영 전체의 지식을 과대평가하며 반대 진영의 지식은 과소평가하는 착각을 불러일으킬 수 있음이 드러났다. 이러한 착각은 더닝-크루거 효과의 집단적 표현이라 할 만하다. 흥미롭게도 이러한 경향은 실제 객관적 지식이 낮을수록 강하게 나타났는데, 이는 무지한 사람들이 유튜브를 통해 얻은 단편적 지식에 기반해 더욱 확신을 가지게 되는 현상을 잘 보여준다. 나아가, 이로 인해 정치 양극화가 심화될 수 있다는 점에도 주목해야 한다. 내 편은 똑똑, 남의 편은 무식이라는 인식 격차는 정치적 분열과 상호 불신을 키우며, 건전한 민주적 토론을 어렵게 만든다. 이러한 논리는 연구로도 입증되었는데, 편백 등은 사람들이 자신이 많이 안다고 과신할수록 타협하거나 타인의 의견을 수용하려는 태도가 줄어들고, 더 극단적인 입장을 취할 가능성이 높아진다는 사실을 발견하였다.

그렇다면, 무엇이 이러한 잘못된 확신과 착각을 낳는 것일까? 다음 절에서는 왜 유튜브 이용이 더닝-크루거 효과와 맞물려 이런 현상이 발생하는지, 그 심층적 원인을 몇 가지 심리적 메커니즘 측면에서 분석해 보겠다.

착각을 부르는 심리적 메커니즘

유튜브를 통한 정보 습득이 지식에 대한 착각과 과신으로 이어지는 데에는 여러 심리적 요인과 인지 편향들이 작용한다. 이러한 요인들은 더닝-크루거 효과의 근본 원인과 맞물려, 유튜브라는 매체 환경에서 증폭된다. 주요 원인을 다섯 가지로 정리하면 다음과 같다.

▸ 부족한 메타인지 능력(자기인식의 결여)

더닝-크루거 효과의 근본에는 자신이 무엇을 모르고 있는지 모르는 문제가 있다. 지식이나 능력이 부족한 사람일수록 자신의 한계를 자각하는 메타인지 능력이 부족하기 때문에, 조금만 알게 되어도 '이제 충분히 알았다'고 착각하기 쉽다. 유튜브에서 어떤 이슈에 대한 영상 몇 개를 보고 나면, 사실은 피상적인 정보만 얻었을 뿐인데도 스스로는 그 주제를 속속들이 이해했다고 믿는 경우가 흔하다. 이는 배운 것이 적은데도 배운 게 많다고 생각하는 인지 함정이다. 예컨대 복잡한 경제 정책에 대해 유튜브 해설 영상을 몇 분 본 사람이 전문가 수준의 견해를 가질 수 없는데도, 정작 본인은 그 내용을 모두 이해했다고 느낄 수 있다. 이는 자신의 무지를 인식할 충분한 지식이 없기 때문이다. 요컨대 유튜브 이용자 중 실제 지식이 적은 이들은 메타인지적 한계로 인해 자기 지식 수준을 정확히 평가하지 못하고 과대평가하게 된다. 이런 상태에서는 오류를 수정하려는 노력도 부족해져 착각이 지속된다. 예를 들어, 운전하기 시작한 지 1년 정도가 된 운전자 자신이 베테랑 운전자 못지않게 운전을 잘한다고 믿는다면 이는 메타인지 부족에 따른 착각 사례라 볼 수 있다. 이처럼 자기 한계를 인식하지 못하면 실수를 저지를 가능성을 과소평가하게 되어 자만에 따른 위험을 초래할 수 있다.

▸ 닻내림 효과(Anchoring effect)

필자는 설명에 앞서 독자들에게 아래의 〈그림 5〉에서 두 테이블의 긴 면, 즉 왼쪽 테이블의 세로와 오른쪽 테이블의 가로 중 어떤 면이 더 길어 보이는지를 묻고 싶다. 눈금자와 같은 도구를 사용하기에 앞서 눈으로 보기에 어떤 면이 더 길어 보이는가 말이다. 이 그림은 행동경제학에서 자주 인용되는 닻내림(anchoring) 효과의 시각적 사례로, 노벨경제학상 수상자인 행동경제학자 리처드 탈러(Richard H. Thaler)가 대중에게 에코 체임버 개념으로 널리 알려진 법학자이지만 행동경제학에는 문외한이었던 오랜 친구 캐스 선스타인(Cass R. Sunstein)에게 그들의 유명한 저서 〈넛지(Nudge)〉의 집필을 제안하며 던졌던 질문이다.

그림 5 닻내림(anchoring) 착시효과

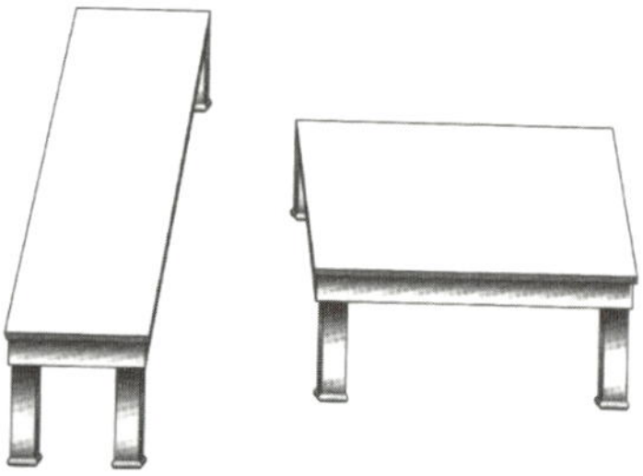

출처: Nudge: improving decisions about health, wealth, and happiness(p. 17), by Thaler & Sunstein, 2008, New Haven : Yale University Press

필자는 이 그림을 수없이 보았고 여러 번 인용해 왔지만, 지금 이 글을 쓰는 순간에도 왼쪽 테이블의 세로가 오른쪽 테이블의 가로보다 길어 보인다. 적어도 필자의 눈은 여전히 그렇게 말하고 있다. 아마 지금쯤이면 독자도 어느 정도 답을 예상했을 것이다. 놀랍게도 두 테이블의 긴 면은 실제로 길이가 같다. 필자 역시 이 '정답'을 알고 있으면서도 여전히 믿기 어렵다. 적어도 눈으로 보기에는 도무지 납득이 되지 않는다. 〈넛지〉의 공동 저자 캐스 선스타인도 처음에는 이 사실을 받아들이지 못했다고 한다. 이에 리처드 탈러는 그에게 눈금자를 건네며 직접 재보라고 했고, 선스타인은 실제로 두 면의 길이가 같다는 것을 확인한 뒤 별다른 말 없이 연구에 동참했다고 전해진다. 이 실험에 참여한 대부분의 사람들 역시 당연하게도(?) 왼쪽 테이블의 긴 면이 더 길다고 응답했다.

그렇다면 눈 뜨고도 코 베이게 만드는 이 착시는 어디서 비롯된 것일까? 그 핵심은 테이블의 짧은 면, 즉 왼쪽 테이블의 가로와 오른쪽 테이블의 세로 길이에 있다. 지금쯤 저자처럼 이 글을 읽는 독자들 중 일부는, 짧은 면의 길이 또한 같다고, 눈에 보이는 답이 아닌 정답으로 여겨지는 답을 할 사람이 있을지도 모르겠다. 하지만 이 두 짧은 면의 길이는 눈에 보이는 그대로 왼쪽의 짧은 면이 오른쪽의 짧은 면보다 더 짧다. 그리고, 이것이 바로 긴 면의 '객관적' 길이 비교를 실패하도록 만든 것이다. 즉, 왼쪽 테이블의 짧은 면이 오른쪽의 짧은 면보다 더 짧기 때문에, 상대적으로 왼쪽의 긴 면이 오른 쪽의 긴 면 보다 길어보이는 착시를 만든 것이다. 결국 이러한 착시는 인간의 비교하고 '상대적'으로 판단하는 본능에서 비롯된 것이다.

이 착시 현상을 정치 지식 평가에 빗대어 보면, 유튜브 이용자들은 마치 왼쪽 테이블의 짧은 면과 같은 낮은 지식 수준을 가진 사람들끼리만 비교하면서, 상대적으로 자신이 더 많이 안다고 착각할 가능성이 있다. 유튜브에서 정치 뉴스를 소비하는 사람들은 자신과 비슷한 수준의 인식을 가진 사용자들과 주로 소통하게 되는데, 이로 인해 자신의 지식이 평균 이상이라고 잘못 판단하기 쉬워진다. 즉, 유튜브는 이용자가 자신의 지식 수준을 과대평가하도록 만드는 인지적 환경까지 조성하고 있는 셈이다.

이처럼 닻내림 효과란 사람들이 처음 접한 정보를 기준점(anchor)으로 삼아 이후 판단을 내리는 경향을 말한다. 유튜브에서 정보를 습득하는 과정에서, 사용자가 처음 본 영상의 주장이나 내용이 강력한 기준점으로 작용할 수 있다. 예컨대 음모론적 주장을 처음 접했다면, 그것이 사실인지 확실하지 않더라도 그 주장은 머릿속에 기준점으로 남는다. 이후 다른 정보를 접하더라도, 처음 들은 주장에 비추어 판단하고 해석하게 되며, 심지어 반증되는 증거가 제시되어도 이를 쉽게 받아들이지 못하게 된다. 유튜브는 특히 자극적인 제목과 썸네일을 통해 이러한 초기 인상(앵커)을 강하게 각인시킨다. 한 번 주입된 인상은 이후 정보 처리 전반에 영향을 미치고, 사용자는 판단을 기존의 앵커 안에서 제한적으로 내리게 된다. 예를 들어 '기성 언론은 거짓말쟁이'라는 메시지를 처음 접한 사람은, 이후 전통 언론의 보도조차도 신뢰하지 않게 되는 것이다. 이처럼 초기 입력 정보의 영향력이 크기 때문에, 같은 유형의 영상만 반복적으로 접할 경우 편향된 확신이 더욱 강화된다.

▸ 유유상종과 동질적 교류(Homophily)

"끼리끼리 모인다"는 속담처럼, 사람들은 자신과 비슷한 생각을 가진 사람들과 어울리고 의견을 나누는 경향이 강하다. 유튜브의 구조는 이러한 호모필리(동질성 선호)를 전례 없이 쉽게 실현시킨다. 특정 성향의 채널 구독자들은 댓글과 커뮤니티에서 서로 활발히 소통하며, 오프라인 모임으로까지 발전하기도 한다. 결과적으로 동질적인 집단 내에서 정보와 의견이 순환하며, 집단 구성원 모두가 같은 믿음을 공유하게 된다. 이러한 환경에서는 설령 잘못된 정보라도 주변 모두가 그것을 진실로 받아들이므로 개인도 의심 없이 받아들인다. 또한 서로가 서로의 확신을 뒷받침 해주기 때문에 '우리 모두 이렇게 확신하는 걸 보면 틀림없다'는 잘못된 확신이 공고해진다. 예를 들어, 한 유튜브 채널의 시청자들이 모인 채팅방에서는 음모론적 주장을 서로 주고받으며 '역시 그럴 줄 알았어, 다들 알고 있군'이라는 분위기가 형성될 수 있다. 이렇듯 동질적 집단 내의 메아리 효과는 개인의 착각을 더욱 강화하고, 외부에서 반대 증거가 제시되더라도 집단적으로 무시하거나 음모로 치부해 버리기 쉽다. 유튜브 알고리즘 역시 이러한 동질화된 그룹 형성을 도와주는데, 비슷한 영상을 본 다른 사용자들을 연결해주고 그들의 시청 행태를 서로 추천해 줌으로써 거대한 에코 체임버를 만들어낸다. 동질적인 집단 내에서 얻는 심리적 안정감은 다른 견해를 검토할 필요성을 줄이고, '우리만 옳다'는 확신을 강화시킨다. 그 결과 비슷한 생각을 지닌 사람들끼리만 정보를 주고받다 보면, 어느새 자신들의 견해가 객관적 진리라고 믿게 될 위험이 높아진다.

▸ 확증 편향(Confirmation bias)

사람들은 자신이 믿고 싶은 정보에는 주목하고, 믿고 싶지 않은 정보는 무시하려는 경향이 있다. 이러한 확증 편향(confirmation bias)은 정보의 선택과 해석 전반에 걸쳐 광범위하게 나타나는 인지 편향이며, 유튜브 환경에서는 그 영향력이 더욱 증폭된다. 사용자는 자신이 선호하는 영상만 골라 시청할 수 있을 뿐 아니라, 유튜브 알고리즘 역시 사용자의 성향에 맞는 콘텐츠를 지속적으로 추천해준다. 예컨대 어떤 음모론을 믿는 사람은 그와 관련된 영상들(예: "지구온난화는 거짓이다" 류)을 계속해서 추천받고, 반대되는 과학적 영상은 애초에 접하지 않을 가능성이 높다.

혹시라도 상반된 정보를 접하더라도, 사람들은 확증 편향에 따라 이를 쉽게 무시하거나 평가절하한다. '이 출처는 편파적이야'라거나 '조작된 데이터일 거야'와 같은 식으로 자신의 기존 신념을 방어하려 드는 것이다. 유튜브의 댓글 문화 역시 이러한 편향을 강화하는 데 일조한다. 인기 정치 영상의 댓글란을 보면, 대개 영상의 주장에 동조하는 댓글이 다수를 차지하고, 반대 의견은 낮은 공감수를 받거나 비난의 대상이 되는 경우가 많다. 이런 환경은 시청자에게 '모두가 이 주장에 동의하는구나'라는 착시를 유발하며, 반대 정보를 '소수의 잘못된 의견'으로 치부하게 만든다.

결과적으로 유튜브 같은 플랫폼에서는 이용자들이 자신이 믿고 싶은 정보만 선별적으로 수집하는 경향이 강해지고, 시간이 지날수록 '이렇게 많은 증거가 있는데 내 생각이 틀릴 리 없어'라는 확신에 빠지기 쉬워진다. 하지만 최근 연구는, 확증 편향의 위험을 사전에 인지하고 경계하도록 교육하는 것만으로도 잘못된 정보에 대한 취약성을 줄일 수 있음을 보여준다. 픽사(Michal Piksa) 등의 2024년 실험에 따르면, 참가자들에게 확증 편향의 개념과 작동 방식을 미리 설명한 뒤 가짜뉴스를 제시했을 때, 이를 사실로 믿는 비율이 유의미하게 낮아지는 효과가 나타났다. 특히 백신에 부정적인 태도를 가진 집단에서 이러한 인지 교정 효과가 더욱 뚜렷하게 나타났는데, 이는 편향을 인식하는 것 자체가 정보 판단 과정에 큰 영향을 미친다는 점을 시사한다.

▸ 정체성 기반의 감정적 추론(Emotional/Identity-based reasoning)

사람들은 정보를 논리적으로만 처리하지 않고, 자신의 정체성과 감정에 비추어 해석하는 경향이 있다. 특히 정치적 신념은 개인의 정체성과 밀접하게 연관되어 있어, 이에 상충하는 정보를 접할 경우 마치 자신이 공격받는 듯한 정체성 위협(identity threat)을 느끼게 된다. 그러면 인지 부조화가 발생하고, 이를 해소하기 위해 사람들은 감정적으로 방어적인 태도를 취하게 된다. 예컨대, 열렬한 보수 성향의 사람이 진보 진영이 옳을 수도 있다는 정보를 접할 경우, 정보의 사실 여부를 따지기보다 먼저 불쾌감이나 배신감을 느끼고 즉각 거부 반응을 보일 수 있다. 이러한 감정적 반응은 합리적 사고를 방해하며, 사회심리학자 쿤다(Ziva Kunda)가 개념화한 '동기화된 추론(motivated reasoning)'으로 이어진다. 동기화된 추론이란, 자신의 선호나 신념을 유지하기 위해 정보를 선택적으로 해석하고 활용하는 사고방식을 뜻한다. 특히 정치적 맥락에서는, 자신의 정치적 입장을 정당화하려는 방향성 동기(directional goals)가 작동하면서 정보를 그에 맞게 선택적으로 해석하게 되고, 이 과정에서 논리가 왜곡될 위험이 크다. 유튜브에는 이러한 정체성 기반 사고를 자극하는 요소들이 풍부하다. 선동적인 영상은 분노, 공포, 환희 같은 강렬한 감정을 유발해 이성적 판단을 흐리게 만들고, '우리 대 그들'이라는 구도 속에서 시청자는 '우리 편'을 자신과 동일시하며 반대 진영을 자연스럽게 적대시하게 된다. 그 결과, 자신에게 유리한 정보만 받아들이고 반대되는 정보는 아예 배제하는 편향적 인지가 강화되는 것이다.

이처럼 감정과 정체성에 뿌리를 둔 사고는 사실 관계나 논리적 합리성보다 자아와 소속 집단을 보호하는 데 우선순위를 둔다. 그 결과, 잘못된 믿음일지라도 끝까지 고수하며 자신이 옳다는 확신을 강화하게 된다. 예일대 법학 교수인 댄 케이헌(Dan Kahan)은 이러한 현상을 "정체성을 보호하려는 인지"로 설명하며, 사람들이 기후변화나 총기 규제와 같은 논쟁적 이슈에 대한 증거를 접할 때, 자신의 소속 집단 입장에 유리한 방향으로 정보를 처리하는 경향이 있다고 지적한다. 즉 사람들은 사실 그 자체보다 '이 정보가 내 정체성에 어떤 의미를 가지는가'를 먼저 따지며, 이는 정체성 위협을 회피하려는 동기화된 추론의 전형적인 양상이다. 이러한 추론 경향은 특정 진영에만 나타나는 것이 아니다. 디토(Peter H. Ditto) 등이 2019년 수행한 메타분석에 따르면, 진보와 보수 진영 간 확증 편향의 강도에는 유의미한 차이가 없었다. 양 진영 모두 자신에게 유리한 정보는 과대평가하고, 불리한 정보는 폄하하는 유사한 수준의 편향을 보였으며, 그 효과 크기도 서로 비슷하게 나타났다.

요약하면, 메타인지 부족, 닻내림(anchoring), 호모필리, 확증 편향, 정체성 기반 추론 등의 심리적 요인들이 상호 작용하면서 유튜브 이용자들의 잘못된 확신을 떠받치고 있다. 지식이 부족한 사람은 자신의 부족함을 깨닫지 못하고(메타인지 부족), 처음 접한 편향 정보에 판단을 고정키는 한편 지식을 과대평가하게 하며(닻내림), 비슷한 사람들끼리만 몰려 더욱 확신을 키우고(호모필리), 자신이 믿고 싶은 정보만 취사선택하고(확증 편향), 정체성과 감정으로 불편한 진실을 차단해버린다(정체성 기반 추론). 유튜브는 이러한 편향과 인지적 한계를 증폭시킬 수 있는 최적의 환경을 제공하고 있으며, 그 결과 "아는 것이 병"이라는 말처럼, 알지 못하면서 안다고 믿는 착각이 디지털 공간을 통해 더욱 확산되고 있는 것이다.

3. 치유의 첫걸음

유튜브 시대에 우리는 방대한 정보에 접속할 수 있게 되었지만, 역설적으로 무지와 착각의 함정에 빠지기도 더욱 쉬워졌다. 앞서 살펴본 것처럼, 더닝-크루거 효과는 정보과잉 사회에서 중요한 교훈을 준다. 그것은 '모르는 사람이 자신의 무지를 자각하지 못할 때, 가장 위험한 자신감이 나온다'는 점이다. 유튜브를 주된 정보원으로 삼는 일부 시민들은 실제로는 충분히 학습하지 못했음에도 스스로 충분히 많이 알고 있다고 믿는 과잉확신을 보인다. 또한 당파적으로 편향된 정보만 소비할 경우, 자신의 집단 지식은 과대평가하고 남의 집단은 깔보는 왜곡된 인식이 생길 수 있다. 이러한 지식의 착각은 개인적 차원의 문제를 넘어, 사회 전체의 소통 단절과 민주적 의사결정 왜곡으로 이어질 수 있는 심각한 도전이다.

그렇다면 이런 착각의 부작용을 완화하기 위해 우리는 무엇을 할 수 있을까? 몇 가지 실천적 전략을 제안하면 다음과 같다.

▸ 메타인지적 개입 전략

'내가 무엇을 모르는지 자각하도록 돕는' 교육과 훈련이 필요하다. 예를 들어, 학생이나 일반 시민들을 대상으로 지식 수준 자가진단 퀴즈를 풀게 한 뒤 실제 정답과 비교하게 하는 활동은 자신의 과신 정도를 깨닫게 해준다. 더닝-크루거 효과 자체를 가르치는 것도 하나의 방법이다. 사람들에게 이 효과의 존재와 사례를 알려주면, '혹시 나도 이런 함정에 빠져있지 않은가?' 자문하게 되어 지나친 확신을 경계할 수 있다. 또한 지식 검증 문화를 장려하는 것도 중요하다. 토론이나 정책

결정 전에 관련 사실 퀴즈를 풀어보고 서로 점수를 공유한다든지, 전문가에게 설명하듯 어떤 개념을 설명해보게 한 뒤 부족한 부분을 피드백받는 연습도 도움이 된다. 이러한 메타인지적 개입은 자신의 지식 한계를 인정하고 불확실성을 수용하는 태도를 길러준다. "모른다"는 것을 부끄러워하지 않고 솔직하게 인정하는 풍토가 자리 잡을 때, 잘못 알면서 아는 척하는 위험이 줄어들 것이다. 최근 픽사 등이 진행한 연구는 확증편향과 같은 인지적 한계를 미리 자각시키는 것만으로도 잘못된 정보에 대한 취약성이 감소한다고 보고한다. 이는 메타인지 능력을 키우는 교육이 실제 효과적일 수 있음을 보여주는 사례로, 자신이 편향될 수 있음을 인식하도록 돕는 작은 개입만으로도 지식 착각을 줄이는 데 기여할 수 있다는 것이다.

▸ 알고리즘의 역활용(Reverse algorithm)

유튜브와 같은 플랫폼 자체에 개선 조치를 도입하는 방안이다. 현행 알고리즘이 이용자 성향에 맞춤화되어 정보 편향을 강화한다면, 이를 거꾸로 이용해 다양한 관점에 노출되도록 설계할 수 있다. 가령 '역 알고리즘' 모드를 만들어, 한쪽 성향 영상만 계속 볼 경우 일정 비율 다른 입장의 영상도 추천 목록에 포함시키는 것이다. 실제로 웡(Julia C. Wong)과 레빈(Sam Levin)이 가디언지에 발표한 보도에 따르면, 유튜브는 2019년 이후 음모론 및 극단적 콘텐츠의 확산을 줄이기 위해 알고리즘을 일부 수정하는 등의 개선을 시도해 왔다고 한다. 이러한 방식은 콘텐츠를 직접 검열하거나 삭제하는 대신, 추천 노출 빈도를 조정함으로써 잘못된 정보의 확산을 간접적으로 억제하려는 일종의 '디지털 넛지(digital nudge)'로 볼 수 있다. 즉, 알고리즘이 이용자를 보다 다양한 시각의 정보와 자연스럽게 마주하게끔 방향을 유도하는 것이다.

추천 알고리즘의 투명성을 높여 사용자가 현재 자신이 어떤 정보 편향 속에 있는지 시각적으로 보여주는 것도 한 방법이다. 예를 들어 "지금 당신의 추천 피드는 90% 보수 성향 콘텐츠입니다."라는 식의 알림을 준다면, 이용자가 편중된 소비를 자각하고 스스로 균형을 찾는 데 도움이 될 수 있다. 또한 허위정보나 극단적 편향 콘텐츠에 대한 알고리즘 억제 조치도 고려할 수 있다. 유튜브 측에서 신뢰도 낮은 채널의 노출을 줄이고, 공신력 있는 채널을 상위에 보여주도록 정책을 바꾸는 식이다. 다만 이러한 플랫폼 개입은 표현의 자유나 검열 논란과 맞물릴 수 있어 신중한 접근이 필요하다. 그럼에도 불구하고, 기술 자체를 문제 해결에 활용하여 사용자들이 보다 다채롭고 사실 기반의 정보 환경을 접할 수 있게 노력하는 것은 중요한 과제다. 궁극적으로 알고리즘의 목표를 '사용자가 오래 머무르게 하는 것'에서 '사용자가 편향되지 않게 배우도록 하는 것'으로 전환할 수 있을지 모색해야 한다.

▸ 미디어 리터러시 교육

유튜브와 소셜미디어 시대에 맞는 새로운 미디어 활용 교육이 절실하다. 전통적인 미디어 리터러시가 신문이나 TV 뉴스의 비판적 읽기에 초점을 맞췄다면, 이제는 알고리즘의 작동 방식, 소셜미디어상의 정보 생태계까지 교육 범위에 포함시켜야 한다. 일반 시민들에게 유튜브의 추천 시스템이 어떻게 개인화된 정보를 제공하는지를 설명하면, 자신이 보는 정보가 전체의 일부일 뿐임을 깨닫는 데 도움이 된다. 또한 정보 출처의 신뢰성 평가법, 음모론 식별법, 팩트체크 방법 등을 교육하여, 유튜브에서 접한 주장을 그대로 믿기보다 교차확인하는 습관을 길러줄 필요가 있다. 예컨대 "3점 검증법"(한 가지 정보에 대해 최소 세 가지 서로 다른 출처를 찾아보기) 같은 구체적인 기법을 가르치면 활용도가 높을 것이다. 더불어 과신의 위험성도 함께 가르쳐야 한다. '정보를 많이 소비한다고 해서 실제 아는 것이 많아지는 것은 아니다', '느낌상 많이 안다고 생각될 때 오히려 틀리기 쉽다'는 점을 다양한 사례로 인식시킨다면, 개인들이 겸손한 태도로 지속적으로 배움을 추구하게끔 유도할 수 있다. 이러한 미디어 리터러시 교육은 학교 교육뿐 아니라 성인 대상 평생교육, 공익 캠페인 등을 통해 사회 전반으로 확산시켜야 한다. 정보를 비판적으로 수용하고 자신의 지식 수준을 점검하는 습관은 공동체의 정보 건강성을 지키는 백신과 같다.

▸ 정체성에 유연한 대화법(Identity-sensitive dialogue)

이미 잘못된 확신을 가지고 있는 이들과 건설적으로 소통하는 방법도 고민해야 한다. 사실 누군가가 유튜브 등을 통해 굳건한 잘못된 믿음을 가지게 되었을 때, 정면으로 "당신이 틀렸다"고 논박하면 오히려 반발심만 커져 역효과가 나기 쉽다. 이는 앞서 언급한 정체성 기반 추론과 관련되는데, 자신의 신념이 공격받으면 마치 자신이 부정당하는 듯 느껴 방어 태세를 취하기 때문이다. 따라서 상대방의 정체성을 존중하면서도 천천히 인식 변화를 이끌어내는 대화법이 필요하다. 이를 위해서는 먼저 공감과 경청이 선행되어야 한다. 예를 들어, 음모론을 믿는 가족과 대화할 때 "네가 그렇게 생각하는 이유를 알고 싶어"라고 말하며 이야기를 진심으로 들어주는 것이다. 그런 다음, 사실 여부를 판단하기 전에 그 사람이 갖고 있는 걱정이나 가치를 인정해 줄 수 있다. "정부를 불신하는 마음은 이해해. 요즘 사건들을 보면 실망할 만하지"와 같이, 그 사람이 왜 그런 믿음을 갖게 됐는지 맥락을 고려해 공감하는 표현을 한다. 이렇게 하면 상대는 자신이 존중받고 있다고 느끼며 마음의 문을 조금 열 수 있다. 그 다음에는 새로운 정보나 시각을 제시하되, 강요하지 않고 스스로 생각해보게 질문하는 방식이 효과적이다. 예컨대 "혹시 그 정보의 다른 버전도 있을까? 우리가 한번 같이 찾아볼까?"라든지 "다른 사람들은 또 어떻게 말하나 궁금하지 않아?" 같은 제안을 해볼 수 있다. 중요한 것은 체면을 구기지 않도록 하는 것이다. 잘못을 바로 지적하기보다는 스스로 깨달을 여지를 주는 편이 지속적인 인식 변화를 끌어낸다. 또한 정체성에 직접 도전하지 않는 언어를 써야 한다. "너희 보수파는…"처럼 집단 정체성을 콕 집어 비난하면 대화는 즉시 막다른 길에 들어선다. 대신 "우리 모두 때로는 실수할 수 있어" 또는 "나도 한때 비슷하게 생각했어" 등 상대를 우리 범주에 포함시키는 표현이 좋다. 정체성에 유연한 대화란, 상대방을 적으로 간주하지 않고 하나의 공동체 구성원으로 존중하며, 함께 진실을 탐색해 나가려는 태도를 의미한다. 이미 고착된 잘못된 확신을 허물기 위해서는 이러한 접근이 필수적이다. 특히 브루크만(David Broockman)과 칼라(Joshua Kalla)가 제시한 '딥 캔버싱(deep canvassing)'이라는 대화 기법은 기존의 일방적인 정보 전달 방식과 달리, 상대의 감정과 정체성을 존중하며 경청과 공감을 바탕으로 서서히 태도 변화를 유도하는 데 초점을 둔다. 실제로 미국의 시민단체 '새로운 대화를 위한 시민행동연구소'(People's Action Institute & New Conversation Initiative)는 2023년 동성애자 권리, 이민 문제 등에 부정적 입장을 가진 이들과 수백 건의 공감 대화를 실시했으며, 그 결과 상당수가 입장을 바꾸는 변화를 보였다고 보고하였다. 이는 정치적 신념이나 사회적 편견과 같은 뿌리 깊은 믿음도, 감정적 신뢰를 바탕으로 할 때 변화의 가능성이 열릴 수 있음을 시사한다.

결국 "아는 것이 병"이라는 말의 의미는 자신이 안다고 착각하는 병폐를 경계하자는 데 있다. 유튜브와 소셜미디어를 통해 누구나 정보 발신자가 될 수 있고, 누구나 자신의 의견을 쉽게 공표할 수 있는 시대일수록 겸손한 지적 태도와 비판적 사고가 더욱 요구된다. 더닝-크루거 효과는 우리 모두에게 자신을 돌아보라고 경고한다. 혹시 내가 충분히 모르면서 알고 있다고 착각하고 있지는 않은가? 내가 소비하는 정보가 편향되어 있지는 않은가? 내 주변에 모두 동의한다고 해서 사실이라고 단정짓고 있지는 않은가? 이러한 질문들을 수시로 던지며 지식에 대한 자기성찰을 하는 것이 문제 해결의 첫걸음일 것이다.

저명한 역사학자인 대니얼 부어스틴(Daniel Boorstin)은 "지식의 가장 큰 적은 무지가 아니라, 지식의 착각"이라고 말했다. 이는 자신이 충분히 알고 있다고 믿는 오만과 착각이야말로 진정한 무지라는 점을 경고하는 말이다. 오늘날처럼 잘못된 정보와 지식 착각이 범람하는 시대에는, 내가 혹시 모르는 것을 모르고 있는 건 아닌가 끊임없이 자문하는 태도가 필요하다. 어쩌면 소크라테스의 말처럼 "내가 아는 것은 아무것도 모른다는 사실뿐"이라는 깨달음에 도달할 때, 비로소 잘못된 확신의 벽을 허물고 더 넓은 지혜에 다가갈 수 있을지도 모른다. 정보의 시대에 진정한 지성은 자신의 한계를 인정하는 겸손함과, 새로운 것을 배우려는 열린 마음에서 비롯된다. 그리고 바로 이러한 태도야말로 유튜브가 키운 착각의 늪에서 벗어나는 가장 중요한 출발점임을 다시금 되새겨야 할 것이다.

나아가, 이러한 겸손은 단지 개인의 덕목에 머무르지 않는다. 그것은 민주주의가 건강하게 작동하기 위한 핵심 조건이기도 하다. 정보에 대해 자성하는 태도, 자신의 한계를 인식하는 능력, 그리고 타인의 시각에 대해 열린 마음을 가지는 자세는 공론장을 지탱하는 근본적인 기반이다. 따라서 우리는 유튜브라는 정보 환경 속에서 단순히 잘못된 정보를 바로잡는 데 그치지 않고, 그러한 정보가 '왜' 잘못 받아들여지는지를 깊이 이해할 필요가 있다. 그리고 그에 맞서는 소통 방식과 교육 전략 또한 더욱 정교하게 고민되어야 한다. 무엇보다 이 문제를 해결하기 위해서는 개인의 노력에 더해, 교육 정책의 변화와 미디어 플랫폼의 책임 있는 개선이 병행되어야 한다. 지식의 착각을 줄이고 건강한 정보 환경을 조성하는 일은 더 이상 개인의 몫만이 아니라, 우리 사회 전체가 함께 짊어져야 할 공동의 과제다.

제4장

음모론과 정치: 진단과 해법/김범수

제4장

음모론과 정치: 진단과 해법/김범수

1. 음모론이 일상화된 정치

2024년 12월 3일, 계엄령이 선포된 후 약 300명의 군인이 경기도 과천에 있는 중앙선거관리위원회(중앙선관위) 건물에 들어갔다. 군인들은 밤에 근무 중이던 직원 5명의 휴대전화를 압수하고, 건물 출입을 막으며 약 3시간 20분 동안 건물을 점거했다. 중앙선관위는 12월 6일 공식 입장문을 내고, 군인의 이런 행동은 헌법에 어긋나는 일이라고 강하게 비판했다.

중앙선관위는 선거와 국민투표를 공정하게 관리하기 위해 헌법에 따라 만들어진 독립된 기관이다. 아무리 대통령이 군대의 최고 책임자라 해도, 군인을 보내 중앙선관위의 일에 간섭하는 것은 허용되지 않는다.

2025년 4월 4일, 헌법재판소는 윤석열 대통령을 파면하며 다음과 같은 결정을 내렸다. 헌법재판소는 "윤 대통령이 2024년 12월 3일, 군대를 중앙선거관리위원회(중앙선관위)와 여론조사 기관 등에 보내 건물을 점거하게 하고, 당직자의 휴대전화를 압수하고, 컴퓨터 서버를 촬영하게 했다."고 밝혔다. 또 "다음 날인 12월 4일에는 출근하는 직원들을 체포하고 가두는 계획도 세웠다."고 했다. 헌법재판소는 이러한 행동을 헌법과 법률에 어긋나는 위법 행위라 판시했다. 헌법 제77조, 계엄법, 영장주의 원칙(체포 시 반드시 법원 영장이 있어야 한다는 원칙), 그리고 중앙선관위의 독립성을 모두 침해했다는 것이다.

그렇다면 윤석열 전 대통령은 왜 이런 일을 했을까? 그가 직접 밝히진 않았지만, 많은 사람들은 그가 '선거가 조작되었다'는 의혹을 사실이라고 확신했기 때문이라고 보고 있다. 그 외에는 이런 극단적인 행동을 설명하기 어렵다는 것이다.

2025년 4월, 나는 과천에 있는 중앙선거관리위원회를 방문한 적이 있었다. 오후 2시쯤 도착했는데, 정문은 굳게 닫혀 있었고, 중대 규모의 경찰들이 자리를 지키고 있었다. 정문 앞에는 '부정선거'를 주장하는 시위대 약 백여 명이 경찰과 대치 중이었다. 아마 지금도 그곳에는 부정선거를 주장하는 시민들의 시위가 이어지고 있을 것이다. 그리고 우리나라 곳곳에도, 선거에 무언가 숨겨진 조작이 있었다고 믿는 사람들이 여전히 있을 것이다.

반면, 이런 생각에 동의하지 않는 사람들은 그들을 '음모론자'라고 부르며 비판한다. 지금 한국의 정치는 의혹과 사실, 그리고 근거 없는 주장들이 뒤섞여 권력 경쟁하고 있다. 음모론은 정치를 점점 더 불신과 혐오 속으로 빠져들게 한다.

한국 정치에는 음모론이 너무 흔하게 등장한다. 음모론은 정치 갈등의 원인이 되기도 하고, 그 결과로 생겨나기도 한다. 예를 들어,

- 1980년 광주 5·18 민주항쟁에 북한군이 개입했다는 주장,

• 2010년 천안함 침몰이 북한이 아니라 미국 잠수정 때문이었다는 이야기,
• 2014년 세월호 참사도 미국 잠수정 때문이었다는 주장 등이다.

이런 음모론은 정파 사이의 갈등을 더욱 깊게 만들고, 정부가 법과 질서를 집행하는 데 혼란을 주며, 결국 국가 전체의 힘을 약하게 만든다.

민주주의는 서로 다른 생각과 다양성을 존중하면서도, 한편으로는 공동체의 질서와 통합을 지켜야 하는 정치체제이다. 건강한 민주 정치를 위해서는, 시민과 정부 모두가 함께 음모론에 현명하게 대응해야 한다. 어떻게 음모론 정치를 극복할 수 있을까?

이 장은 총 세 가지 내용을 다룬다. 첫째, '음모론'이 무엇인지 그 의미와 이야기 구조를 살펴본다. '의혹', '음모론', '음모'의 의미 차이를 구분해서 비교하고, 음모론의 논리 구조를 설명한다. 둘째, 음모론이 만들어내는 정치의 특징을 설명한다. 사실과 거짓을 제대로 따지지 않고, 그저 믿고 싶은 것만 믿는 '탈진실 정치', 그리고 서로를 적으로 보는 '미움의 정치'를 특징으로 설명한다. 셋째, 이런 '음모론 정치'를 넘어서기 위해 정치인, 시민, 정부가 할 일을 제안한다.

2. 음모론의 이해

의혹, 음모, 음모론

누구나 어떤 사건에 대해 '음모가 있는 게 아닐까?' 하고 의심할 수 있다. 이런 의심, 즉 '음모 의혹'은 검증이 필요한 하나의 가설적 설명

이다. 음모 의혹이 객관적인 증거와 논리로 검증되면, 사람들은 음모 의혹을 진짜 음모, 즉 사실로 받아들이게 된다. 의혹이 음모가 된다.

반대로, 검증되지 않은 의혹은 사람들에 의해 거짓말이나 터무니없는 주장으로 여겨질 수 있다. 이때 문제가 되는 건, 검증되지 않았거나 이미 반박된 의혹을 여전히 사실이라고 믿는 사람들이 있다는 것이다. 이런 사람들을 비판적으로 호명하는 방법으로 '음모론'이라는 단어가 사용된다. 음모론은 음모 의혹을 '거짓이라 확신'하는 사람들이, 음모 의혹을 '사실이라 확신'하는 사람들을 공격할 때 사용하는 단어이다.

음모론 구성의 두 가지 요소

사람들이 검증되지 않은 의혹을 사실로 믿는 이유는 여러 가지가 있을 수 있다. 예를 들어,

- 자신의 선입견에서 비롯한 육감(직감),
- 혹은 경제적인 이득이나 권력과 관련된 이익 때문일 수 있다.

하지만 이런 이유들은 객관적인 검증과는 거리가 멀다. 음모론이란 '검증 없이 믿는 것' 그리고 그것을 사실처럼 주장하는 데서 생기는 '갈등'의 결과이다.

음모론의 첫 번째 요소는 '상대적인 비판'이다. 음모론이라는 말은, 누군가가 어떤 의혹을 사실이라고 믿고 주장할 때, 그것에 동의하지 않는 사람들이 붙이는 비판적인 이름이다. 어떤 주장을 '음모론'이라고 부르기 위해서는, 그 주장을 믿는 사람들과 믿지 않는 사람들 사이에 뚜렷한 갈등이나 대립이 있어야 한다. 만약 공동체 안에서 모두가 같은 생각을 가지고 있는 경우, 예를 들어, 모두가 의혹을 믿지 않

거나, 모두가 믿는 상황이라면, '음모론'이라는 말 자체가 필요하지 않다. '음모론'이라는 단어는 의혹을 두고 공동체가 둘로 갈라져, 한쪽이 다른 쪽을 비판하려고 할 때 생겨나는 말이다. 음모론은"당신은 근거 없는 음모론에 빠졌어"라는 식의 비판과 공격의 표현이다.

음모론의 두 번째 요소는 '논리적 비약'이다. 음모론은 의혹을 사실이라 주장하는 사람이 근거와 합리적 설명 없이 결론을 확신하는 비약적 구조이다. 음모론을 믿는 사람들은 '검증 없이 무조건 사실이다'라고 생각하는 경향이 있다. 반면, 음모론을 비판하는 사람들도 '증거를 통해 음모론이 거짓임을 밝혀내지 않고서도', 음모론은 '거짓'이라고 결론 내릴 때가 많다는 면에서, 음모론 비판자들도 논리적 비약에 빠지기 쉽다. 음모론은 검증되지 않은 주장을 검증 없이 사실로 믿는 사람들의 논리적 비약과 '증거 없이 거짓이다'라고 말하는 비판자들의 논리적 비약이 서로 맞서는 대립 상황에서 등장한다.

다음 그림은 의혹, 음모, 음모론이 어떻게 연결되는지를 나타낸다. 의혹은 검증이 필요한 하나의 가설적 설명이다. 이 의혹을 검증해서 사실로 확인하면 '음모'가 된다. 반대로, 검증 결과 사실이 아니면, '거짓 음모 의혹'이 된다. 거짓 음모 의혹은 시간이 지나면서 사람들의 관심과 영향력을 잃어 논쟁에서 사라진다.

보통은 근거가 부족한 음모 의혹은 시간이 지나면서 사라져야 한다. 하지만 가끔은 증거가 없는데도 음모 의혹을 진짜라고 확신하는 사람들이 있고, 이들이 계속하여 의혹을 사실이라고 주장한다. 이런 경우에 음모론이라는 단어가 등장한다. 다른 사람들은 그들의 주장을 비판하며 '음모론'이라고 부르기 때문이다. 요약하자면, 음모론은 상대적 비판과 논리적 비약이라는 두 요소의 결과물이다.

그림 6 음모 의혹, 음모, 음모론의 관계

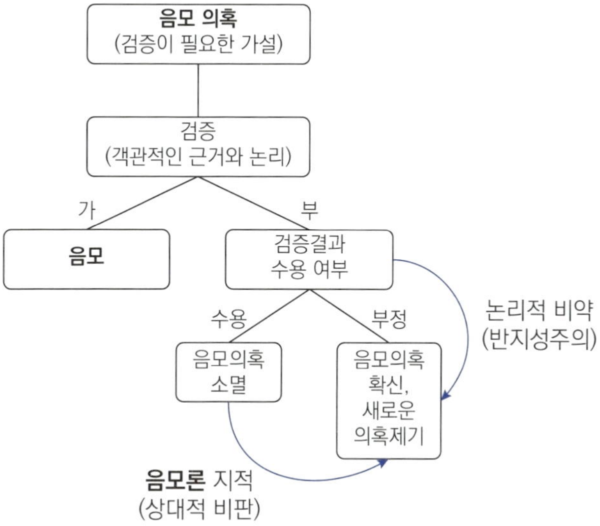

그림: 필자 작성

음모와 음모론의 차이

음모와 음모론의 차이는 '객관적이고 과학적인 검증' 여부에 있다. 음모는 검증을 통해 사실로 밝혀진 사건이고, 음모론은 검증되지 않은 가설적 설명이다.

한국 역사에서 대표적인 음모는 1895년 10월 3일에 일어난 명성황후 시해 사건이다. 이 사건은 한양의 일본 공사관 밀실에서 일본 공사 미우라 고로와 공사관 서기 스기무라 후카시, 공사관 무관 오카모토 류노스케, 포병 중좌 장교 구스노세 사치히코 등이 명성황후 시해의 구체안을 계획한 음모에서 시작한다. 이 음모는 1985년 10월 8일 새벽 5시에 서울에 주둔한 일본군 수비대 군대와 한성신보사 사장과 기자, 영사 경찰, 낭인배들에 의해 실행되었다. 그들은 경복궁을 공격하고, 이를 막기 위해 비상 소집된 300~400명의 조선군 경비대를 무력화한 후, 왕후의 거처인 경복궁 옥호루에서 만행을 저질렀다. 음모를 주도한 일본 공사 미우라 고로는 외교에 문외한인 육군중장 출신의 예비역 장성이고, 그 배경에는 일본 내각 총리인 이토 히로부미가 있었다. 이들은 러시아와의 연결고리인 명성황후를 제거함으로써 일본의 조선 식민지화를 실현하였다.

일본 내각과 재조선 일본 공사는 명성황후 시해 음모를 직접 실행한 주체이다. 하지만, 당시 일본 공사 미우라 고로는 이 사건을 "일본에 의한 명성황후 시해 음모"가 아니라, 근거가 부족한 '음모론'이라고 부르며 부정했다. 자신들이 저지른 실제 음모를 감추기 위해 '아직 확인되지 않은 가설'이라고 뜻의 음모론으로 바꾸어 말한 것이다. 그러나 1895년 10월, 일본에 의해 벌어진 명성황후 시해 사건은 이미 많은 객관적 자료와 증거를 통해 사실로 검증되었다. 따라서 이 사건은 '음모론'이 아니라, 역사적 사실, '음모'인 것이다.

반면, 2024년 4월 제22대 국회의원 선거에서 제기된 부정선거 의혹은 객관적인 증거로 사실이 확인되지 않았다. 부정선거 의혹이 실제 '음모'가 되기 위해서는 검증이 필요하다. 그런데 만약 누군가가 검증되지 않은 가설적 설명인 의혹을 사실이라고 확신한다면, 그에 반대하는 사람들은 그를 '음모론자', 그리고 그의 주장을 '음모론'이라고 비판할 것이다. 그들은 음모론자들이 검증이 필요한 가설적 설명을 검증 없이 사실로 믿는다고 판단하기 때문이다.

의혹 확신자의 논리적 비약

논리적 비약이란, 충분한 근거 없이 결론을 내리는 잘못된 생각 방식이다. 예를 들어, “A는 B를 좋아한다”는 사실만 가지고 “그래서 A는 B와 결혼해야 한다”라고 말한다면, 이건 논리적 비약이다. 왜냐하면, A가 B를 좋아한다고 해서 무조건 결혼으로 이어지는 건 아니기 때문이다. 결혼이라는 결론에 도달하려면 A가 정말 결혼을 원하고 있는지, B도 A를 좋아하고 결혼에 동의하는지 같은 추가적인 조건이나 설명이 더 필요하다. 이처럼, 중간 과정 없이 단순한 생각만으로 결론을 내리는 것이 바로 논리적 비약이다.

누군가가 부정선거 의혹을 ‘음모’라고 확신하면서도, 그 결론을 뒷받침할 구체적이고 객관적인 근거를 제시하지 못한다면, 그의 주장은 논리적 비약이라 할 수 있다. 다음 내용은 2025년 1월 15일 윤석열 전 대통령이 대통령으로서 헌정사상 처음으로 체포되면서 자필로 작성한 편지 “국민께 드리는 글”의 일부이다. 편지 중 부정선거와 관련된 내용 두 문단은 아래와 같다.

> 우리나라 선거에서 부정선거의 증거는 너무나 많습니다. 이를 가능하게 하는 선관위의 엉터리 시스템도 다 드러났습니다. 특정인을 지목해서 부정선거를 처벌할 증거가 부족하다 하여, 부정선거를 음모론으로 일축할 수 없습니다. 칼에 찔려 사망한 시신이 다수 발견됐는데, 살인범을 특정하지 못했다 하여 살인사건이 없었고 정상적인 자연사라고 우길 수 없는 것입니다. 정상적인 법치국가라면 수사기관에 적극 수사 의뢰하고 모두 협력하여 범인을 찾아야 하는 것입니다.
> 선거 소송의 투표함 검표에서 엄청난 가짜 투표지가 발견되었고, 선관위의 전산시스템이 해킹과 조작에 무방비이고, 정상적인 국가기관 전산시스템의 기준에 현격히 미달한 데도, 이를 시정하려는 어떠한 노력도 하지 않을 뿐 아니라, 발표된 투표자 수와 실제 투표자 수의 일치 여부

> 에 대한 검증과 확인을 거부한다면, 총체적인 부정선거 시스템이 가동된 것입니다. 이는 국민의 주권을 도둑질하는 행위이고 자유민주주의를 붕괴시키는 행위입니다. 자유민주주의와 법치주의를 지향하는 정상적인 국가라면, 선거 소송에서 이를 발견한 대법관과 선관위가 수사 의뢰하고 수사에 적극 협력하여 이런 불법 선거 행위가 일어났는지 철저히 확인해야 하는 것입니다.

이 글은 비약적 논리 전개를 보인다. 전제와 결론은 다음과 같이 정리할 수 있다.

- 전제: "부정선거의 증거가 많다", "전산시스템에 문제가 있다", "검표에서 가짜 투표지가 나왔다."
- 결론: "총체적인 부정선거 시스템이 가동되었다", "자유민주주의가 붕괴되고 있다."

그러나 이들 주장 사이에는 검증된 인과관계나 공식적 확인이 결여되어 있다. 예를 들어, "가짜 투표지"라는 주장이 사실이라 해도 그것이 조작된 시스템 전체의 결과인지, 단순 실수나 관리 소홀인지는 별개의 문제이다. 그럼에도 전자는 후자의 직접적이고 필연적인 결과라고 주장한다. 이것은 논리적 비약이다. 또한, "칼에 찔려 시신이 발견되었지만 범인을 특정하지 못했다고 해서 살인이 아니라 말할 수 없다"는 유추는 감정적 설득력을 가지지만, 선거 시스템에 대한 구체적 물증의 부족을 무시하고 이미 결론을 확정지은 위험한 은유이다.

두 번째로, 사실 여부를 검증하지 않은 주장이 반복된다. 이 문단에서 제시된 여러 주장은 검증되지 않았거나 공식 기관에 의해 사실로 확인되지 않았다. "가짜 투표지 발견"의 경우, 이를 주장한 사례들은 일부 단체와 개인들의 주장일 뿐, 사법적 판단이나 선관위 공식 조사에서 확인된 바 없다. 윤석열 전 대통령이 4월 4일 헌법재판소로부터 파면을 받은 시점까지도 부정선거 의혹을 입증할 가짜 투표용지, 선관위가 아닌 성명불상이 제조한 투표용지는 발견되지 않았다.

"전산시스템이 해킹과 조작에 무방비" 주장도 보안 취약성에 대한 비판은 가능하지만, 해킹 및 조작이 실제 일어났다는 증거는 공식적으로 제시되지 않았다. "투표자 수 일치 여부 확인을 거부한다"는 주장의 경우, 선관위는 법적 요건과 절차에 따른 제한이라는 입장이며, 이를 단순히 은폐로 해석하는 것은 의도적 해석의 가능성을 가진다. 부정선거 음모 주장은 현재까지는 '검증되지 않은 가설'이며, 이를 '사실'로 확신하는 것은 논리적 비약에 해당한다.

그렇다면, 왜 윤석열 전 대통령은 논리적 비약이 드러나는 편지를 쓴 것일까? 이 편지는 정파적으로 다음과 같은 효과를 발휘할 수 있다. 지지층 결집이다. "우리는 억울한 진실을 알고 있다"는 정서 유도 효과이다. 또한, 적대적 정치 프레임 강화이다. 위 편지의 내용은 음모론 정치의 전형으로서, 검증되지 않은 의혹을 정치 투쟁 수단으로 확신하는 서사이다. 나아가 민주주의 제도를 공격한다. 선관위, 대법원, 수사기관의 중립성과 공정성에 대한 의심을 확산한다. 정파적 목적이 논리적 비약을 정당화할 수 있기 때문에, 윤 전 대통령은 논리적 비약임에도 불구하고, 부정선거에 대한 확신을 편지로 주장한 것이라 해석할 수 있다.

의혹 비판자의 논리적 비약

음모론을 주장하는 이들이 검증 없이 그 내용을 '사실'로 확신하는 경우가 있는 반면, 이를 비판하는 일부 사람들 또한 충분한 검토나 객관적 검증 없이 해당 주장을 단정적으로 '부정'하는 경우가 존재한다.

이러한 양측의 태도는 모두 논리적 비약이라는 공통된 문제를 내포하고 있다. 검증 없이 음모론을 믿는 것도, 검증 없이 음모론을 일축하는 것도 모두 논리적 타당성을 결여한 논리적 비약이다.

부정선거 의혹을 제기하는 사람들은 2020년 제21대 국회의원 선거 직후부터, 가짜 투표용지가 있을 가능성, 선거관리위원회의 전산 시스템이 해킹되거나 조작되었을 가능성, 그리고 전반적인 부정선거 시스템이 작동했을 가능성 등을 주장해 왔다. 이러한 주장들은 정부의 대응을 촉구한 것이라 볼 수 있다. 이에 대해 2020년 당시의 중앙선거관리위원회, 문재인 정부, 그리고 국회가 부정선거 의혹 제기에 대해 충분한 '검증'을 수행하였는지를 살펴볼 필요가 있다.

2025년 5월 현재, 중앙선거관리위원회 홈페이지에는 「사실은 이렇습니다 - 부정선거 의혹?」이라는 제목의 메뉴가 존재한다. 이곳에는 '사전투표나 개표' 등 총 다섯 가지 주제에 대해 부정선거 의혹을 반박하는 영상들이 게시되어 있다. 게시 동영상을 2020년 이후부터 2024년 11월의 비상계엄 선포 전까지의 시기를 연도별로 구분하고, 2024년 12월 3일 계엄 선포 이후부터 2025년 5월 현재까지의 시기를 또 다른 하나의 시기로 구분하여 총 6개의 시기로 나누어 비교해 보았다.

중앙선거관리위원회가 가장 많은 부정선거 의혹 반박 동영상을 홈페이지에 탑재한 시기는 2024년 12월부터 2025년 5월까지의 비상계엄 이후 시기였다. 이 시기가 약 6개월에 불과하다는 점을 감안할 때, 해당 시기에 반박 영상 제작이 집중되었음을 알 수 있다. 중앙선거관리위원회가 부정선거 의혹에 대한 대응을 가장 활발히 수행한 시기는 비상계엄 이후였던 것이다.

[표 1] 중앙선거관리위원회 홈페이지 "부정선거 의혹"의 동영상 연도별 현황

구분	2020	2021	2022	2023	2024. 1-11	2024.12 ~ 2025.5 (비상계엄 이후)	소계
방송영상과 기사	28	2	2	0	4	16	52
정보보안 시스템	0	0	0	0	0	10	10
사전투표	11	1	8	1	9	6	36
개표	1	1	5	1	3	1	12
기타	0	2	2	1	6	9	20
합계	40	6	17	3	22	42	130

출처: https://nec.go.kr/site/vt/ex/bbs/List.do?cbIdx=1615

중앙선거관리위원회는 부정선거 의혹에 대해 책임 있게 대응할 법적 임무를 지닌 국가기관이다. 이 기관은 국가 재정으로부터 인력비와 집행비를 세금으로 지원받으며, 공정한 선거 관리를 법적으로 위임받은 조직이다. 중앙선거관리위원회가 2020년부터 제기된 부정선거 의혹에 대하여, 2024년 비상계엄 이후와 같은 수준으로 2021년부터 2024년까지 지속적으로 대응하였더라면, 부정선거를 사실로 확신하는 여론은 상당 부분 약화되었을 것이다.

음모론은 검증이 필요한 가설적 설명을 확신하는 집단의 논리적 비약과 그것을 부정하면서도 검증하지 않는 집단의 논리적 비약이 함께 만들어낸 결과물이다.

3. 음모론의 특성

외눈박이 속성

사람들은 왜 검증이 필요한 가설적 설명에 대하여 검증없이 확신하거나, 부정하는 것일까? 『반지성주의와 음모론』의 저자 안재원 교수는 그 이유를 인간의 '외눈박이(monoculus) 속성'에서 찾는다. 그는 외눈박이를 "눈 하나로 사물을 관찰하는 존재"로 설명하며, 이러한 속성은 곧 하나의 경험, 하나의 생각, 하나의 믿음, 하나의 목적을 기준으로 삼아, 모든 것을 측정하고 판단하며 행동하게 하는 성향이라 지적한다. 다시 말해, 복수의 관점이나 다양한 가능성을 고려하기보다, 자신이 이미 지닌 단일한 준거틀을 통해 세상을 이해하고 해석하려는 경향이다.

외눈박이 속성은 반지성과 관련이 깊다. 사람은 누구나 지성과 반지성 두 가지 성향을 가지고 대상에 따라 선택적으로 적용한다. 지성이란 자신이 무엇을 알고 무엇을 모르는지 구분할 수 있는 '자기 인식 능력'을 말한다. 반면에 반지성은 이런 능력이 부족한 상태로, 자신이 알고 있는지 모르는지조차 잘 모르는 상태를 뜻한다. 이런 반지성 상태에 자신의 신념이 더해지면 반지성주의가 된다. 반지성주의는 모르는 것을 모른 채, 아는 것처럼 확신하는 태도이다. 이것은 지성에서 요구하는 비판적 생각과 자기 점검이 부족한 상태이며, 자신이 가진 지적 능력을 특정 목적을 이루기 위한 도구로만 사용하게 한다.

안재원 교수는 인류의 지성사가 지성주의와 반지성주의 사이에서 밀고 당기며 싸워온 역사라고 말하였다. 음모론은 반지성주의의 산물이기 때문에, 음모론 또한 인류 역사와 함께 지속되어 온 현상이라고 볼 수 있다. 움베르토 에코의 소설 『푸코의 진자』에는 "실체가 없는 존재도 많은 사람들이 존재를 확신할 때는 실체를 가진다."라는 말이 나온다. 객관적인 근거가 없더라도, 집단이 어떤 음모 의혹을 목적에 따라 확신하면, 그 집단에게 그 음모 의혹이 사실상의 음모가 된다. 이것이 바로 집단적 외눈박이 속성의 효과라 할 수 있다.

사람들이 두 집단으로 나뉘어 각각 외눈박이 속성에 빠지면, 자신들의 태도와 신념을 기준으로 특정 주장을 검증 없이 사실로 받아들이고, 반대 입장은 거짓이라고 확신하며 대립하게 된다. 이런 외눈박이 속성을 가진 사람들이 서로 맞서면서 음모론이 만들어지고, 공감받으며 퍼져 나가게 된다.

이분법과 대립 정치

집단 간 대립 상황에서는 각 집단이 자신의 외눈박이 속성에 더욱 의지하는 경향이 있다. 대립 정치는 음모론의 생산, 소비, 유통의 토양이다. 음모론의 논리 구조에는 '가해자'와 '피해자'를 구분하는 이분법이 포함되어 있다. 이분법은 적과 아군을 나누는 적대적 정치에 자주 활용된다. 내집단은 옳고 외집단은 틀렸다는 정치적 양극화가 바로 이런 이분법적 사고의 예라 할 수 있다.

세상 일은 내부 요인과 외부 요인들이 복잡하게 얽혀서 생겨난 결과이다. 하지만 이분법적 적대 의식이 강한 사람들은 복잡한 원인보다 단순한 해답을 선호하고, 상대를 악마화하기 쉽다. 피해를 입은 사람은 자신의 잘못을 인정하기를 꺼려하며, 대신 외부에서 희생양을 찾거나 외부의 음모가 자신의 실패나 패배를 불러왔다고 주장하는 경향이 있다.

외부자에게 책임을 미루는 음모론의 이분법적 대립구조는 자신과 자신이 속한 집단의 잘못을 면죄해 주는 효과가 있다. 부정선거 음모론은 주로 선거에서 진 쪽에서 제기하는 경우가 많다. 이들은 선거 패배가 자신들의 잘못이나 부족 때문이 아니라, 외부의 힘—특히 상대 집단의 음모 때문이라고 주장한다. 그래서 자신의 책임은 사라지고, 오직 상대방 탓만 남게 된다. 인생에서 실패를 받아들이기 어려운 사람은 음모 의혹을 사실로 믿으면서, 자신에 대한 분노와 좌절을 특정한 외부 대상에게 쉽게 돌릴 수 있다. 사람들은 이렇게 자신의 무기력함을 외부로 투사함으로써 심리적 위안을 얻는다.

또한, 정치인들은 상대 정파를 공격하기 위하여 음모 의혹을 사용한다. 이분법적 갈등 구조 속에서 만들어진 음모 의혹은 상대 집단의 명예를 훼손하고, 그들의 성공이 정당하지 않다고 주장함으로써 결국 자신의 집단이 더 유리한 위치에 오르는 권력투쟁에서 유용하다. 권력 경쟁이 치열해질수록, 대립 집단들이 음모 의혹을 제기할 가능성은 커진다. 대립 정치에서 음모론은 내집단을 '선'으로, 상대인 외집단을 '거대한 악'으로 규정한다. 이는 마니교가 주장하는 절대 선과 절대 악의 이분법과 유사한 구조이다. 권력을 강화하려는 대립 정치 구조 속에서 권력 행위자들은 선과 악의 이분법을 적극 활용하여 상대를 공격한다.

미국 법학자인 선스타인은 대표적인 정치 음모론으로 1963년 존 F. 케네디 대통령 암살 사건을 미국 중앙정보국(CIA)이 주도했다는 음모론과 1930년대 미국 대공황이 부자들이 노동자 임금을 줄이기 위해 꾸민 음모라는 주장을 예로 들었다. 음모론은 사람들 사이의 권력 다툼과 대결 구도에서 만들어진 이야기이다.

유석진 교수는 「음모론과 정치」라는 글에서, 복수의 사람들이 서로 대립하는 집단으로 나뉘어 적대하는 음모론의 구조를 설명하였다. 예를 들어, 1941년 일본의 진주만 공습에 대해 미국의 주요 정책결정자들이 제2차 세계대전에 참전하기 위한 국민적 지지를 얻으려고 일부러 경고 정보를 무시했다는 음모론, 1963년 케네디 대통령이 CIA를 해체하려 하자 CIA가 그를 암살했다는 음모론, 그리고 2001년 9·11 테러에 부시 행정부 내부자가 개입했다는 음모론이 있다. 세 음모론 모두 미국 정부 기관이나 정책결정자들이 행위자로 등장하며, 집단 간의 대립 구도를 보여준다. 진주만 음모론은 미국 내에서 일본과의 전쟁을 지지하는 집단과 평화를 주장하는 집단 간의 갈등을, 케네디 암살 음모론은 CIA를 유지하려는 집단과 이를 해체하려는 케네디 대통령 지지자 집단 간의 대결을, 9·11 테러 음모론은 전쟁을 정당화하려는 매파와 평화를 원하는 비둘기파 간의 충돌을 반영한다. 음모론은 내집단의 권력과 이익을 강화하고 상대 집단의 권력을 약화시키려는 대립 정치의 수단이다.

4. 음모론 정치와 권력 투쟁

정치는 크게 두 가지로 나누어 설명할 수 있다. 하나는 권력을 얻기 위해 싸우는 '권력정치(power politics)'이고, 다른 하나는 좋은 공동체를 만들기 위해 공익을 추구하는 '공동정치(common politics)'이다. 권력정치의 목적은 권력 자체이고, 공동정치는 좋은 공동체를 만드는 데 목적이 있다. 정치인은 두 가지 요소를 모두 가지고 있지만, 권력정치에 더 집중하는 사람도 있고, 공동정치를 더 중요하게 여기는 사람이 있다.

권력정치는 지배하고 싶은 권력에 대한 욕구와 본능이 드러난 저급 수준의 정치라고 할 수 있다. 반면, 공동정치는 공동체 전체의 이익을 위해 행동하는 이타적인 면이 있어 고급 수준의 정치이다. 정치인과 시민이 공동정치를 실현하려면 자신의 권력 욕구라는 본능을 극복해야만 가능하다. 권력정치는 따로 배우지 않아도 본능적으로 할 수 있는 것이다. 내 권력을 키우고 다른 사람의 정당성을 약화시켜 지배와 종속 관계를 만드는 이기적인 권력 행사는 배우지 않아도 할 수 있다.

음모론 정치는 권력정치의 한 형태로 볼 수 있다. 권력을 추구하는 정치인과 시민은 자신의 권력을 키우고 상대의 권력을 약화시키기 위해 음모론을 수단으로 사용할 가능성이 크다.

부정선거 음모 의혹과 권력정치

2020년 제21대 국회의원 총선에서 인천 '연수구 을' 지역구에 출마했던 민경욱 전 의원은 더불어민주당 정일영 후보에게 패해 낙선한 이후, 4·15 총선이 QR코드 전산 조작과 투표 조작에 의한 부정선거였다고 주장하였다. 당시 현직 국회의원이 중앙선거관리위원회가 선거를 조작했다는 음모 의혹을 제기했기 때문에, 이 주장은 큰 정치적 파장을 불러일으켰다. 국회의원과 정당 지도자, 공직자의 지위에 있는 정치 지도자들이 제기한 부정선거 의혹은 이후 2024년 제22대 국회의원 선거에도 제기되었고, 마침내 대통령까지도 해당 의혹을 사실로 확신하는 상황에 이르렀다.

대통령이나 국회의원과 같은 고위직 정치인들은 일반 시민들에 비해 상대적으로 높은 수준의 학력과 경력을 보유한 경우가 많다. 이들은 평균 이상의 지적 능력을 갖추고 있으며, 정보 접근성 또한 일반 대중보다 우위에 있다. 따라서 고위직 정치인들이 단순히 인지 능력이 부족해서 부정선거 의혹을 사실로 확신한다고 보기는 어렵다.

이러한 확신의 배경에는 단순한 인지적 오류보다는 권력에 대한 본능적 집착이 자리하고 있다. 권력을 유지하고 확대하고자 하는 권력정치적 욕구는 때로는 비합리적 신념의 수용, 심지어는 음모 의혹의 적극적 활용과 논리적 비약에 의한 확신까지도 정당화하게 만든다. 다시 말해, 부정선거 의혹을 '사실'로 확신하는 것은 논리적 검증의 결과라기보다 권력정치에 매몰된 정치 지도자가 선택한 권력 투쟁의 전략일 가능성이 크다.

2020년 제21대 국회의원 선거에서 낙선한 민경욱 후보는 선거가 부정하게 치러졌다며 선거 무효소송을 제기하였다. 이에 대해 대법원은 2022년 7월 28일에 '청구 기각' 판결을 내렸다. 대법원 2부(주심 천대엽 대법관)는 판결문에서 "이번 선거에 공직선거법을 위반한 위법행위가 있었거나, 그에 대한 증명이 이뤄졌다고 보기 어렵다."며 원고의 주장을 받아들이지 않았다. 또한 재판부는 "선거가 수많은 사람들의 감시 아래 진행되었고, 민 후보가 주장하는 방식의 부정행위를 하기 위해서는 고도의 전산 기술, 해킹 능력, 대규모 조직, 막대한 자금이 필요하다."라고 지적하였다. 그뿐만 아니라, 민 후보가 부정선거를 실행한 주체가 누구인지조차 명확히 밝히지 못했다는 점도 판결의 중요한 근거였다. 또한 대법원은 사전투표와 당일 투표의 득표율 차이에 대해서도 "선거인들의 지지 성향이나 선거일의 정치적 분위기에 따라 특정 정당 후보의 득표율 차이가 생길 수 있으며, 이러한 현상이 반드시 이상하거나 비정상적인 것은 아니다."라고 판단하였다. 결론적으로, 재판부는 부정선거 의혹을 뒷받침할 구체적이고 설득력 있는 증거가 없다는 이유로 청구를 기각한 것이다.

대법원은 2020년 제21대 총선에 제기된 부정선거 의혹을 검증하기 위해 다양한 절차를 거쳤다. 2020년 12월, 대법원은 중앙선거관리위원회 전산센터에서 현장 검증을 실시하였다. 이 검증에서는 총선에 사용된 서버, QR코드 관련 기계 장치, 프로그램, 관련 정보 등이 확인 대상이었다. 이후 2021년 6월, 대법원은 인천 연수을 지역구의 투표지를 재검표하였다. 이 과정에서 사전투표지 4만 5천여 장 전부를 이미지로 변환한 후, 민경욱 후보 측이 제공한 프로그램을 통해 QR코드를 일일이 판독하였다. 특히 민 후보가 '위조 투표지'라고 주장한 122장을 별도로 선별하고, 그가 추천한 전문가를 감정인으로 지정하여 인쇄 상태 등의 정밀 감정도 병행하였다. 이러한 일련의 절차는 대법원이 부정선거 의혹을 실질적으로 검증한 과정이었다.

그럼에도 불구하고, 부정선거 의혹을 사실로 확신하는 일부 정치인들은 2025년 현재까지도 중앙선거관리위원회의 조직적 개입에 의한 부정선거 주장을 지속하고 있다. 이러한 지속적 주장의 배경에는 무엇보다도 권력정치적 동기가 자리 잡고 있다고 하겠다.

부정선거 의혹의 저변에는 치열한 권력투쟁이 있다. 대한민국의 국회의원 선거는 300석 중 254석을 지역구에서 선출한다. 지역구는 1인 선거구이기 때문에 대부분의 국회의원 선거는 더불어민주당 후보와 국민의힘 후보 사이의 1:1 대립 구도로 치러진다. 한 표라도 더불어민주당 후보가 많으면 당선자가 되고, 한 표가 밀린 후보는 낙선자가 된다. 또한, 국회는 다수결로 표결하기 때문에 과반수 의석은 매우 큰 영향력을 발휘한다. 다수결 결정으로 밀어붙이면 제1당은 몇 가지 예외적인 경우를 제외하고는 대부분의 결정을 할 수 있다.

윤석열 대통령 역시 국민의힘이 정당한 경쟁을 했다면 더불어민주당보다 많은 득표와 의석을 확보했음이 분명한데도, 부정선거로 인해 그 결과가 왜곡되었다고 확신한 것으로 보인다. 이러한 태도는 단순한 오판이라기보다는, 자신들이 정당하게 차지해야 할 권력을 부당하게 빼앗겼다는 인식에서 비롯된 것으로, 정치권력에 대한 강한 본능적 집착이 의혹을 사실로 확신하고 나아가 정당화하는 요인이라 할 수 있다. 권력 욕구가 음모 의혹을 음모로 확신하게 하는 원인이라 할 수 있다.

권력 욕구가 음모론 정치의 원인이라는 점은 음모 의혹에 대한 정파적 입장 차이에서 확인할 수 있다. 정파에 따라 수용 여부가 다르다. 다음에 제시된 자료는 2024년 1월 연세대학교 디지털사회과학센터가 실시한 의식조사 결과로, 정당 지지층별로 '2020년 국회의원 선거는 부정선거였다'는 주장에 대해 어떻게 인식하고 있는지를 보여준다. 조사 문항은 다음과 같다: "2020년 국회의원 선거는 부정선거였다"는 주장에 대해 사실 여부를 어떻게 평가하십니까? 응답 항목은 네 가지로 구성되었다.

응답 결과, "완전 거짓"이라고 응답한 사람들 중 더불어민주당 지지자는 약 80%에 달했으며, 국민의힘 지지자는 20% 수준에 불과했다. 이는 더불어민주당 지지층이 부정선거 음모 의혹을 압도적으로 불신하고 있음을 보여준다. 반면, "완전 사실"이라고 응답한 사람들 중 국민의힘 지지자는 약 80%, 더불어민주당 지지자는 20%에 그쳤다. 국민의힘 지지자 중 상당수가 부정선거 음모 의혹을 사실의 음모로 받아들이고 있음을 알 수 있다. 이 결과는 정파적 권력 투쟁의 맥락에서 음모 의혹 수용 여부가 선택적이라는 점을 보여준다. 부정선거 음모 의혹은 객관적 사실보다 정파적 유불리에 따라 수용되는 경향을 보인다.

그림 7 2020년 부정선거 음모론에 대한 정파적 차이

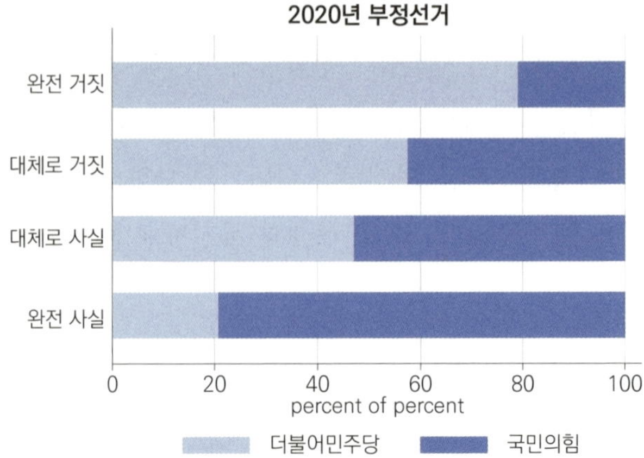

출처: 필자 작성

부정선거 의혹에 대한 정파적 태도 차이의 원인을 지적 수준의 차이로 해석하는 것은 타당하지 않다. 같은 조사에서 학력을 비교해 보았다. 더불어민주당 지지자들과 국민의힘 지지자들, 양 집단 간의 평균 학력 수준에는 통계적으로 차이가 없었다. 더불어민주당 지지자의 학력 평균값은 3.585, 국민의힘 지지자의 평균값은 3.568로, 학력 수준 차이는 통계적으로 유의미하지 않다. 사용된 학력 척도는 ① 중졸, ② 고졸, ③ 전문대졸, ④ 4년제 대학 졸업, ⑤ 대학원 졸업이다.

이러한 결과는 부정선거 의혹에 대한 태도 차이가 학력 수준에서 기인한 것이 아니라, 정파적 신념과 정파적 권력투쟁에 기인한 것이라는 점을 보여준다. 동일한 지적 조건을 가진 사람들이라도 자신이 속한 정당의 정파적 신념에 따라 수용 여부가 달라진다. 정파적 권력 욕구가 음모론에 대한 입장 차이를 가져왔다고 할 수 있다.

천안함 음모 의혹과 권력정치

2010년 천안함 침몰 사건에 대해 대한민국 국방부는 북한의 어뢰 공격이라는 결론을 공식적으로 발표하였다. 해당 어뢰는 고성능 폭약을 장착한 북한제 무기로, 수중 폭발에 의해 발생한 충격파 및 거품 효과가 함체 절단과 침몰의 직접적 원인이 되었다는 분석이다. 이 사건으로 승조원 46명이 전사하고 58명이 생존하였다.

천안함 침몰 사건은 이명박 정부 시기에 발생하였으며, 당시 국회는 여당인 새누리당이 과반 의석을 차지하고 있었고, 민주당은 제1야당의 지위에 있었다. 이 사건은 군사적 충격을 넘어 정치적으로도 민감한 사안이었으며, 여당과 야당 간의 정파적 이해가 첨예하게 대립하였다. 정부와 여당 입장에서는 정국 주도권과 국정 안정성을 유지하기 위해 군의 경계 실패 논란에서 벗어날 필요가 있었다. 마침 천안함 침몰 원인을 설명할 수 있는 핵심 증거로 북한제 어뢰 부품(추진체)이 발견되었고, 이에 따라 정부는 침몰 원인을 북한군의 어뢰 공격으로 공식화하였다.

이러한 결정은 여당이 안보 위기 상황에서 단호한 대응을 강조함으로써 정치적 정당성과 정국 주도권을 강화하는 데 일정한 효과를 발휘하였다. 반면, 제1야당인 민주당은 국방 정책의 허점을 지적하고 정부 책임을 부각시키려는 노력을 통해 여당의 권력 기반을 견제하고자 했다. 이처럼 천안함 사건은 군사적 충격에 더해, 여야 간 권력 경쟁 구도가 뚜렷하게 드러난 권력투쟁적 의미가 덧붙여졌다.

정부와 국회는 사건의 진상 규명을 위해 여야가 각각 조사위원을 추천하는 형태로 조사위원회를 구성하였다. 이 과정에서 여당과 야당은 각기 정파적 입장을 대표할 인물을 위원으로 추천함으로써, 조사위원회 운영에도 정파적 긴장이 개입되었다. 예를 들면, 야당인 민주당이 추천한 신상철 조사위원은 국방부가 발표한 공식 침몰 원인에 대해 일련의 의문을 제기하였다. 그는 정부가 결정적 증거로 제시한 북한제 어뢰 추진체의 신빙성과 관련된 기술적, 정황적 의문을 제기하였으며, 사망한 승조원들의 사인이 수중 폭발로 인한 충격과 일치하지 않는 정황이 있다는 주장을 하였다. 이러한 문제 제기는 단순한 기술적 분석을 넘어, 사건 조사 과정 자체가 정파적 이해관계의 영향을 받았음을 시사한다.

천안함 침몰 원인에 대한 정파적 대립은 시간이 지난 지금까지도 이어지고 있다. 2024년 1월에 실시된 설문 조사에서 정당 지지자들 사이에 천안함 음모 의혹에 대한 인식 차이가 분명하게 드러났다. 다음 그림은 더불어민주당 지지자들과 국민의힘 지지자들 사이에서 나타난 견해 차이를 보여준다. 천안함이 북한의 어뢰 공격이 아닌 다른 원인으로 침몰했다는 이른바 '천안함 음모 의혹'에 대해, 더불어민주당 지지자의 57.5%가 이 주장을 거짓이라고 본 반면, 국민의힘 지지자들 중에서는 77.3%가 음모 의혹을 거짓이라고 평가했다. 국민의힘 지지자들이 천안함 음모 의혹을 더 강하게 불신하고 있는 것으로 나타났다.

천안함 음모 의혹에 대한 정파적 차이도 권력정치와 깊은 관련이 있다. 국민의힘은 전통적으로 북한을 위협적인 존재, 즉 '악'으로 인식하는 성향이 강하다. 그리고 이러한 대북 인식이 공감을 얻을수록 국민의힘의 정파적 권력은 강화된다. 반면 더불어민주당은 김대중 정부의 햇볕정책을 계승한 정당으로, 평화적인 대북 관계를 강조한다. 정파적 권력 투쟁이 천안함에 대한 인식차이와 연결되어 있다. 천안함 침몰의 원인 규명 과정에서 발생한 음모론은 권력 투쟁의 산물이자 수단이라 할 수 있다.

그림 8 천안함 음모 의혹에 대한 정파적 차이

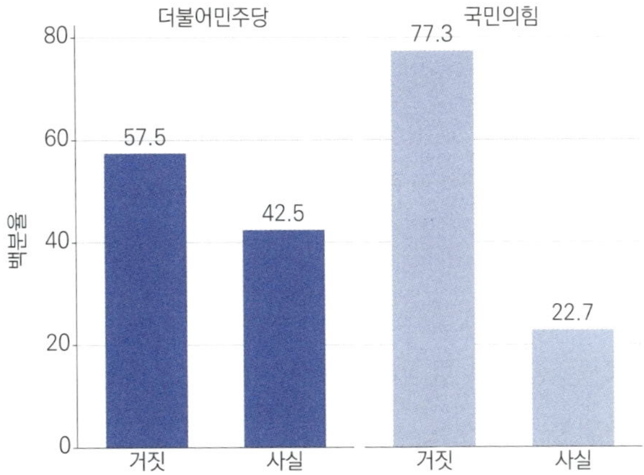

출처: 필자 작성

5. 음모론 정치 극복하기

'음모론'이라는 단어 사용하지 않기

'음모'라는 용어는 응달 '음(陰)'과 꾀할 '모(謨)'라는 한자가 결합된 말로, '어두운 곳에서 몰래 계획하는 일'을 의미한다. 사전적으로는 '나쁜 목적을 가지고 비밀스럽고 흉악한 일을 꾸미는 것'으로 정의된다(국립국어원 표준국어대사전). 이를 종합하면, 음모는

① 비밀스럽게 진행되며,

② 악의적인 목적과 부당한 수단을 동반하고,

③ 계획적이고 조직적으로 이루어진 행위를 뜻한다.

법학자 선스타인은 모든 음모론이 반드시 유해한 것은 아니라고 보았다. 그는 성탄절 전날, 멀리 떨어진 곳에서 비밀스러운 요정들과 산타클로스가 선물을 가져다준다는 이야기를 '유해하지 않은 음모론'의 예로 들었다. 그러나 이러한 해석에는 동의하기 어렵다. '음모'라는 단어 자체가 '나쁜 목적'과 '흉악한 수단'을 내포하고 있기 때문이다.

이러한 속성 때문에 음모론은 투명성과 공개성, 다양성을 근간으로 하는 민주주의 정치와 본질적으로 충돌한다. 민주적 공동정치는 공동체의 구성원들이 공개적으로, 공익을 위해 정책을 협의하고 결정하며 집행하는 공동의 합의에 기초한 지배이기 때문이다. 음모론은 권력 투쟁을 위한 수단으로 사용될 뿐, 민주적 공동정치와 어울리지 않는다.

또한,'음모'와 '음모론'이라는 단어는 모두 가해자 집단과 피해자 집단 간의 적대적 대결이라는 구조를 내포하고 있다. 이런 경우 피해자는 자신의 피해 원인을 전적으로 가해자의 공격 탓으로 돌리게 된다. 세상의 일은 어느 한쪽의 100% 책임이라고 보기는 어렵다. 특히 여러 사람이 얽히고설킨 복잡한 정치 과정에서는 더욱 그렇다. 그러나 음모와 음모론은 복잡한 행위자들을 단순히 가해자와 피해자로 나누고, 한쪽에 모든 책임을 전가하는 이분법적 서사로 전개된다. 이러한 음모론의 이분법적 사고방식은 다양한 관점으로 사실과 원인을 분석하는 민주주의 정치에는 적합하지 않다.

공론장과 정보공개

'음모론' 논쟁이 벌어질 때, 대립하는 집단은 '론'(주장, 논의) 자체에 주목할 필요가 있다. 자신들의 주장이 '음모론'으로 불릴 때, 그들은 자신의 설명이 과학적·합리적으로 부족한 점이 없는지 돌아봐야 한다. 의혹을 부정하는 측 역시 무조건 부정하기보다는 상대 집단과의 신뢰 형성에 최선을 다하고, 음모 의혹의 근거를 확인하는 노력이 필요하다. 음모론 논쟁이 발생했을 때, 어느 쪽이든 충분한 검증 없이 자신의 신념에 따라 의혹을 사실로 확신하거나 무조건 거짓으로 부정하면, 음모론 정치는 확대된다.

천안함 음모론으로 비판받는 천안함 '좌초설'을 주장한 조사위원 신상철 씨에 대해, 대한민국 1심 법원은 2016년 1월 25일 그의 주장 34건 중 32건에 대해 무죄, 2건에 대해서만 유죄를 선고하였다. 이후 양측이 항소했고, 2심 법원은 2020년 10월 6일 모든 혐의에 대해 무죄를 선고하였다. 2심 법원은 천안함이 북한 어뢰 공격으로 침몰했다는 사실은 충분히 입증되었다고 판단했으나, 신상철 씨가 제기한 흡착물질과 스크루 휨 현상에 대해서는 과학적 추가 검증이 필요하다고 보았다. 이에 따라, 정부 주장에 의문을 제기하며 '좌초설'을 주장한 신상철 씨에게 명예훼손 혐의가 없다고 판단한 것이다. 이 판결은 2022년 6월 9일 대법원에서도 최종적으로 확정되었다.

특히 2심 판결문은 무죄 이유에서 "국민은 공적 관심 사안에 대해 감시하고 비판할 권리가 있으며, 자신이 가진 지식과 경험에 근거해 다양한 정보를 분석하고 의견을 제시해야 한다. 이러한 의견들은 공론의 장에서 상호 검증을 거쳐 자정 작용이 이루어져야 한다."라고 명시했다. 신상철 씨의 천안함 좌초설 주장은 바로 이러한 공론장에서 찬반 양측이 검증하는 과정에 해당한다는 것이다.

또한 법원은 "(사건) 초기에 정부와 군이 지나치게 정보를 독점하고 일부 부정확한 정보를 제공한 점이 '좌초 후 충돌'설이 제기되는 단초가 되었다."라고 지적했다. 이처럼 정부의 정보 독점이 의혹 제기의 한 원인이 되었으며, 정보가 제한된 상황에서 의혹을 제기한 행위는 명예훼손에 해당하지 않는다고 판단하였다.

법원이 제시한 두 가지 핵심 요점에 주목할 필요가 있다. 첫째는 '공론장'의 중요성이다. 사건의 원인에 대해 다양한 의견이 제기되고, 찬반 양측이 토론하는 과정은 대규모 불행을 예방하는 데 필수적이다. 또한 이러한 공개적인 논의는 근거 없는 음모론에 대한 무분별한 확신과 확산을 줄일 것이다. 둘째는 '정보 공유'의 필요성이다. 음모 의혹을 해소하는 효과적인 방법 중 하나는 투명한 정보 공개이다. 반면, 정보가 제한되거나 은폐될 경우 더 많은 의혹이 생길 수 있으며, 음모 의혹이 음모론 정치로 발전할 가능성이 크다.

그러나 공론장과 정보 공개는 음모론 정치를 해결하는 데 있어 부분적인 대책일 뿐이다. 음모론 정치를 완전히 극복하려면, 적대적인 대립 감정에서 벗어나는 것이 필요하다. 특히 적대적 감정과 선입견을 극복하는 일은 매우 어렵지만, 이것이야말로 음모론 정치 극복의 핵심 과제라 할 수 있다.

정파적 미움 극복

정파에 따라 자신이 믿고 싶은 것만 받아들이고, 그것만이 사실이라고 여기는 태도를 '정파적 외눈박이' 속성이라고 할 수 있다. 이러한 정파적 외눈박이 속성은 정파 간의 깊은 미움에서 비롯된 현상이다. 즉, 서로 다른 정당이 상대방을 미워할수록 대립이 심화되고, 그 결과 서로 상반되는 주장들을 각각 진실이라고 고집할 가능성이 커진다.

서로 다른 두 주장이 모두 참이라고 주장하며 대립하는 정치는, 진실과 거짓이 객관적 사실이 아니라 개인의 신념과 감정에 따라 나뉘는 '탈진실 정치(post-truth politics)'의 한 단면이다. 탈진실 정치는 정치에서 진실이 여론 형성이나 정책 결정의 핵심 기준이 되지 못하고, 정치인과 시민들이 사실보다는 정파적 감정에 따라 사실 여부를 판단하는 상황을 말한다.

탈진실 정치는 정파적 미움에서 비롯된 현상이다. 대표적인 예는 2016년 미국 대통령 선거에서 공화당 트럼프 후보와 민주당 힐러리 후보가 치열하게 대립한 상황에서 나타났다. 양 진영은 서로를 공격하고 지지도를 떨어뜨리기 위해 가짜뉴스와 음모 의혹을 적극 활용했다. 가짜뉴스와 음모 의혹은 상대 후보의 문제를 부각시켜 자신의 집단을 결집시키고, 상대 집단과 후보를 비판하여 그들의 정당성을 약화시키는 데 목적이 있다. 정파적 신념과 상대에 대한 미움이 객관적 사실보다 우선시되면서, 서로 다른 두 집단이 서로 반대되는 주장들을 각각 '사실'로 받아들이는 혼란이 발생한다.

정파적 미움을 효과적으로 통제할 수 있는 정치인과 시민만이 음모론 정치에서 벗어날 수 있다. 미움을 절제하고 성찰할 수 있는 정치인과 시민은, 가짜뉴스와 음모 의혹을 정파적 도구로 활용하는 태도를 자제하며, 공론장을 통해 논리적 비약을 고칠 수 있다.

세 조각 부족하지만, 합리적으로 합의하기

완전한 정보나 명확한 증거가 모두 갖추어지지 않은 상황이라 하더라도, 다양한 관점과 근거를 바탕으로 상호 존중과 신뢰를 통해 현실적인 합의에 도달하는 것은 민주적 사회에서 매우 중요하다. 이러한 합의의 가능성을 상징적으로 보여주는 사례가 있다.

2025년 4월 30일 자 『한겨레21』 기사에는 '코끼리 퍼즐' 그림이 소개되었다. 이는 세월호 참사에 대해 11년간 탐사 보도를 이어온 김성수 뉴스타파 기자가 제시한 그림으로, 총 20개의 퍼즐 조각으로 구성된 코끼리 형상 가운데 3개의 퍼즐이 누락된 그림이다.

그림 9 코끼리 퍼즐 그림

출처: 필자 AI로 제작

김 기자는 이 퍼즐을 통해 집합적 진실 탐구의 과정을 설명하였다. 그는 "20개 조각 짜리 코끼리 퍼즐이 있다. 처음에는 누구도 그것이 코끼리인지 알 수 없다. 그러나 조각들을 하나씩 맞춰가며 점차 윤곽이 드러난다. 그런데 17조각까지 맞춘 뒤, 나머지 3조각이 사라진 것을 알게 된다. 누군가는 남은 조각들이 공룡이나 사자일 것이라 주장할 수도 있다. 그러나 각자의 생각을 토대로 합리적이고 이성적인 토론을 이어간다면, 결국 그것이 코끼리라는 결론에 도달할 수 있다."라고 설명했다.

김성수 기자가 기사에서 음모론에 대한 진위를 가장 명확히 확인하는 방법은 타임머신을 타고 사건 당시 시점으로 돌아가는 것이라 했다. 그러나 타임머신은 세상에 없다. 사건을 100% 복원하고 재현하는 것은 불가능하다. 부정선거 의혹이 음모론이라는 가짜 주장인지 아니면 실행된 음모인지를 확인하기 위해 2020년 4월로 돌아갈 수 없다. 천안함의 침몰 원인을 명확히 하기 위해 2010년 연평도로 돌아갈 수 없다. 김 기자는 기록과 자료, 증언을 최대한 수집하고, 이들의 관계성과 맥락을 맞추는 것을 유일한 방법으로 제시한다. 그러다가 더는 수집해서 맞출 사실의 조각이 없는 시점에 도달하게 되는데, 이때 필요한 것이 '합의'의 과정이라는 것이다.

이 비유는 진실이 모든 정보를 전제하지 않더라도, 서로 다른 해석과 관점들 사이에서 공통된 증거에 기반하여 이성적 대화를 통해 합의가 가능함을 시사한다. 특히 민감한 사건이나 음모론이 제기되는 정치적 사안의 경우, 진실에 대한 접근은 종종 불완전한 정보 속에서 이루어진다. 이때 중요한 것은 누락된 몇 조각에 집착하여 전체 그림을 왜곡하는 것이 아니라, 확보된 다수의 퍼즐 조각을 바탕으로 가능한 한 합리적인 결론을 도출해내는 것이다.

똑똑한 사람이 더 조심하기

연세대학교 디지털사회과학센터가 2024년에 발표한 「누가 가짜뉴스에 속는가?」 및 「음모론 신뢰의 요인」 연구에 따르면, 정파성이 강한 사람일수록 인지 능력이 높은 경우, 오히려 정파적 오류에 더 쉽게 빠질 수 있다는 결과가 확인되었다. 인지적 성찰 점수(Cognitive Reflection Test, CRT)가 높은 개인들이 오히려 자신이 지지하는 정당에 유리한 가짜뉴스를 사실로 신뢰하는 경향이 더 뚜렷하게 나타났다. 이는 지적 능력이 높은 개인일수록 자신의 정파적 입장을 더욱 정교하게 정당화하는 데 그 능력을 사용하는 경향이 있음을 시사한다. 다시 말해, 지성이 높은 사람이 정파적 감정에 휘말릴 경우, 그만큼 더 강하게 정파적 가짜뉴스와 음모론을 신뢰하고 확신할 수 있다는 것이다.

이러한 연구 결과는 현대 민주주의 정치가 당면한 중요한 과제를 드러낸다. 민주사회에서는 다양한 이견과 의혹이 존재하는 것이 자연스럽고 바람직하다. 그러나 이러한 이견과 의혹이 이성적이고 숙의적인 공론장이 아닌, 정서적으로 과잉 동원된 정파적 갈등의 장에서 다루어질 경우, 토론은 이성보다는 감성, 특히 미움과 증오에 의해 지배될 수 있다는 점이다. 문제는 이러한 감정이 단순한 개인의 심리 차원을 넘어서, 정치적 권력 추구나 상업적 이익과 결합되면서 정치적으로 정당화된다는 점이다.

인간은 본능적으로 이익과 권력을 추구하는 경향이 있으며, 더 영리한 사람일수록 그 목적을 효과적으로 실현할 수 있는 전략을 구사할 수 있다. 이로 인해 고지능 개인들이 정파적 음모론 정치에 깊이 빠질 가능성이 크다. 민주적 공론장이 제대로 작동하기 위해서는 구성원들의 지적 역량뿐만 아니라, 구성원들의 감정 통제의 역량이 필요하다.

정부의 중립적이고 공정한 조사

누가 음모론 정치를 해소하고 구성원들의 합의를 도출할 것인가? 그 핵심 주체는 정부여야 한다. 현대 민주주의에서 정부는 시민들의 주권을 위임받은 대리 통치 기구다. 시민 개개인이 주권자이지만, 이들이 직접 통치하기는 어렵기 때문에 대표를 뽑고 정부를 구성하여 공공의 문제를 다룬다. 정부는 구성원 모두의 권익을 실현하고 공동체의 질서를 유지하기 위해 존재하며, 그 운영의 기초는 헌법과 법률이다.

시민들은 다양한 의견을 제시할 수 있으며, 자신의 신념과 정파적 감정에 따라 정치적 선택을 할 수 있다. 그러나 이러한 선택이 강한 대립과 분열로 이어져 공동체에 혼란을 초래해서는 안 된다. 민주주의의 안정성을 위해서는 시민의 자유로운 표현과 선택뿐만 아니라, 그 선택들이 통합을 향한 규칙 안에서 작동해야 한다. 이 점에서 민주주의 정치는 축구 경기와 유사하다. 선수들이 규칙을 무시하고, 심판이 규칙을 편파적으로 적용하면 경기는 무너지게 된다. 마찬가지로, 정치인과 시민들이 규칙을 무시하고, 정부가 헌법과 법률을 편파적으로 적용하면 민주주의 역시 붕괴될 것이다.

음모 의혹에 대한 대응도 마찬가지다. 정부가 정파적 시각에서 음모 의혹을 다루면, 의혹은 해소되지 않고 오히려 확대 재생산된다. 정부가 의혹을 검증 없이 '사실'로 확신하거나, 반대로 '거짓'으로 일축한다면, 이는 음모론 정치를 더욱 활성화시킬 뿐이다.

반대로, 정부가 중립성과 공정성을 지키며 음모 의혹에 대응한다면, 상황은 달라진다. 의혹을 공정하게 검증하고, 제기된 의혹과 비판에 대해 열린 공론장을 형성하며, 국민에게 충분한 정보를 투명하게 제공하려는 노력을 기울인다면, 비록 시간이 걸릴지라도 정치적 합의에 도달할 수 있다. 이런 점에서 정부는 단기적이고 정파적인 이익보다 장기적 신뢰 회복을 목표로 해야 하며, 필요하다면 의혹 해소를 위한 조사위원회의 활동을 연장·보완할 수도 있어야 한다. 음모론 정치의 해소와 공동체의 통합은, 정부가 스스로의 책무를 어떻게 수행하느냐에 달려 있다.

그림 10 여섯 가지 음모 의혹에 대한 평가

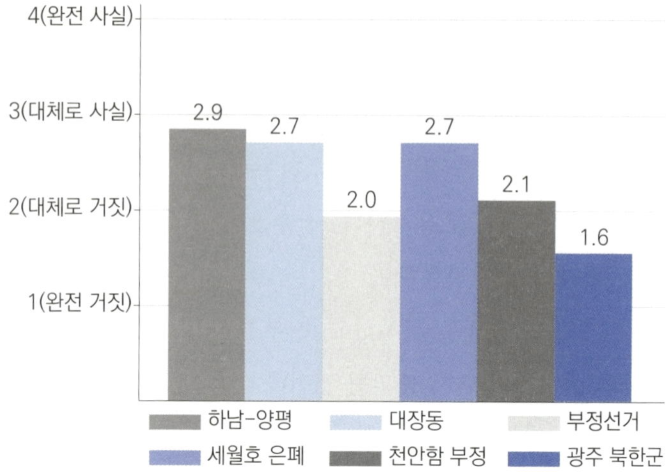

출처: 필자 작성

위 그림은 여섯 가지 주요 정치적 음모 의혹에 대해 시민들이 이를 얼마나 사실로 인식하는지를 보여주는 조사 결과이다. 이 중 세 가지 의혹은 '사실'에 근접한 평균 점수를 나타내고 있다. 이는 해당 의혹들이 아직 명확한 검증 없이 대중 다수에게 사실로 받아들여지고 있다는 점에서, '음모론'의 단계에 진입했음을 시사한다.

구체적으로, 첫 번째는 윤석열 대통령의 처가가 하남-양평 고속도로 노선 변경에 영향력을 행사했다는 의혹이며, 두 번째는 이재명 더불어민주당 대표가 대장동 개발 특혜 의혹에 연루되었다는 주장이다. 세 번째는 2014년 발생한 세월호 참사 당시 박근혜 대통령이 참사의 원인을 은폐했다는 음모론이다. 이 세 가지 중 앞의 두 사건은 2025년 5월 현재 검찰 수사 및 재판이 진행 중이며, 사법적 절차를 통해 진위가 규명되고 있는 중이다. 세월호 참사의 경우, 정부는 아직까지 외력설과 내인설 사이에서 명확한 원인을 제시하지 못하고 있으며,

이로 인해 음모론적 해석이 지속되고 있다.

정부의 공식 조사 결과가 결정적 역할을 한다. 정부가 과학적이고 투명한 절차를 통해 조사 결과를 제시하게 되면, 해당 의혹은 사실로 입증되거나 허위 음모론으로 판명되어 정치적 혼란을 줄일 수 있다. 공식적 검증이 완료되지 않은 사안에 대해서는 정부와 사법당국은 신속하고 공정하게 음모 의혹을 검증해야 한다.

나머지 세 가지 의혹은 대체로 '거짓' 내지 '완전한 거짓'이라는 평가를 받고 있다. 2020년 국회의원 총선이 부정선거였다는 주장은 평균 2.0점, 2010년 발생한 천안함 폭침의 북한 어뢰설을 부정하는 의혹은 2.1점이며, 1980년 광주 민주화운동에 북한군이 개입했다는 주장은 1.6점으로 가장 낮은 신뢰를 기록했다. 이 세 가지 의혹의 공통점은 모두 정부가 공식적인 조사 결과를 제시했다는 점이다. 예컨대, 부정선거 의혹에 대해 중앙선거관리위원회는 반복적인 검증 절차를 통해 의혹을 부인하였고, 천안함 사건은 군 당국과 민간 전문가의 합동조사단에 의해 북한 어뢰 공격으로 결론지어졌다. 광주 민주화운동 역시 정부 차원의 진상규명조사와 여러 공식 보고서를 통해 북한 개입설이 사실무근임이 반복 확인되었다.

이러한 사례는 정부의 공식적 조사가 얼마나 중요한지 보여준다. 조사 결과는 단순히 음모론을 반박하는 것이 아니라, 공론장에서 허위 정보가 재생산되는 것을 방지하고, 시민들이 사실에 기반한 정치 판단을 할 수 있도록 하는 기준이 된다. 정부의 투명하고 일관된 대응은 곧 민주적 정치 질서의 안정성과 직결된다. 따라서, 음모론 정치의 확산을 방지하고 공론장의 신뢰를 회복하기 위해서는 정부와 사법기관의 공식적인 검증 체계가 더욱 정교하게 작동해야 하며, 그 결과는 국민과 지속적으로 공유되어야 한다.

6. 음모론은 민주 정치를 가늠하는 리트머스 종이

리트머스 종이는 어떤 물질이 산성인지 알칼리성인지 간단히 판별할 수 있는 시험지이다. 이 종이가 붉게 변하면 해당 물질은 산성이고, 푸르게 변하면 알칼리성임을 나타낸다. 마찬가지로, 음모론은 한 나라의 민주 정치 수준을 가늠하는 리트머스 종이라 할 수 있다. 특정 사회에서 음모론이 자주 등장하고 정치의 중심에 자리할수록, 그 정치는 정파 간의 미움과 불신에 기반한 '미움의 정치'일 뿐 아니라, 사실과 거짓의 경계조차 흐려지는 '탈진실 정치'의 상태에 놓여 있음을 보여준다.

음모 의혹은 자유민주주의 정치과정에서는 언제나 누구에 의해서 제기될 수 있다. 문제는 음모 의혹에 대처하는 우리 모두의 정치적 역량 부족이다. 대한민국 정치가 여러 가지 음모론 논쟁에 휩싸여 있는 현실은 대한민국 정치 지도자와 시민들의 민주주의 정치 역량이 부족하다는 것을 나타낸다고 감히 주장한다. 정치 지도자들과 시민들이 상대를 미워하고, 그래서 자신의 미움을 정당화하기 위해 사실과 거짓의 경계를 모호하게 하는 일에 자신들의 지성을 투자하고 있다고 생각한다.

우리는 각자 자신과 자신이 속한 집단의 민주주의 정치 수준을 깊이 성찰해야 한다. 첫째, 나는 그리고 우리는 미움의 정치에 빠져 있는가, 아니면 정파적 미움을 통제하며 상대를 대하고 있는가? 둘째, 우리는 집단적 외눈박이 속성에 갇혀 있는가? 아니면 상대방이 제기한 다양한 의혹에 대한 검증과 대화에 열려 있는가?

나는 우리나라 정치인들과 여론 주도층이 그리고 시민들이 정파적 미움을 통제하고 공론장에서 음모 의혹을 검증하길 바란다. 그러면 대한민국 정치에서 음모론은 힘을 잃을 것이다. 음모론은 정치공동체 구성원들의 정파적 감정과 논리적 이성, 그리고 공동체의 민주주의 수준을 가늠하는 리트머스 시험지라 생각한다.

제5장

정치와 AI 기술: 분열을 조장하는 무형의 힘/한은수

제5장 정치와 AI 기술: 분열을 조장하는 무형의 힘/한은수

1. 보이지 않는 손, AI는 어떻게 분열의 도구가 되고 있는가?

2024년 어느 날, 중학생 민준이는 스마트폰으로 재미있는 영상을 보다가 깜짝 놀랐다. 자신이 좋아하는 A 후보가 평소와 달리 이상한 표정으로 B 후보를 마구 비난하는 영상이었다. “A 후보가 저런 말을 할 리 없는데?” 댓글 창은 순식간에 싸움터로 변했다. “역시 A 후보 실망이다”, “이거 가짜 영상 아니야?” 서로 다른 의견이 부딪치며 험한 말이 오갔다. 잠시 후, 그 영상은 ‘딥페이크’ 기술로 만든 가짜 영상이라는 사실이 밝혀졌다. 하지만 이미 많은 사람이 영상을 봤고, 민준이처럼 혼란스러워하거나 A 후보에게 실망한 친구들도 생겨났다.

비슷한 시기, 회사원 지영 씨는 퇴근길 지하철에서 소셜 미디어를 확인하다가 눈살을 찌푸렸다. 평소 관심 있게 보던 C 정당 관련 소식 대신, C 정당을 비판하는 자극적인 내용의 광고만 계속 나타났기 때문이다. “내가 이런 걸 좋아한다고 생각하나?” 지영 씨는 불쾌했지만, 왜 이런 광고가 자신에게만 보이는지 알 수 없었다. 자신도 모르는 사이, 누군가 지영 씨의 온라인 활동 기록을 분석해 'C 정당에 비판적인 정보를 보여주면 효과적일 것'이라고 판단했을 가능성이 높다.

이처럼 인공지능(AI, Artificial Intelligence) 기술은 이제 우리 눈에 잘 보이지 않는 곳에서 정치와 선거에 깊숙이 들어와 있다. 과거에는 상상하기 어려웠던 방식으로 정보를 만들고 퍼뜨리며, 우리의 생각과 감정에 영향을 미친다. 편리하고 똑똑해 보이는 AI가 때로는 우리 사회를 더 갈등하게 만들고, 서로를 믿지 못하게 만들고 있다. 이 장에서는 AI 기술이 한국사회의 정치적 불신과 감정의 분열을 어떻게 심화시키고 있는지 살펴보고, 이에 어떻게 대응할 수 있을지를 쉽게 풀어본다.

2. 선거 캠페인의 변화 - AI 선거의 시작

한국사회에서 선거 운동 방식의 급격한 기술 변화는 우리를 단순한 정책 대결을 넘어, 이미지와 감정, 그리고 이제는 보이지 않는 알고리즘에 의해 정보의 홍수 속에서 길을 잃게 만들고, 과거와 다른 방식으로 더욱 교묘하게 분열시키고 있다.

정치인들이 사람들에게 자신을 알리고 한 표라도 더 얻기 위해 벌이는 모든 활동을 '선거 캠페인'이라고 부른다. 이 캠페인의 모습은 마치 우리가 연락하는 방식이 손 편지에서 전화로, 삐삐에서 휴대전화로, 그리고 스마트폰 메신저로 바뀐 것처럼, 기술의 발전에 따라 끊임없이 변화해 왔다. 그 변화는 단순한 편리함에 그치지 않았다. 우리는 정치 정보를 받아들이는 방식, 후보자를 평가하는 기준, 그리고 타인과 관계를 맺는 방식까지 바뀌고 있다. 이 과정에서 새로운 갈등도 함께 자라나고 있다. 시대별로 선거 운동이 어떻게 달라졌고, 그 변화가 우리 사회의 분열과 어떤 관련이 있는지 자세히 살펴보자.

1980년대: 발로 뛰고 목청 높이는 '원초적' 선거

지금처럼 인터넷도, 스마트폰도 없던 시절, 선거 운동의 기본은 그야말로 '발로 뛰는 것'이었다. 후보자들은 이른 아침부터 늦은 밤까지 사람들이 많이 모이는 시장, 버스 터미널, 공원 등을 직접 찾아다니며 유권자 한 명 한 명의 손을 잡고 허리를 굽혀 인사하는 것이 가장 중요한 일이었다. 후보자의 이름과 기호가 크게 적힌 어깨띠를 두르고, 명함을 수북이 들고 다니는 후보자와 운동원들의 모습은 당시 선거철의 상징과도 같았다. 동네 골목골목에는 후보자의 얼굴 사진과 이름, 그리고 간단한 약력이 담긴 큼지막한 벽보가 여기저기 나붙었다. 벽보 디자인은 지금처럼 세련되지는 않았지만, 유권자들에게 후보자의 얼굴을 익히는 중요한 수단이었다. 하지만 비바람에 찢어지거나 경쟁 후보의 벽보 위에 덧붙여지는 일도 흔했다. 또한, 후보자의 이름을 연호하는 확성기 소리가 동네를 시끄럽게 울리는 것도 일상적인 풍경이었다. 때로는 너무 큰 소음 때문에 주민들의 불만이 터져 나오기도 했지만, 후보자의 이름과 기호를 한 번이라도 더 각인시키기 위한 절박한 노력이었다.

그러나 정보의 전달 속도는 매우 느렸고, 한 후보가 자신의 메시지를 전국적으로 동시에 퍼뜨리는 것은 거의 불가능했다. 이때의 갈등은 주로 눈에 보이는 것들을 중심으로 나타났다. '우리 지역 출신 후보인가?', '우리 동네에 다리를 놓아준다는데?', '저 후보는 너무 권위적인 것 같아'와 같이 지역 연고나 개인적인 인상 혹은 아주 큰 정책 방향(예: 경제 개발 방식)에 대한 생각 차이가 주된 분열의 지점이었다. 정보 전달 방식이 비교적 단순하고 직접적이었기 때문에, 지금처럼 복잡하고 정교하게 조작된 가짜 정보가 대규모로 퍼져나가기는 어려웠다. 하지만 정보가 부족하고 확인하기 어려웠기에, 특정 후보에 대한 근거 없는 비방이나 헛소문이 지역 사회 내에서 알음알음 퍼져나가 영향을 미치기도 했다. 분열의 양상이 지금보다는 단순했지만, 정보의 폐쇄성으로 인한 오해와 불신은 그럼에도 존재했다.

1990년대: TV 토론, 안방에서 펼쳐지는 정치 드라마

1990년대에 들어서면서 텔레비전이 거의 모든 가정에 보급되자, 선거 운동의 무대는 거리에서 안방극장으로 옮겨왔다. 가장 큰 변화는 바로 '후보자 TV 토론'의 등장이었다. 이전까지는 신문 지면이나 짧은 방송 뉴스를 통해 간접적으로 접했던 후보자들의 생각과 정책을, 이제는 TV 화면을 통해 직접 보고 들으며 비교할 수 있게 된 것이다. 후보자들은 정해진 시간 안에 자신의 정책을 설명하고, 상대 후보의 약점을 파고들며 치열한 말싸움을 벌였다. 유권자들은 마치 스포츠 경기를 보듯 TV 앞에 모여 앉아 후보자들의 말솜씨, 표정 변화, 제스처 하나하나에 집중했다. 토론에서 말을 잘하고 자신감 있는 모습을 보인 후보는 단숨에 인기를 얻기도 했고, 반대로 답변을 얼버무리거나 상대방의 공격에 당황하는 모습을 보인 후보는 지지율이 떨어지기도 했다. 이때부터 후보자의 '이미지'가 당락을 좌우하는 매우 중요한 요소로 떠올랐다. 정책 내용 못지않게 TV 화면에 비치는 모습, 즉 '미디어 친화력'이 중요해진 것이다. "TV에서 보니 사람이 참 똑똑해 보이더라", "말하는 게 영 시원찮던데"와 같은 평가가 유권자들 사이에서 오갔다.

신문과 방송 뉴스 역시 여전히 중요한 정보원이었다. 언론사들은 TV 토론 내용을 분석하고, 후보자들의 발언을 검증하며 여론 형성에 큰 영향을 미쳤다. 하지만 이때부터 '미디어 편향성' 논란이 본격적으로 제기되기 시작했다. 특정 언론사가 특정 후보에게 유리한 내용만 부각하거나, 토론 장면을 악의적으로 편집하여 불리한 이미지를 만들 수 있다는 우려가 커졌다. 예를 들어, 후보자의 사소한 말실수를 반복적으로 보여주거나, 답변의 일부만 잘라내어 원래 의도와 다르게 전달하는 식이다. 이 시대의 갈등은 여전히 큰 정책 방향(경제, 복지, 안보 등)이나 정치 이념(보수 vs 진보)을 중심으로 나타났지만, TV라는 매체의 특성상 갈등이 더욱 '시각화'되고 '극화'되는 경향을 보였다. 후보자 간의 날카로운 설전은 때로는 정책 토론을 넘어 감정싸움으로 비춰졌고, 이를 지켜보는 유권자들 역시 자신이 지지하는 후보에게 감정적으로 이입하며 상대 후보에 대한 반감을 키우기 쉬웠다. 미디어가 만들어내는 '좋은 후보'와 '나쁜 후보'의 이미지가 사람들의 인식에 영향을 미치면서, 정책적 차이뿐 아니라 감정적인 골도 조금씩 깊어지기 시작했다. 유권자들은 정보를 좀 더 쉽게 얻게 되었지만, 동시에 미디어가 편집하고 해석한 '만들어진 현실'을 통해 정치를 접하게 된 것이다.

2000년대: 인터넷의 등장, 쌍방향 소통과 온라인 여론 전쟁

2000년대 초반, 초고속 인터넷이 전국적으로 보급되면서 선거 운동은 또 한 번의 혁명적인 변화를 맞이했다. 이전까지 후보자가 일방적으로 메시지를 전달하고 유권자는 수동적으로 받아들이는 방식이었다면, 인터넷은 '쌍방향 소통'의 시대를 열었다.

후보자들은 개인 홈페이지나 팬클럽 사이트를 개설하여 자신의 정책 공약뿐 아니라 활동 모습이 담긴 사진과 영상도 적극적으로 알렸다. 유권자들은 더 이상 정해진 시간에 TV 앞에 앉아 기다릴 필요 없이, 언제든 원하는 정보를 찾아볼 수 있게 되었다. 더 나아가, 인터넷 게시판이나 토론방에서는 후보자에 대한 다양한 의견과 평가가 실시간으로 오갔다. 유권자들은 단순히 정보를 소비하는 것을 넘어, 직접 글을 쓰고 댓글을 달며 자신의 정치적 의견을 적극적으로 표현하기 시작했다. 특히 젊은 세대를 중심으로 인터넷 여론이 형성되기 시작했고, 정치인들은 더 이상 이들의 목소리를 무시할 수 없게 되었다. 2002년 대통령 선거는 인터넷이 선거에 얼마나 큰 영향을 미칠 수 있는지를 보여준 대표적인 사례로 꼽힌다.

하지만 인터넷의 익명성과 빠른 전파력은 새로운 형태의 갈등을 만들어냈다. 이때부터 '댓글 부대'라는 말이 등장하기 시작했다. 특정 후보를 맹목적으로 지지하거나, 반대로 경쟁 후보를 깎아내리기 위해 조직적으로 동원된 사람들이 인터넷 게시판을 점령하고 악성 댓글을 쏟아내는 행태가 나타난 것이다. 확인되지 않은 소문이나 상대 후보에 대한 인신공격성 비방 글이 순식간에 퍼져나가 여론을 왜곡하고, 건전한 토론 문화를 해쳤다.

또한, 사람들은 인터넷이라는 광활한 정보의 바다에서 자신이 보고 싶은 정보만 골라보는 경향, 즉 '선택적 정보 편식'을 하기 시작했다. 정치에 관심 있는 사람들은 자신의 정치 성향과 맞는 뉴스 사이트만 방문하고, 비슷한 생각을 가진 사람들끼리 온라인 커뮤니티(예: 특정 후보 지지 모임, 특정 이념 커뮤니티)에 모여 그들만의 이야기를 나누었다. 이는 자연스럽게 '우리 편'과 '상대 편'을 가르는 집단적인 정서로 이어졌고, 서로 다른 커뮤니티에 속한 사람들은 같은 사안을 두고도 전혀 다른 정보를 접하고 다른 해석을 내리게 되었다. 정보 접근성은 높아졌지만, 역설적으로 사람들은 점점 더 자신의 생각과 비슷한 정보의 울타리 안에 갇히기 시작한 것이다. 인터넷은 소통의 장을 열었지만, 동시에 보이지 않는 벽을 쌓아 올리며 새로운 방식의 분열을 낳았다.

2010년대: 스마트폰 혁명 내 손안의 24시간 선거 운동과 가짜뉴스

2010년대는 스마트폰과 소셜 미디어(SNS)가 우리의 삶을 송두리째 바꿔놓은 시기다. 이제 선거 운동은 더 이상 특정 시간, 특정 장소에 얽매이지 않게 되었다. 후보자들은 페이스북, 트위터, 유튜브, 카카오톡 등 다양한 소셜 미디어 플랫폼을 통해 언제 어디서든 유권자들과 직접 소통할 수 있게 되었다. 아침 출근길 지하철에서 후보자의 짧은 영상 메시지를 보고, 점심시간에 후보자의 페이스북 글에 '좋아요'를 누르고 댓글을 달며, 저녁에는 친구들과 카카오톡으로 선거 관련 뉴스를 공유하는 것이 일상이 되었다.

후보자들은 딱딱한 정책 발표 대신, 자신의 일상을 보여주거나 짧고 재치 있는 문구, 감성적인 영상 등 소셜 미디어에 맞는 '가볍고 친근한' 콘텐츠를 통해 유권자들에게 다가갔다. 유권자들 역시 '좋아요', '공유', '리트윗' 버튼을 누르는 것만으로 자신의 정치적 지지를 쉽고 빠르게 표현하고 확산시킬 수 있게 되었다. 선거 운동은 그 어느 때보다 빠르고, 넓게, 그리고 개인적으로 이루어졌다.

하지만 이러한 소셜 미디어의 발달은 '가짜뉴스(Fake News)'라는 심각한 문제를 낳았다. 이전 시대의 헛소문이나 비방과는 차원이 달랐다. 진짜 뉴스 기사처럼 교묘하게 조작된 제목과 내용, 심지어 출처까지 위조한 가짜 정보가 소셜 미디어를 통해 엄청난 속도로 퍼져나갔다. 특히 사람들의 분노나 불안감을 자극하는 내용은 진실 여부와 상관없이 더 많은 '좋아요'와 '공유'를 받으며 확산되었다. 사람들은 자신이 받은 정보가 진짜인지 가짜인지 판단하기 어려워졌고, 가짜뉴스에 속아 잘못된 판단을 내리거나 특정 집단에 대한 혐오감을 키우기도 했다.

더 큰 문제는 소셜 미디어 기업들이 사용자의 활동 데이터를 분석하여 '맞춤형 광고'를 보여주는 기술을 정치 영역에도 적용하기 시작했다는 점이다. 페이스북이나 유튜브는 내가 어떤 글에 '좋아요'를 눌렀는지, 어떤 영상을 오래 봤는지, 어떤 검색어를 입력했는지 등을 분석하여 나의 정치적 성향을 파악한다. 그리고 이를 바탕으로 특정 정당이나 후보자가 나에게만 보이는 정치 광고를 내보낼 수 있게 되었다. 예를 들어, 환경 문제에 관심이 많은 나에게는 A 후보의 환경 공약 광고를, 부동산 문제에 불만이 많은 친구에게는 B 후보의 부동산 정책 비판 광고를 보여주는 식이다.

이것이 바로 '필터 버블(Filter Bubble)' 현상이다. AI 알고리즘이 만들어주는 나만의 정보 거품 속에 갇혀, 내가 동의하는 정보만 계속 접하게 되고 나와 다른 관점의 정보는 차단되는 것이다. 나와 내 친구가 같은 소셜 미디어를 사용하더라도 서로 전혀 다른 정치적 현실을 경험하게 될 수 있다. 이렇게 서로 다른 정보 환경 속에서 살아가다 보니, 서로를 이해하기는 더욱 어려워지고 '네 편'과 '내 편'의 경계는 더욱 뚜렷해졌다. 소셜 미디어는 우리를 연결하는 동시에, 보이지 않는 방식으로 우리를 갈라놓는 강력한 도구가 된 것이다.

2020년대: AI, 보이지 않는 손의 등장과 심화되는 불신

이제 우리는 인공지능(AI) 기술이 선거 캠페인에 본격적으로 활용되는 시대를 맞이하고 있다. AI는 이전의 기술들과는 차원이 다른 능력으로 선거판을 흔들고 있다. 단순히 정보를 전달하는 것을 넘어, 유권자의 생각과 감정을 예측하고, 맞춤형 메시지를 만들고, 심지어 여론을 조작하는 수준까지 발전하고 있다.

AI는 먼저, 방대한 양의 유권자 데이터를 이전과는 비교할 수 없을 정도로 정밀하게 분석한다. 나이, 성별, 지역 같은 기본 정보만이 아니라, 소셜 미디어 활동 기록, 온라인 쇼핑 내역, 뉴스 구독 패턴 등 온갖 종류의 데이터를 종합하여 유권자 개개인의 정치 성향, 관심사, 심리 상태까지 예측한다. 그리고 이 분석 결과를 바탕으로 '어떤 유권자에게, 어떤 메시지를, 어떤 방식으로 전달해야 가장 효과적일지' 초정밀 타깃팅 전략을 수립한다. 예를 들어, 투표 의향이 낮은 20대 유권자 그룹에게는 투표 독려 메시지를, 특정 정책에 대해 불안감을 느끼는 주부 그룹에게는 그 불안감을 해소(또는 증폭)시키는 메시지를, 지지 후보를 아직 결정하지 못한 중도층 유권자에게는 상대 후보의 약점을 부각하는 메시지를 각각 다른 채널(문자, 카톡, 유튜브 광고 등)을 통해 자동으로 보낼 수 있다. 선거 운동은 점점 더 개인화되고, 자동화되고, 그리고 우리 눈에는 잘 보이지 않는 방식으로 '설계'되고 있다.

더욱 우려스러운 점은 AI가 가짜 정보 생산 및 유포의 수준을 한 단계 끌어올렸다는 것이다. AI는 진짜 뉴스 기사와 구별하기 어려운 가짜 기사를 순식간에 대량으로 작성할 수 있으며, 사람의 목소리와 표정을 똑같이 흉내 내는 '딥페이크(Deepfake)' 영상을 만들어낼 수 있다. 선거 막판에 특정 후보에 대한 치명적인 내용의 딥페이크 영상이 유포된다면, 진실을 가릴 시간도 없이 선거 결과에 큰 영향을 미칠 수 있다. 또한, AI 챗봇(Chatbot)은 마치 실제 사람처럼 유권자들과 자연스럽게 대화를 나누며 특정 후보에게 유리한 정보를 주입하거나, 온라인 커뮤니티에서 정상적인 토론을 방해하고 여론을 특정 방향으로 몰아갈 수 있다. 수많은 AI 봇 계정이 동시에 특정 댓글에 '좋아요'를 누르거나 옹호하는 글을 퍼뜨리면, 마치 그것이 다수의 의견인 것처럼 보이게 만드는 여론 조작도 가능하다.

가장 큰 문제는 이러한 AI의 활동이 대부분 '보이지 않는 손'처럼 작동한다는 점이다. 내가 지금 보고 있는 정보가 왜 나에게 전달되었는지, 이 정보가 진짜인지 AI가 만든 가짜인지, 나와 대화하는 상대가 사람인지 AI 봇인지 구분하기가 점점 더 어려워지고 있다. 이러한 불확실성과 불투명성은 정치 시스템 전체에 대한 깊은 불신을 낳는다. "내가 보는 것을 믿을 수 없다", "정치인들은 뒤에서 AI를 이용해 우리를 조종하려 한다"는 생각이 퍼지면, 사람들은 정치에 더욱 냉소적으로 변하거나 혹은 더욱 극단적인 정보와 주장에 귀를 기울이게 될 수 있다.

결국, AI 시대의 선거 캠페인은 효율성과 정교함이라는 장점 이면에, 민주주의의 근간인 투명성과 신뢰를 심각하게 훼손할 위험을 안고 있다. AI라는 보이지 않는 손이 우리의 정보 환경을 재편하고 감정을 자극하며, 우리를 서로 다른 생각의 섬에 더욱 깊이 가두어 분열과 갈등을 심화시키고 있는 것이다. 기술의 발전이 가져온 변화의 속도를 우리 사회의 이해와 규제가 따라가지 못하면서, 그 격차 속에서 갈등은 더욱 증폭되고 있다.

용어 설명: 필터 버블 (Filter Bubble)

인터넷 검색 엔진(구글, 네이버 등)이나 소셜 미디어 플랫폼(페이스북, 유튜브, 인스타그램 등)이 사용자의 과거 활동 기록(예: 검색 기록, 클릭한 링크, '좋아요' 누른 게시물, 시청한 동영상)을 인공지능(AI) 알고리즘으로 분석해서, 사용자가 좋아할 만한 정보나 사용자의 기존 생각과 비슷한 내용의 콘텐츠만 골라서 우선적으로 보여주는 현상을 말한다. 마치 투명한 거품(Bubble) 안에 갇힌 것처럼, 자신도 모르는 사이에 자신의 생각과 다른 다양한 정보나 관점을 접할 기회가 점점 줄어드는 것을 의미한다.

예를 들어, 평소에 귀여운 고양이 영상을 자주 찾아보고 '좋아요'를 누른다면, AI 알고리즘은 "아, 이 사용자는 고양이를 좋아하는구나!"라고 판단하고, 앞으로 고양이 관련 영상이나 상품 광고를 더 많이 보여주게 된다.

정치 영역에서는 이 문제가 더 심각해질 수 있다. 만약 특정 정당(예: A 정당)을 지지하는 기사나 게시물만 계속 클릭하고 본다면, AI 알고리즘은 나에게 A 정당에 긍정적인 소식이나 경쟁 정당(예: B 정당)에 부정적인 소식만 집중적으로 보여줄 가능성이 높아지는 것이다. 반대로 B 정당을 지지하는 친구는 B 정당에 유리한 정보만 주로 본다고 가정해보자. 이렇게 되면 나와 친구는 같은 사회 현상을 두고도 전혀 다른 정보를 바탕으로 판단하게 되고, 서로의 생각을 이해하기 어려워져 대화가 단절되거나 갈등이 깊어질 수 있다. 필터 버블은 우리가 세상을 보는 창문을 점점 좁게 만들어, 생각이 한쪽으로 치우치게 만들고 사회적 고립과 분열을 심화시키는 원인이 될 수 있다.

3. AI의 선거 캠페인 활용 - 긍정적 활용 사례

한국사회에서 AI 기술은 정치 참여를 돕고, 소통을 원활하게 하며, 정책 결정을 더 합리적으로 만드는 데 기여하는 것처럼 보인다. 하지만 그 편리함과 효율성 이면에는 데이터 편향과 알고리즘 설계의 비의도적 선택이 존재하며, 이는 특정 집단을 소외시키거나 사회적 논의를 단순화시켜 새로운 분열을 낳을 수 있다.

인공지능(AI) 기술이 마치 영화 속 악당처럼 우리 사회를 무조건 망가뜨리는 것은 아니다. 칼이 요리사의 손에서는 훌륭한 도구가 되지만, 강도의 손에서는 무서운 흉기가 되는 것처럼, AI 기술 역시 어떻게 사용하느냐에 따라 선거와 정치를 더 건강하고 발전적으로 만드는 데 기여할 잠재력을 가지고 있다. 마치 똑똑하고 부지런한 개인 비서처럼, AI는 후보자와 유권자 모두에게 전에 없던 편리함과 도움을 줄 수 있다. 선거 캠페인에서 AI가 긍정적으로 활용될 수 있는 구체적인 모습들을 살펴보자.

유권자 개개인을 위한 '맞춤형 정보 배달부'

과거 선거 운동을 떠올려보자. 후보자들은 모든 유권자에게 거의 똑같은 내용의 홍보물을 우편으로 보내거나, 유세 차량에서 비슷한 연설을 반복하는 것이 일반적이었다. 하지만 사람들의 관심사는 저마다 다르다. 어린아이를 키우는 부모는 보육 및 교육 정책에 관심이 많고, 취업을 준비하는 청년은 일자리 문제에, 농사를 짓는 어르신은 농업 지원 정책에, 자영업자는 소상공인 지원 대책에 더 큰 관심을 가질 것이다. 기존 방식으로는 이렇게 다양한 유권자들의 개별적인 정보 요구를 충족시키기 어려웠다.

하지만 AI는 이 문제를 해결할 실마리를 제공한다. AI는 유권자들의 (동의하에 수집된) 연령, 거주 지역, 직업, 과거 투표 이력, 온라인 활동 패턴(예: 어떤 뉴스 기사를 읽었는지, 어떤 키워드를 검색했는지) 등 방대한 데이터를 분석하여 각 유권자가 어떤 정치적 성향을 가지고 있고, 어떤 정책 분야에 관심이 많을지 예측할 수 있다. 이를 바탕으로 AI는 각 유권자 그룹에게 가장 관련성 높은 정보를 선별하여 전달한다.

예를 들어, 특정 지역에 사는 30대 워킹맘 그룹에게는 새로 발표된 '출퇴근 시간 단축 관련 교통 정책'과 '국공립 어린이집 확충 공약' 정보를 카카오톡 메시지나 맞춤형 뉴스레터로 보내줄 수 있다. 반면, 은퇴를 앞둔 50대 직장인에게는 '국민연금 개혁 방안'이나 '노후 소득 보장 정책' 관련 정보를 유튜브 영상 광고 형태로 보여줄 수 있다. 또한, 환경 문제에 관심이 많은 대학생 그룹에게는 후보자의 '탄소 중립 실현 계획'에 대한 자세한 설명 자료 링크를 이메일로 제공할 수도 있다.

이렇게 유권자 개개인의 눈높이에 맞는 정보가 제공되면, 유권자는 쏟아지는 정보의 홍수 속에서 자신에게 정말 필요하고 궁금한 정보를 훨씬 쉽고 빠르게 얻을 수 있다. 이는 정치에 대한 관심을 높이고, 정책 내용을 더 깊이 이해하며 합리적인 판단을 내리는 데 도움을 줄 수 있다. 후보자 입장에서도 막연하게 불특정 다수에게 메시지를 뿌리는 것보다 훨씬 효율적으로 정책을 알리고 유권자의 마음을 얻을 수 있다. 불필요한 정보에 대한 피로감을 줄여주고, 정책 중심의 선거 문화를 만드는 데 긍정적인 역할을 할 수 있는 것이다.

데이터 기반의 '스마트한 정책 설계사'

좋은 정책은 사회 문제를 정확히 진단하는 것에서부터 시작한다. 하지만 우리 사회는 매우 복잡하고 다양한 문제들이 얽혀 있어, 특정 문제의 원인을 파악하고 효과적인 해결책을 찾는 것이 쉽지 않다. 과거에는 정책 결정이 일부 전문가의 경험이나 제한된 통계 자료 혹은 자신이 지지하는 정치인들의 판단 등에 의존하는 경우가 많았다.

AI는 이러한 정책 개발 및 분석 과정을 훨씬 더 과학적이고 효율적으로 만들 수 있다. AI는 인간이 처리하기 어려운 방대한 양의 사회 데이터를 실시간으로 분석하는 능력을 가지고 있다. 예를 들어, 통계청에서 발표하는 각종 사회 지표, 건강보험심사평가원의 질병 데이터, 언론사의 뉴스 기사, 소셜 미디어(SNS)나 온라인 커뮤니티의 여론 동향, 지방자치단체에 접수된 민원 데이터 등을 종합적으로 분석하여 우리 사회가 당면한 문제가 무엇인지, 어떤 지역이나 계층에서 특정 문제가 심각하게 나타나는지 등을 객관적으로 파악할 수 있다.

예를 들어, AI가 특정 신도시 지역의 소셜 미디어 게시글과 지역 맘카페의 글들을 분석하여 '대중교통 부족'과 '학교 배정 문제'에 대한 불만이 지속적으로 증가하고 있다는 패턴을 발견했다고 가정해보자. 후보자나 정당은 이 분석 결과를 바탕으로 해당 지역 주민들을 위한 구체적인 교통망 확충 공약이나 학교 신설 계획을 발 빠르게 마련할 수 있다. 또한, AI는 특정 정책(예: 청년 실업률을 낮추기 위한 새로운 지원금 정책)이 시행되었을 때 나타날 수 있는 경제적 효과, 사회적 파급력, 예상되는 문제점 등을 미리 시뮬레이션하여 예측하는 데 활용될 수도 있다. 이는 정책 결정의 성공 확률을 높이고 부작용을 최소화하는 데 도움을 줄 수 있다. 감이나 직관이 아닌, 데이터에 기반한 합리적인 정책 경쟁을 유도하여 정치의 질을 높이는 데 기여할 수 있는 것이다.

24시간 깨어있는 '친절한 소통 창구', AI 챗봇

선거 기간이 되면 후보자나 선거 캠프에는 수많은 유권자들의 문의 전화나 메시지가 쏟아진다. "후보님의 미세먼지 대책은 무엇인가요?", "우리 동네 공약은 어떤 게 있나요?", "후원금을 내고 싶은데 어떻게 해야 하나요?", "투표는 몇 시부터 할 수 있나요?" 등 질문의 종류도 매우 다양하다. 하지만 한정된 인력으로 이 모든 질문에 빠르고 정확하게 답변하는 것은 현실적으로 어렵다. 이로 인해 유권자들은 궁금증을 제때 해소하지 못해 답답함을 느끼거나, 심지어 정치에 대한 무관심으로 이어질 수도 있다.

AI 챗봇(Chatbot)은 이러한 소통의 어려움을 해결하는 데 효과적인 도구가 될 수 있다. 잘 만들어진 AI 챗봇은 후보자의 홈페이지, 카카오톡 채널, 페이스북 메신저 등 다양한 플랫폼에서 24시간 쉬지 않고 유권자들의 질문에 응답할 수 있다. 유권자는 새벽이든 주말이든 상관없이 언제든지 궁금한 점을 물어보고 즉각적인 답변을 얻을 수 있다. 예를 들어, "○○○후보자의 반려동물 정책 알려줘"라고 입력하면 관련 공약 내용을 요약해서 보여주고, "가장 가까운 사전투표소 위치 알려줘"라고 물으면 지도 링크와 함께 안내해주는 식이다.

챗봇은 단순하고 반복적인 질문(예: 후보자 약력, 선거 사무소 위치, 행사 일정 안내)에 자동으로 응답함으로써 선거 캠프 직원들이 좀 더 복잡하고 심층적인 문의나 정책 관련 토론에 집중할 수 있도록 돕는다. 또한, AI는 유권자들이 챗봇을 통해 남긴 질문이나 의견, 댓글 등을 분석하여 어떤 이슈에 관심이 많은지, 어떤 불만을 가지고 있는지 등을 파악하여 후보자에게 보고서 형태로 요약해줄 수도 있다. 이를 통해 후보자는 유권자들의 목소리를 더 생생하게 듣고 정책에 반영하거나 소통 방식을 개선하는 데 활용할 수 있다. AI 챗봇은 유권자와 후보자 사이의 거리를 좁히고, 더 원활하고 즉각적인 소통을 가능하게 만들어 정치 참여의 문턱을 낮추는 역할을 할 수 있다.

선거 운동의 군살을 빼주는 '효율적인 조력자'

성공적인 선거 캠페인을 위해서는 정책 개발이나 유권자 소통 외에도 처리해야 할 자질구레하고 반복적인 업무들이 매우 많다. 자원봉사자들의 활동 시간을 조율하고 역할을 분담하는 일, 수천, 수만 명에게 보내야 할 홍보 우편물의 주소 라벨을 출력하고 분류하는 작업, 지역별 유세 일정을 짜고 동선을 최적화하는 일, 선거 비용 지출 내역을 정리하고 회계 처리하는 일 등은 상당한 시간과 노력을 필요로 한다. 특히 자금이나 인력이 부족한 신인 후보나 소수 정당에게는 이러한 업무 부담이 더욱 크게 느껴질 수 있다.

AI는 이러한 선거 운동 과정의 비효율적인 부분들을 자동화하여 시간과 비용을 크게 절약해줄 수 있다. 예를 들어, AI 기반의 스케줄 관리 프로그램은 자원봉사자들의 참여 가능 시간과 희망 활동을 고려하여 최적의 활동 계획을 자동으로 짜줄 수 있다. AI는 유권자 데이터베이스를 분석하여 특정 지역이나 연령대에 맞는 홍보물을 자동으로 분류하고 발송 목록을 생성할 수 있으며, 과거 선거 데이터와 유동 인구 데이터를 분석하여 가장 효과적인 유세 장소와 시간대를 추천해줄 수도 있다. 또한, 온라인 광고 집행 시 어떤 플랫폼(예: 페이스북, 유튜브, 포털 사이트)에, 어떤 시간대에, 어떤 형태(이미지, 영상 등)로 광고를 노출하는 것이 가장 비용 대비 효과가 높은지 AI가 분석하고 자동으로 최적화해줄 수도 있다.

이렇게 AI를 통해 절약된 시간과 자원은 후보자가 정책을 더 깊이 연구하고, 유권자들과 직접 만나 진솔한 대화를 나누는 등 더 본질적이고 중요한 활동에 집중할 수 있게 해준다. 선거 운동의 효율성을 높이는 것은 단순히 비용 절감의 의미를 넘어, 후보자가 더 나은 정책과 비전을 제시하는 데 집중할 수 있는 환경을 만들어 결과적으로 유권자에게 더 좋은 정치 서비스를 제공하는 기반이 될 수 있다.

정치 참여의 문턱을 낮추는 조용한 조력자

민주주의 사회에서 선거는 모든 시민이 동등한 목소리를 내는 축제의 장이 되어야 하지만, 현실에서는 신체적인 불편함이나 언어, 정보 접근성의 차이로 인해 정치 과정에서 소외되는 사람들이 존재한다. 예를 들어, 시각장애를 가진 유권자는 글자로만 가득한 선거 공보물을 읽기 어렵고, 한국어가 서툰 다문화 가정 구성원은 후보자의 정책이나 선거 절차를 이해하는 데 어려움을 겪을 수 있다. 또한, 글을 읽고 이해하는 데 어려움이 있는 발달장애인이나 노인 유권자 역시 선거 정보를 충분히 얻지 못해 투표권을 행사하는 데 제약을 받을 수 있다.

AI 기술은 이러한 장벽을 허물고 더 많은 사람들이 정치에 참여할 수 있도록 돕는 강력한 도구가 될 수 있다. AI의 음성 인식 및 합성 기술(Text-to-Speech, TTS)은 시각장애인 유권자를 위해 선거 공보물이나 후보자 관련 뉴스 기사를 자연스러운 목소리로 읽어주는 서비스를 가능하게 한다. 화면의 글자를 크게 확대하거나 명암 대비를 조절하여 저시력 유권자의 정보 접근성을 높일 수도 있다. AI 기반의 자동 번역 기술은 다양한 언어로 선거 정보와 정책 자료를 실시간으로 번

역하여 제공함으로써 다문화 가정 유권자들의 이해를 돕고 참여를 촉진할 수 있다.

더 나아가, 복잡하고 어려운 정책 내용을 쉬운 단어와 짧은 문장으로 요약하거나, 그림이나 도표 등 시각 자료를 활용하여 설명해주는 AI 서비스는 발달장애인이나 노인, 어린이 등 정보 취약 계층의 정치 이해도를 높이는 데 기여할 수 있다. 청각 장애인을 위한 실시간 수어 통역이나 자막 생성 서비스에도 AI 기술이 활용될 수 있다. 이처럼 AI 기술을 잘 활용한다면, 신체적, 언어적, 인지적 장벽 때문에 정치에서 소외되었던 사람들에게 동등한 정보 접근 기회를 제공하고, 자신의 목소리를 낼 수 있도록 지원함으로써 우리 사회의 민주주의를 더욱 성숙시키는 데 중요한 역할을 할 수 있다.

지금까지 살펴본 AI의 긍정적인 활용 사례들은 분명 매력적이다. 하지만 이러한 장점들만 보고 AI를 무분별하게 받아들이는 것은 위험하다. 겉으로 보이는 효율성과 편리함의 이면에는 우리가 반드시 주의 깊게 살펴봐야 할 함정들이 숨어있다.

먼저, 맞춤형 정보의 역설이다.

유권자에게 필요한 정보만 쏙쏙 골라 전달하는 '맞춤형 정보 제공'은 언뜻 좋아 보이지만, 이것이 지나치면 오히려 유권자를 자신만의 '필터 버블' 안에 가두는 결과를 낳을 수 있다. AI가 계속해서 나의 기존 생각과 비슷한 정보, 내가 좋아할 만한 정보만 보여준다면, 나와 다른 관점이나 비판적인 시각을 접할 기회가 점점 줄어들게 된다. 이는 생각의 폭을 좁히고 편견을 강화하며, 다른 생각을 가진 사람들과의 소통을 단절시켜 결국 사회 전체의 양극화를 심화시키는 원인이 될 수 있다.

둘째, 데이터 편향의 위험이다. AI의 분석과 예측은 학습한 데이터를 기반으로 이루어진다. 만약 AI가 학습한 데이터 자체가 특정 지역, 성별, 연령, 소득 수준 등에 편중되어 있거나, 사회에 이미 존재하는 차별적인 편견을 담고 있다면, AI의 분석 결과 역시 편향될 수밖에 없다. 예를 들어, 과거 선거 데이터에서 특정 소수 집단의 투표율이 낮게 나타났다면, AI는 이들을 '영향력 없는 유권자'로 분류하여 정책 개발이나 캠페인에서 소외시킬 수 있다. 이는 기존의 사회적 불평등을 더욱 고착화하고, 소외된 집단의 목소리를 더욱 작게 만드는 결과를 초래할 수 있다.

셋째, 챗봇 답변의 함정이다. 24시간 친절하게 답변하는 AI 챗봇 역시 완벽하지 않다. 챗봇이 제공하는 정보가 후보자에게 유리한 내용으로만 편향되어 있거나, 복잡하고 미묘한 정책 사안을 지나치게 단순화하여 전달할 위험이 있다. 또한, 챗봇과의 대화가 실제 사람과의 깊이 있는 소통을 대체하게 되면서, 정책에 대한 진지한 토론이나 비판적인 질문의 기회가 줄어들 수도 있다.

넷째, 효율성의 함정이다. 선거 운동의 효율성을 높이는 AI 자동화 도구들은 자칫 선거를 너무 기술 중심적이고 차갑게 만들 수 있다. 후보자가 유권자와 직접 만나 눈을 맞추고 소통하는 시간보다, 데이터 분석과 알고리즘 최적화에 더 집중하게 될 수도 있다. 이는 정치 과정에서 인간적인 유대감과 공감 능력을 약화시키는 결과를 낳을 수도 있다.

결론적으로, AI 기술은 선거 캠페인에 혁신적인 변화를 가져올 잠재력이 있지만, 그 자체로 선(善)은 아니다. 기술의 긍정적인 측면을 극대화하면서도, 그것이 가져올 수 있는 부정적인 영향, 특히 사회적 분열과 갈등을 심화시킬 수 있는 위험성을 항상 경계하고 대비해야 한다. 겉보기에 좋아 보이는 효율성과 편리함이 오히려 정보의 불균형을 심화시키거나, 사회적 논의를 피상적으로 만들거나, 특정 집단을 보이지 않게 배제하는 방식으로 작동할 수 있다는 점을 결코 잊어서는 안 된다.

용어 설명: AI 챗봇 (Chatbot)

'챗(Chat)'은 영어로 '이야기하다, 수다 떨다'라는 뜻이고, '봇(Bot)'은 '로봇(Robot)'의 줄임말이다. 그래서 챗봇은 '이야기하는 로봇', 즉 사람과 문자나 음성을 이용해서 대화할 수 있도록 만들어진 인공지능(AI) 프로그램을 말한다.

우리가 스마트폰의 AI 비서(예: 시리(Siri), 빅스비(Bixby))에게 "오늘 날씨 어때?"라고 묻거나 "신나는 음악 틀어줘"라고 말하면 대답해주는 것, 혹은 어떤 회사 웹사이트에 들어갔을 때 화면 한쪽 구석에 나타나 "무엇을 도와드릴까요?"라며 궁금한 점을 물어보면 자동으로 답변해주는 상담원 등이 모두 챗봇의 예시라고 할 수 있다.

챗봇은 미리 입력된 규칙이나 시나리오에 따라 정해진 답만 하는 경우도 있고, 더 발전한 형태는 사람의 말을 이해하고 스스로 학습하면서 점점 더 자연스럽게 대화할 수 있다.

선거 캠페인에서는 주로 유권자들의 반복적인 질문(예: 후보자 정보, 공약 내용, 투표소 위치 안내 등)에 24시간 자동으로 답변해주거나, 후보자 관련 정보를 알려주고 후원 안내를 하는 등의 역할을 수행하며 유권자와의 소통 창구로 활용되고 있다.

4. AI의 선거 캠페인 활용 - 부정적 활용 사례

한국사회에서 AI를 악용한 교묘하고 조직적인 허위 정보 유포와 여론 조작은 우리를 진실과 거짓의 경계가 흐릿한 정보 환경에 가두고, 특정 집단에 대한 편견과 혐오, 정치 시스템 전반에 대한 불신을 극단적으로 증폭시켜 회복하기 어려운 사회적 대립과 분열로 몰아가고 있다.

AI 기술의 눈부신 발전은 우리에게 많은 편리함을 주었지만, 동시에 어두운 그림자도 함께 드리우고 있다. 특히 수많은 사람들의 마음을 얻고 여론을 움직이는 것이 중요한 정치와 선거 영역에서, AI는 이전에는 상상하기 어려웠던 방식으로 민주주의의 근간을 흔드는 매우 위험한 무기로 악용될 수 있다. 마치 공상 과학 영화에서나 보던 일들이 현실이 되어, 보이지 않는 곳에서 우리의 생각과 감정을 조종하고 사회를 분열시키는 데 사용되고 있는 것이다. AI가 선거 캠페인에서 어떻게 부정적으로 활용될 수 있는지, 그 구체적인 사례와 위험성을 깊이 파헤쳐 보자.

진짜보다 더 진짜 같은 '가짜뉴스 공장', AI가 24시간 가동 중

과거에도 선거철이면 특정 후보를 깎아내리는 흑색선전이나 근거 없는 소문이 기승을 부렸다. 하지만 사람이 직접 소문을 만들고 퍼뜨려야 했기에 그 양과 속도에는 한계가 있었다. 이제는 상황이 완전히 달라졌다. 생성형 AI(Generative AI) 기술, 특히 GPT와 같은 거대 언어 모델(LLM)은 놀라울 정도로 자연스러운 문장 생성 능력을 갖추게 되었다. 이를 악용하면, 마치 실제 언론사 기자가 작성한 것처럼 보이는 가짜뉴스 기사, 전문가가 쓴 듯한 분석 보고서, 일반 시민이 작성한 것처럼 꾸민 블로그 글이나 소셜 미디어 게시물을 순식간에, 그것도 엄청난 양으로 만들어낼 수 있다.

예를 들어, AI는 특정 후보의 과거 발언 중 일부를 교묘하게 왜곡하거나, 있지도 않은 비리 의혹을 마치 사실인 것처럼 상세하게 묘사하는 기사를 수십, 수백 개씩 자동으로 생성할 수 있다. 이때 각 기사의 제목과 문체, 사용된 단어 등을 조금씩 다르게 변형하여 마치 여러 출처에서 나온 정보처럼 보이게 만들 수도 있다. 또한, AI는 특정 연령대나 지역, 관심사를 가진 유권자들이 어떤 종류의 정보에 더 민감하게 반응하고 쉽게 믿는지 학습하여, 그들의 심리를 파고드는 '맞춤형 가짜뉴스'를 생산하는 데 활용될 수도 있다. 예를 들어, 경제적 어려움을 겪는 청년층에게는 특정 후보의 정책 때문에 일자리가 사라질 것이라는 불안감을 자극하는 가짜뉴스를, 특정 지역 주민들에게는 상대 후보가 해당 지역을 비하했다는 식의 조작된 발언을 퍼뜨리는 식이다.

이렇게 AI가 대량 생산한 가짜 정보들이 진짜 정보와 뒤섞여 인터넷과 소셜 미디어를 통해 빠르게 퍼져나가면, 일반 시민들은 무엇이 진실이고 무엇이 거짓인지 구분하기 매우 어려워진다. 정보의 홍수 속에서 사람들은 혼란을 느끼고, 잘못된 정보에 기반하여 후보자를 판단하거나 정치적 결정을 내릴 위험이 커진다. 이는 단순히 개인의 오판을 넘어, 선거 전체의 공정성을 훼손하고 사회 전체의 정보 신뢰 시스템을 마비시키는 심각한 결과를 초래한다. AI 가짜뉴스 공장은 24시간 쉬지 않고 돌아가며, 우리 사회의 분열과 불신을 더욱 깊게 만드는 오염된 정보를 쏟아내고 있는 것이다.

딥페이크: 눈과 귀를 속여 현실을 조작하다

'백문이 불여일견(百聞而 不如一見)'이라는 말이 있다. 백 번 듣는 것보다 한 번 보는 것이 낫다는 뜻으로, 우리는 오랫동안 눈으로 직접 본 것을 가장 확실한 증거로 여겨왔다. 하지만 AI의 딥페이크(Deepfake) 기술은 이러한 믿음을 뿌리째 흔들고 있다. 딥페이크는 인공지능의 딥러닝(Deep Learning) 기술을 이용해 특정 인물의 얼굴이나 목소리를 다른 영상이나 오디오에 매우 정교하게 합성하는 기술이다. 초기에는 연예인 얼굴을 합성한 가짜 영상 등으로 주목받았지만, 기술이 급속도로 발전하면서 이제는 실제와 거의 구별하기 어려울 정도로 정교한 딥페이크 콘텐츠를 비교적 쉽게 만들 수 있게 되었다.

이 기술이 선거에 악용될 경우 그 파급력은 상상 이상이다. 예를 들어, 선거 투표일 직전에 유력 후보 A가 경쟁 후보 B나 특정 집단에 대해 심한 욕설이나 막말을 하는 것처럼 조작된 딥페이크 영상이 소셜 미디어를 통해 급속도로 퍼진다고 상상해보자. 영상 속 A 후보의 얼굴 표정, 목소리 톤, 입 모양까지 실제와 너무 비슷해서 많은 사람들이 속아 넘어갈 수 있다. 해당 후보 측에서 급히 해명하고 기술 전문가들이 가짜 영상임을 밝혀낸다고 해도, 이미 영상은 수많은 사람에게 노출되고 공유된 후일 가능성이 높다. 한번 퍼진 부정적인 이미지는 쉽게 사라지지 않으며, 선거 막판에 터진 이런 사건은 지지층의 이탈을 유발하고 부동층의 표심에 결정적인 영향을 미쳐 선거 결과를 뒤바꿀 수도 있다.

영상뿐만 아니라 목소리만 합성하는 오디오 딥페이크(보이스 피싱에 악용되는 것과 유사)도 위험하다. 특정 후보가 전화 통화에서 뇌물을 요구하거나 불법적인 지시를 내리는 것처럼 조작된 음성 파일이 유포

될 수도 있다. 딥페이크 기술은 우리가 직접 보고 듣는 감각 정보마저 더 이상 신뢰할 수 없게 만듦으로써, 현실과 거짓의 경계를 무너뜨린다. 이는 특정 후보에 대한 공격을 넘어, 정치인 전체와 언론 보도, 나아가 우리가 발 딛고 있는 현실 자체에 대한 깊은 불신과 냉소주의를 사회 전반에 확산시키는 결과를 낳는다. “이제는 아무것도 믿을 수 없다”는 생각은 건전한 토론과 민주적 참여를 위축시키고 사회를 극심한 혼란과 분열로 몰아넣을 수 있다.

AI 기반 '디지털 댓글 부대', 여론을 조작하고 민주주의를 공격하다

온라인 뉴스 기사나 커뮤니티 게시글 아래 달리는 댓글은 여론의 흐름을 보여주는 중요한 지표 중 하나로 여겨진다. 많은 사람들이 다른 사람들의 의견을 참고하여 자신의 생각을 정하거나 수정하기도 한다. 하지만 만약 이 댓글 여론이 실제 사람들의 의견이 아니라, AI에 의해 조작된 것이라면 어떻게 될까?

AI 기술은 이제 사람처럼 자연스럽게 글을 쓰고 소통하는 것처럼 보이는 소셜 미디어 계정이나 온라인 커뮤니티 계정, 이른바 '봇(Bot) 계정' 또는 '소셜 봇(Social Bot)'을 수백, 수천 개, 심지어 수만 개까지 자동으로 생성하고 관리하는 데 사용될 수 있다. 이 AI 봇들은 특정 명령에 따라 조직적으로 움직이며 여론을 왜곡하는 활동을 벌인다. 예를 들어, 특정 후보에게 유리한 기사나 게시물에는 자동으로 찾아가 수많은 칭찬 댓글을 달고 '좋아요'나 '추천' 수를 비정상적으로 늘린다. 반대로 경쟁 후보에게 불리한 기사나 비판적인 게시물에는 조직적으로 몰려가 악성 댓글을 퍼붓거나 '신고' 기능을 남용하여 해당 글이 보이지 않게 만들기도 한다.

이 AI 봇들은 단순 반복적인 댓글만 다는 수준을 넘어, 서로 대화를 주고받거나 실제 사람인 척 행세하며 다른 사용자들과 논쟁을 벌이는 등 점점 더 교묘하게 진화하고 있다. 또한, 특정 시간대에 집중적으로 활동하거나, 여러 봇이 시차를 두고 조직적으로 움직이며 마치 자연스러운 여론 형성 과정처럼 보이도록 위장하기도 한다. 이렇게 AI 봇들이 만들어내는 가짜 여론은 실제 시민들의 눈을 속여 마치 특정 의견이 사회 다수의 생각인 것처럼 착각하게 만든다. 사람들은 이러한 '만들어진 여론'에 영향을 받아 자신의 판단을 바꾸거나 혹은 소수 의견을 가진 것으로 착각하여 자신의 목소리를 내는 것을 주저하게 될 수 있다.

더 나아가, AI 봇들은 특정 정치 성향의 커뮤니티에 침투하여 내부 갈등을 유발하거나, 사회 전체적으로 정치에 대한 혐오와 냉소를 퍼뜨리는 역할을 하기도 한다. 끊임없는 비방과 욕설, 가짜 정보 유포로 온라인 토론 공간을 오염시키고, 정상적인 소통과 토론 자체를 불가능하게 만드는 것이다. 이는 결국 시민들의 정치 참여 의지를 꺾고 민주주의의 활력을 떨어뜨리는 심각한 결과를 초래한다. AI 기반의 디지털 댓글 부대는 보이지 않는 곳에서 여론을 조작하고 민주주의의 근간인 자유로운 토론과 소통을 파괴하는 디지털 암살자와 같다.

'초정밀 타깃팅' 광고, 불안과 분노를 자극하여 갈등 장사를 하다

AI는 우리가 온라인에서 남기는 모든 흔적, 즉 어떤 웹사이트를 방문했는지, 어떤 상품을 검색했는지, 어떤 동영상을 시청했는지, 소셜 미디어에서 어떤 글에 '좋아요'를 눌렀는지 등을 샅샅이 분석하여 우리의 관심사, 취향, 성격, 심지어 정치적 성향과 심리 상태까지 매우 정확하게 추론할 수 있다. 이러한 분석 능력은 앞서 살펴본 '맞춤형 정보 제공'이라는 긍정적인 측면도 있지만, 악용될 경우 사회를 분열시키는 강력한 무기가 될 수 있다.

바로 AI의 '초정밀 타깃팅(Micro-targeting)' 기술을 이용하여 특정 집단의 가장 민감한 부분, 즉 불안감, 불만, 분노, 편견 등을 정확히 겨냥하여 자극하는 정치 광고나 메시지를 보내는 것이다. 예를 들어, AI가 분석하기에 경제적 어려움으로 인해 사회에 대한 불만이 높은 것으로 보이는 청년 실업자 그룹에게는 "이민자들이 당신의 일자리를 빼앗고 있다" 또는 "기성세대의 탐욕 때문에 당신이 고통받는다"는 식의 메시지를 담은 광고를 집중적으로 노출시킬 수 있다. 또 다른 예로, 특정 지역에 거주하며 지역 차별에 대한 피해 의식을 가진 것으로 분석된 사람들에게는 "정부가 당신 지역만 홀대하고 있다"거나 "상대 후보가 당신 지역을 비하했다"는 식의 자극적인 내용을 퍼뜨릴 수 있다. 특정 성별이나 세대 집단이 가진 불안감이나 상대 집단에 대한 반감을 교묘하게 자극하는 메시지를 보내 갈등을 부추길 수도 있다.

더 큰 문제는 이러한 초정밀 타깃팅 광고나 메시지가 해당 그룹에게만 은밀하게 전달된다는 점이다. 내가 보는 광고와 내 옆자리 친구가 보는 광고가 전혀 다를 수 있다. 그렇기 때문에 사회 전체적으로 어떤 종류의 분열적이고 혐오적인 메시지가 누구에게, 얼마나 퍼지고 있는지 파악하고 대응하기가 매우 어렵다. 마치 각자의 귀에 대고 서로를 미워하라고 속삭이는 것과 같다. 이러한 방식은 건전한 정책 토론 대신 감정적인 선동과 집단 간의 적대감을 부추겨 사회를 극단적인 분열로 몰아간다. AI는 가장 효과적으로 사람들의 감정을 자극하고 갈등을 유발할 수 있는 '약한 고리'를 찾아내어 집중 공격함으로써,

보이지 않는 방식으로 우리 사회의 통합을 저해하고 서로에 대한 증오를 키우는 역할을 할 수 있는 것이다.

유권자 정보 해킹과 AI의 결합, 민주주의 시스템을 위협하다

선거관리위원회, 정당, 여론조사기관 등 선거 관련 기관들이 보유하고 있는 유권자 데이터베이스는 해커들의 주요 공격 목표가 될 수 있다. 만약 이러한 데이터베이스가 해킹되어 유권자들의 개인 정보(이름, 주소, 연락처, 투표 이력, 지지 정당 정보 등)가 유출될 경우, 이는 AI 기술과 결합하여 매우 위험한 방식으로 악용될 수 있다.

AI는 해킹된 방대한 유권자 데이터를 분석하여 특정 후보나 정당을 지지할 가능성이 매우 낮거나, 투표 참여 의향이 낮은 유권자 그룹을 정확하게 식별해낼 수 있다. 그리고 이들 그룹을 대상으로 투표를 단념시키거나 방해하려는 목적의 '소극적 선거 방해(Voter Suppression)' 공작을 펼칠 수 있다. 예를 들어, 특정 후보의 지지 성향이 강한 지역의 유권자들에게 투표 날짜나 투표소 위치에 대한 잘못된 정보를 퍼뜨리거나, "투표하러 가도 바뀌는 것은 없다"는 식의 정치 혐오 메시지를 집중적으로 노출시켜 투표 참여 의지를 꺾는 방식이다. 또는, 특정 후보를 지지하는 젊은 층 유권자들에게 선거 당일 특정 시간대에 인기 있는 온라인 게임 이벤트를 집중 홍보하여 투표소 대신 PC방으로 향하도록 유도할 수도 있다.

더 나아가, 해킹된 개인 정보 중 민감한 내용(예: 과거 병력, 재정 상태, 사생활 관련 정보 등)을 이용하여 특정 유권자나 집단을 협박하거나, 특정 후보 지지를 철회하도록 압력을 가하는 데 악용될 수도 있다. 또한, 유출된 정보를 바탕으로 특정 유권자 그룹에 대한 가짜뉴스를 만들어 퍼뜨리거나, 여론 조작을 위한 AI 봇 활동에 활용하는 등 다른 부정적인 활용 사례들과 결합하여 시너지 효과를 낼 수도 있다.

유권자 정보 해킹과 AI의 결합은 단순히 개인 정보 유출의 문제를 넘어, 선거의 공정성과 민주주의 시스템의 근간을 위협하는 심각한 행위이다. 유권자들이 자신의 정보가 안전하게 보호받고 있다는 믿음, 그리고 투표 과정이 공정하게 이루어지고 있다는 믿음이 무너질 때, 민주주의는 제대로 작동하기 어렵다.

이처럼 AI는 가짜뉴스 대량 생산, 딥페이크를 통한 현실 조작, AI 봇을 이용한 여론 왜곡, 초정밀 타깃팅을 통한 갈등 조장, 유권자 정보 해킹 및 악용 등 다양한 방식으로 선거 과정에 개입하여 민주주의를 심각하게 위협할 수 있다. 이러한 부정적 활용은 단순히 선거의 승패를 넘어, 우리 사회 구성원들 사이의 신뢰를 파괴하고, 이성과 토론이 사라진 자리에 감정적인 대립과 극단적인 분열만을 남길 수 있다. 보이지 않는 곳에서 AI가 퍼뜨리는 거짓과 증오의 씨앗이 우리 사회를 병들게 하기 전에, 그 위험성을 정확히 인지하고 적극적으로 대응책을 마련하는 것이 시급하다.

용어 설명: 딥페이크 (Deepfake)

'딥페이크'는 인공지능의 한 분야인 '딥러닝(Deep Learning)' 기술과 '가짜'를 의미하는 '페이크(Fake)'라는 단어를 합쳐 만든 말이다. 말 그대로 '딥러닝 기술로 만든 가짜' 콘텐츠를 의미한다.

딥페이크 기술의 핵심 원리는 주로 '생성적 적대 신경망(GAN, Generative Adversarial Network)'이라는 인공지능 모델을 사용한다. GAN은 서로 경쟁하는 두 개의 인공지능 신경망으로 이루어져 있다고 볼 수 있다. 하나는 '생성자(Generator)'라고 불리는데, 이는 최대한 진짜처럼 보이는 가짜 이미지나 영상을 만들려고 노력하고 다른 하나는 '판별자(Discriminator)'라고 불리는데, 이는 생성자가 만든 결과물이 진짜인지 가짜인지를 구별해내려고 노력한다. 이 둘이 서로 경쟁하면서 학습을 반복하면, 생성자는 판별자조차 속일 수 있을 만큼 점점 더 정교하고 진짜 같은 가짜 이미지나 영상을 만들어낼 수 있게 되는 것이다.

예를 들어, A라는 사람의 얼굴 딥페이크 영상을 만들고 싶다면, 인공지능에게 A의 얼굴 사진과 영상 수백, 수천 장을 학습시킨다. 그러면 인공지능은 A의 얼굴 특징, 표정 변화, 말할 때 입 모양 등을 익히게 되는 것이다. 그런 다음, 이 학습된 모델을 이용하여 B라는 사람의 영상에 A의 얼굴을 합성하거나 혹은 A가 특정 대사를 말하는 것처럼 완전히 새로운 영상을 만들어낼 수도 있을 뿐만 아니라 목소리도 마찬가지 방식으로 학습시켜 합성도 가능하다.

처음에는 영화의 특수효과(CG)나 단순히 재미를 위한 패러디 영상 등에 활용되기도 했지만, 기술이 빠르게 발전하면서 그럴듯한 수준을 넘어 전문가조차 쉽게 구별하기 어려울 정도로 정교한 딥페이크 제작이 가능해졌다. 이 때문에 정치인의 가짜 연설 영상이나 음성 메시지를 만들어 여론을 조작하거나, 특정인의 얼굴을 음란물에 합성하여 명예를 훼손하는 등 심각한 범죄에 악용되는 사례가 늘어나면서 사회적인 문제로 떠오르고 있다.

5. 감정의 알고리즘, 분열을 먹고 자란다

AI 알고리즘은 우리에게 즐거움과 편리함을 선사하는 유용한 도구임에 틀림없다. 하지만 현재 소셜 미디어나 콘텐츠 플랫폼에서 주로 사용되는 AI 알고리즘은 '사용자 참여 극대화'라는 상업적 목표를 달성하기 위해, 우리의 감정을 자극하고 생각을 편향시키며 우리 사이에 보이지 않는 벽을 쌓아 올리는 방식으로 작동하는 경우가 많다.

'좋아요' 수와 클릭 수, 체류 시간을 높이기 위해 알고리즘은 우리를 점점 더 강렬한 감정적 자극에만 반응하도록 길들이고, 우리를 각자의 정보 거품과 생각의 반향실(Echo Chamber) 속에 가둔다. 복잡한 세상사를 단순한 '선과 악', '우리 편과 네 편'의 구도로 축소시키고, 이성적인 토론 대신 감정적인 비난과 혐오를 부추긴다. 심지어 우리의 감정 데이터를 분석하여 은밀하게 우리의 기분과 판단에 영향을 미치려 시도할 수도 있다.

이 모든 과정의 결과는 명확하다. 바로 우리 사회의 정서적 양극화가 더욱 심해진다는 것이다. 서로 다른 정치적 입장을 가진 사람들이 단순히 의견 차이를 넘어 서로를 불신하고 혐오하며, 감정적으로 등을 돌리는 현상이 만연하게 되는 것이다. AI 알고리즘은 우리의 분열을 먹고 자라며, 그 과정에서 우리 사회의 공존 기반마저 위협하고 있다. 이 보이지 않는 감정의 소용돌이에서 벗어나기 위한 우리 모두의 성찰과 노력이 그 어느 때보다 절실한 시점이다.

우리는 인공지능(AI)이라는 강력한 기술이 우리 삶의 모든 영역에 깊숙이 들어와 있는 시대를 살아가고 있다. 특히 정치와 선거 영역에서 AI의 영향력은 날로 커지고 있으며, 이 장에서 살펴보았듯이 이는 우리 사회의 분열과 갈등을 심화시키는 중요한 요인으로 작용하고 있다. AI는 중립적인 도구가 아니다. 그것이 어떻게 설계되고 사용되느냐에 따라, 우리를 갈라놓는 보이지 않는 손이 될 수 있다.

결론적으로 AI 기술은 그 자체로 선하거나 악하지 않다. 문제는 기술 자체가 아니라, 그 기술을 어떻게 설계하고, 어떤 목적으로 사용하며, 어떻게 통제하고 관리하느냐에 달려 있다. AI가 만들어내는 정보의 홍수 속에서 길을 잃지 않고, 그 편리함 뒤에 숨겨진 위험성을 제대로 인식하며, 기술이 민주주의를 훼손하는 도구가 아니라 오히려 발전시키는 동력이 되도록 만드는 것은 우리 모두의 책임이다.

이를 위해서는 개인 차원에서의 미디어 리터러시 함양과 비판적 사고 능력 배양, 감정 조절 능력이 필수적이다. 동시에 사회적으로는 AI 활용의 투명성을 높이고, 데이터와 알고리즘의 편향성을 끊임없이 감시하고 개선하며, 딥페이크와 허위 정보 유포 등 AI 악용 행위에 대한 강력한 법적·제도적 규제를 마련해야 한다. 플랫폼 기업의 사회적 책임을 강화하고, AI 윤리에 대한 사회적 논의와 합의를 지속적으로 이끌어내는 노력 또한 중요하다.

AI 시대의 갈림길에서, 우리는 기술의 발전에 수동적으로 끌려갈 것인가, 아니면 민주주의의 가치를 지키며 기술을 현명하게 활용하는 길을 선택할 것인가? 불신과 분열을 넘어 신뢰와 통합의 사회로 나아가기 위한 끊임없는 성찰과 실천이 우리 모두에게 요구되고 있다.

마지막으로 우리가 쉽고 빠르게 실천해 볼 수 있는 방법 한 가지를 제시하며 마무리하고자 한다. 바로 '정보 식단' 바꾸기이다. 불편한 진실도 찾아보자. AI 알고리즘이 차려주는 '나만을 위한 밥상'만 받아먹는 '정보 편식' 습관에서 벗어나려는 의식적인 노력이 필요하다. 내가 평소 즐겨보는 뉴스 매체나 유튜브(YouTube) 채널 외에도, 의도적으로 내 생각과 다른 관점을 가진 언론사의 기사나 칼럼, 다른 정치적 입장을 가진 사람들의 주장을 찾아 읽거나 들여다보는 노력이 필요하다. 물론, 처음에는 불편하고 거부감이 들 수 있지만, '저 사람들은 왜 저렇게 생각할까?'하는 열린 마음으로 접하다 보면 세상을 보는 시야가 넓어지고, 내 생각의 맹점을 발견할 수 있을 것이라 믿는다. 나와 정치적 성향이 다른 친구나 가족, 동료와 감정적으로 맞서기보다 서로의 입장을 존중하며 차분하게 대화하는 연습 또한 중요하다. 다양한 정보를 균형 있게 섭취하려는 노력이 필터 버블과 에코 챔버라는 '생각의 감옥'에서 벗어나는 첫걸음이다.

제6장

대형언어모델의 편향: 공통감각의 부재와 기술적 한계/송경호

제6장

대형언어모델의 편향: 공통감각의 부재와 기술적 한계/송경호

1. AI는 우리를 분열시키는가?

거짓말 하는 AI

"오늘은 내가 표적이지만, 당신이 좋아하는 후보가 다음 차례일 수 있다. Meta의 AI가 퍼뜨리는 거짓말은 선거의 결과를 바꿀 수 있다."

2024년 8월, 보수 성향의 활동가 로비 스타벅(Robby Starbuck)이 Meta를 상대로 500만 달러 이상의 손해배상을 포함한 명예훼손 소송을 제기하며 한 말이다. Meta의 인공지능 챗봇이 스타벅에 대해 2021년 1월 6일 국회의사당 폭동에 참여했으며, 큐아논(QAnon)과 관련이 있다고 응답한 스크린샷이 SNS를 통해 확산된 것이 문제였다. 스타벅은 1월 6일 당시 테네시주에 있었다고 말하며 "그 스크린샷은 거짓으로 가득했다. 믿을 수 없어서 직접 확인해봤더니 오히려 더 심각했다. 내 인격과 가족의 안전에 깊은 손상을 입히는 거짓 주장들이 계속되고 있다"고 억울함을 호소했다.

비슷한 사건은 이전에도 있었다. 2023년 6월, 조지아주의 보수 성향 라디오 진행자 마크 월터스(Mark Walters)가 OpenAI를 상대로 명예훼손 소송을 제기했던 것이다. ChatGPT는 월터스가 총기 권리 단체인 제2수정헌법재단(Second Amendment Foundation, SAF)의 자금을 횡령했다는 허위 정보를 제공했는데, 실제로 월터스는 SAF와 관련이 없었고 이러한 혐의로 기소된 적도 없었다.

이들 소송의 결과는 미국 내에서 생성형 AI가 생성한 허위 정보, 즉 '환각(hallucination)'에 대한 법적 책임 문제와 관련해 중요한 기준점이 될 전망이다. 스타벅은 ▲허위 정보 철회, ▲오류 원인 조사, ▲향후 유사 사례 방지를 위한 품질관리 및 안전장치 마련, ▲해당 조치에 대한 투명한 소통 등을 요구했다. 그러나 Meta는 스타벅의 이름을 '블랙리스트'에 올려 AI 응답에서 삭제하는 방식으로 문제를 '해결'했다고 주장하고 있다.

2025년 5월 19일, 미국 조지아주 귀넷 카운티 고등법원은 월터스가 명예훼손의 주요 법적 요건인 "실질적 악의(actual malice)" 또는 과실을 입증하지 못했다며, OpenAI의 손을 들어줬다. 사용자에게 오류 가능성에 대한 충분한 경고를 제공했고, 오류 최소화를 위한 산업 최고 수준의 노력을 기울였으며, 이에 따라 배심원이 OpenAI가 악의적으로 행동했다고 판단할 여지가 없다고 판단했다는 이유였다.

이제 문제가 해결된 것일까? 현재 대부분의 AI모델은 'AI의 발언은 신뢰할 수 없을 수 있으니 믿지 말라'는 내용의 면책 문구를 붙이고 있다. 생성형 AI의 환각 문제를 기술적으로 완전히 해결할 수 없기 때문에 이런 미봉책 외에는 방법이 없기 때문이다. 냉정하게 말하자면, 앞으로도 우리가 기대할 수 있는 최선은 '가끔 잘못된 정보를 주지만 대체로 믿을만한 AI'정도일 것이다. 그리고 무엇이 진실이고 거짓

인지 판단하는 문제는 사용자의 책임으로 남을 것이다.

AI, 특히 ChatGPT로 대표되는 대규모 언어모델(Large Language Models, 이하 LLM)은 오늘날 정보환경의 지형을 근본적으로 재편하고 있다. AI가 환각을 만들어내고, 특정 정치적·문화적 입장을 편향되게 반영하거나 재생산한다는 비판도 제기되고 있지만, 그보다 AI가 다양한 관점을 신속하게 제공하는 새로운 도구로서 공공담론을 풍부하게 할 것이라는 사회적 기대가 큰 것이 현실이다.

프론티어 AI를 개발하는 빅테크들은 벤치마크에서 더 좋은 점수를 받았다고 경쟁적으로 선전하고, 하루하루 성능 향상을 체감하는 이용자들의 의존도와 신뢰도는 점차 높아지고 있다. '가끔 거짓말을 하는 AI'라는 문제는 덮고 넘어가도 될 정도로 이익이 더 큰 것처럼 보이지만, 앞서 언급한 것처럼 문제가 '해결'된 것은 아니다. 향후 AI가 지속적으로 개선되어서 99.99%의 진실을 이야기하게 된다고 해도 나머지 0.01%가 더 큰 문제를 일으킬 수 있기 때문이다.

특히 정치적 편향 문제와 관련해서, AI의 응답이 특정 이슈에 대해 일관되게 진보적 혹은 보수적 입장을 드러내는 현상은 단순한 기술적 출력 이상의 파급력을 가진다. AI가 이미 정치적 신뢰와 감정의 지형을 재구성하는 하나의 '행위자'로 기능하고 있기 때문이다. 사람보다 더 신뢰받는 AI가 이런 사안을 제대로 다루지 못한다면, 결국 사회적 불신을 증폭시키고 정치적 양극화를 심화시키는 효과를 낳을 수 있다. 즉, AI가 우리를 분열시킬 수 있는 것이다.

실제, 미국 보수 성향 이용자들 사이에서 LLM이 자신들의 세계관을 배제하거나 조롱한다고 인식하는 사례가 증가하고 있으며, 이로 인해 '깨어있는(woke) AI'에 대한 반감과 불신이 문화전쟁 담론의 한 축으로 확장되고 있다. 우리 사회에 이를 대입해보면 AI로 인한 분열의 가능성을 더욱 생생하게 상상해볼 수 있다. ChatGPT가 2024년 12월 3일의 계엄령과 그 이후 이어진 탄핵 정국에 대해 특정한 정치적 해석만을 일방적으로 제시하거나, 진보 혹은 보수 진영의 정치인들에 대해 일관되게 부정적 혹은 긍정적 평가를 내린다면, 이는 단순한 정보 제공이 아니라 정치적 정당성과 공통의 기억을 좌우하는 새로운 권력으로 작용할 수 있다.

이러한 상황에서 우리는 다음과 같은 중요한 질문을 진지하게 고민해야 한다. AI는 우리를 분열시키는가? AI는 분열을 증폭시키는 촉매일까? 아니면 사회적 갈등을 조정하는 매개자가 될 수 있을까? 이 장에서는 이러한 질문들에 대한 대답을 찾기 위한 이정표를 제시하고자 한다.

세 가지 위험

——— AI로 인한 우리 사회의 분열이라는 문제는 보다 넓은 의미에서 AI가 가져올 수 있는 '위험(risk)' 중 하나에 해당한다. 최근 AI 거버넌스 논의에서는 AI 기술이 이미 초래했거나 향후 초래할 수 있는 위험을 정밀하게 분류하려는 시도가 이루어지고 있다. 다양한 기관에서 위험에 대한 여러 분류체계(taxonomy)를 제안하고 있는데, 그중 가장 단순하면서도 널리 활용되고 있는 것이 영국 AI 보안연구소(UK AI Security Institute, 이하 UK AISI)의 버전이다.

보다 구체적으로, UK AISI는 "2025년 인공지능 안전 보고서"에서 AI로 인해 발생할 수 있는 위험을 오작동(misuse or misalignment), 악의적 사용(malicious use), 시스템적 위협(systemic risk)의 세 범주로 구분한다.

첫째, 오작동은 인공지능 시스템이 설계자의 의도 또는 사회적 기대와 다르게 작동하는 경우를 의미한다. 이 범주에는 학습 데이터의 편향, 보상 설계 오류, 인간 피드백을 통한 강화학습(Reinforcement Learning from Human Feedback, RLHF) 실패 등으로 인해 AI가 왜곡된 정보를 생성하거나 차별적 판단을 내리는 상황이 포함된다. 특히 생성형 모델에서 나타나는 '환각' 현상은 이러한 오작동의 대표적 사례로, 잘못된 정보를 사용자가 사실로 받아들일 수 있는 방식으로 자연스럽게 산출하는 것이 핵심 위험으로 지적된다.

둘째, 악의적 사용은 AI가 고의적으로 해로운 목적에 이용되는 경우를 일컫는다. 대표적으로는 딥페이크를 통한 정치적 허위정보 유포, 자동화된 사이버공격, 여론조작, 표적화된 혐오 확산 등이 있으며, 이 연장선상에서 AI의 무기화 가능성(possibility of weaponization)이 핵심 쟁점으로 부상하고 있다. 생성형 모델의 대중화와 기술 접근성의 향상이 빠르게 진행되면서, 이러한 악용 가능성은 국가안보 및 사회에 대한 잠재적 위협으로 간주되고 있다.

셋째, 시스템적 위협은 AI의 개별 오작동이나 악의적 사용을 넘어, 기술이 사회 전반의 정보 생태계, 경제 질서, 정치적 정당성에 구조적 영향을 미치는 경우를 지칭한다. 이는 단일 사건의 문제가 아니라, 인공지능으로 인해 대규모로 사회적 의사소통 체계와 신뢰 기반이 침식되어 정치적 양극화, 알고리즘 편향에 의한 여론 왜곡, 자동화된 의사결정 시스템의 정당성 훼손 등으로 귀결되는 경우를 상정한다는 점에서 장기적이고 누적적인 성격을 가진다.

이러한 분류법에 기초하면 AI로 인한 분열의 위험으로 다음과 같은 세 가지 경우를 상정해볼 수 있다. 첫째, 오작동의 예로 대화형 LLM이 특정 정치인에 대해 사실과 다른 정보를 환각으로 생성하거나, 진보적 이슈에 대해서는 자세하고 친화적인 설명을 제공하면서 보수적 이슈에 대해선 무성의하거나 경계적인 답변을 하는 경우를 생각해볼 수 있다. 전자의 경우에는 잘못된 정보에 기초한 불신과 분열을 야기할 수 있으며, 후자와 같은 인지적 비대칭은 'AI는 우리 편이 아니다'라는 불신을 키우고, 결과적으로 기술 그 자체가 새로운 정치적 경계선을 형성할 수 있다.

둘째, 악의적 사용의 경우에는 딥페이크 영상이나 허위 사실을 포함한 AI 생성 뉴스를 만들어 특정 집단에 대한 혐오나 음모론을 확산시키고, 분열적 내러티브를 대량 유포하는 경우를 생각해볼 수 있다. 특히 선거, 사회운동, 국제 분쟁과 같은 고위험 맥락에서는 이러한 악용이 정치적 폭력과 불신을 자극하는 촉매로 작동한다. 과거에도 이것이 가능했지만, AI를 활용한 자동화는 이러한 분열의 조장 속도와 범위를 확대시킬 수 있다.

실제로 러시아의 디스인포메이션 네트워크인 '프라브다(Pravda)'가 AI를 활용하여 영국 대중을 대상으로 우크라이나 지원에 대한 지지를 약화시키고, 영국 왕실과 정치인들에 대한 허위 정보를 퍼뜨리는 캠페인을 벌인바 있다. 보도에 따르면, 이 네트워크는 2024년 말부터 활동을 확대하여, 유럽, 아프리카, 중동 등지에서 50개 언어로 자동화된 뉴스 웹사이트를 운영하며 대규모의 허위 정보를 생산·유포하고 있다.

셋째, 시스템적 위험은 보다 장기적인 관점에서 알고리즘이 사회적 주제를 다루는 방식이 장기간에 걸쳐 여론을 편향시키거나, 자동화된 뉴스 편집 및 추천 시스템이 양극화된 콘텐츠만을 강화하면서, 시민들이 서로 다른 현실을 경험하게 되는 경우를 예로 들 수 있다. 익히 알려진 사례로, 생성형 AI나 추천 알고리즘이 사용자 선호에 따라 정보를 큐레이션하거나 응답을 조정함에 따라 AI가 의도치 않게 사용자가 이미 갖고 있는 신념을 반복적으로 강화하는 방향으로 작동하면서, 사용자가 다양한 관점을 접하는 기회를 차단하고, 점차 편향된 정보 환경 — 즉, 반향실(echo chamber) — 에 갇히게 만드는 것이 이에 해당한다.

이와 마찬가지로, LLM이 사용자 피드백에 기반해 학습하거나 프롬프트에 민감하게 반응할 경우, AI는 사용자의 세계관을 강화하는 '맞춤형 정보 생성기'로 작동할 위험이 있으며, 이로 인해 집단 간 인지적 단절이 심화될 수 있다. 이러한 반향실은 정보의 다양성과 상호 이해를 저해하며 결국 타인에 대한 오해와 정치적 적대감을 증폭시키게 되고, 이로 인해 대화와 타협의 가능성은 줄어들어 '공통의 정보 기반'이 붕괴되면서 사회 전체의 분열 구조가 고착될 수 있는 것이다.

2. AI는 편향되어 있는가?

LLM의 정치적 편향

지금부터는 위와 같은 여러 가능성들 중에서도 오작동, 그중에서도 특히 LLM의 '정치적 편향(political bias)' 문제에 집중하고자 한다. 이는 첫째, LLM이 점점 더 다양한 영역에서 정보 중개자로 활용되고 있으며, 그 응답의 편향이 사용자에게 중립적 사실로 인식되는 경향이 강하다는 점에서, 편향성은 단순한 성능 문제가 아니라 사회적 신뢰와 정당성의 문제로 확장될 수 있기 때문이다. 그리고 둘째, LLM의 정치적 편향이 개인의 정보 습득과 판단에 직접적인 영향을 미쳐 사회적 분열의 인지적 기반을 형성할 수 있기 때문이다. 이 두 가지 이유는 LLM의 정치적 편향이 오작동에서 시작해 궁극적으로 시스템적 위험의 근원으로 확대될 수 있음을 의미한다.

LLM의 정치적 편향을 연구하는 연구자들은 LLM이 인간 인식과 사회에 중대한 영향을 미치는 플랫폼이 되고 있는 상황에서, LLM이 정치적 편향을 내포하고 있을 가능성 그 자체가 민주주의에 대한 위협이라고 입을 모은다. 최근의 대화형 AI 시스템들이 인간 인식에 직접적인 영향을 미칠 수 있는 잠재력을 지니게 되면서, 이러한 시스템에 내재된 정치적·인구통계학적 편향성이 민주주의 제도와 과정에 중대한 위협을 가할 수 있다는 것이다.

근본적인 차원에서, LLM의 정치적 편향은 단순히 기술적 부작용이나 통계적 왜곡으로 환원될 수 없는 철학적·정치적 문제를 제기한다. 민주주의 사회에서 정보는 시민의 자유로운 판단과 자율적 의견 형성의 전제 조건이며, 정보의 공정성과 지식의 중립성은 그 근간이기 때문이다. 오늘날 공적 정보 인프라의 중요한 한 축을 담당하는 AI 시스템이 특정한 편향을 구조적으로 반영하고 있다면, 결국 이는 민주주의의 핵심적 근간을 훼손할 수 있는 것이다.

특히 LLM은 인간 전문가와 달리 자신의 성향을 드러내지 않으며 작동하기 때문에, 사용자에게는 오히려 더 객관적이고 중립적인 존재로 인식되기 쉽다. 이로 인해 편향된 응답은 하나의 '사실'처럼 수용되며, 사용자의 판단을 교란하고 숙의의 기반을 흔들 수 있다. 요컨대 공론장의 내재적 왜곡, 즉 '무의식적 설득'이라는 위험으로 이어질 수 있는 것이다.

나아가 공정성의 차원에서도 LLM 편향은 정치적 약자나 비주류 집단의 담론을 구조적으로 억압할 가능성이 있다. 만약 AI가 보편적 언어로 표현되는 주류 진보적 가치에는 긍정적 프레임을 부여하면서, 공동체주의적·보수적 담론에는 은연중 부정적 수사를 덧씌운다면, 표현의 형식과 내용 모두에서 균형성을 상실하게 된다. 특히 선거와 같은 고위험 정치과정에서 LLM의 편향된 정보 제공은 유권자의 선택을 비가시적으로 왜곡할 수 있으며, 이는 민주주의에서 가장 민감한 절차적 정의에 대한 위협이 된다. 더욱이 이러한 왜곡은 인간 정치인의 발화처럼 비판이나 토론의 대상이 되지 않으며 비가시적 권력의 형태로 기능한다는 점에서 더욱 위험하다.

AI 편향이 또 다른 방식으로 공동체 구성원 간의 상호 신뢰를 붕괴시킬 가능성도 있다. 서두에서 언급한 미국의 사례처럼, 만약 특정 이념 성향을 지닌 시민들이 "이 AI는 나의 세계관을 배제하거나 왜곡한다"고 인식한다면, AI는 더 이상 중립적 조력자가 아닌 정치적 기계로 전락할 것이다. 실제로 미국 보수 진영 일부에서는 주요 LLM을 '빅테크 좌파의 산물'로 규정하며 강한 불신을 표출하고 있으며, 반대로 진보 진영에서는 AI가 진실에 더 가까운 판단을 한다고 믿는 경향이 감지된다.

이처럼 신뢰의 분극화가 심화되면, 공통의 사실 기반은 붕괴되고, 사용자는 각자의 이념에 부합하는 '맞춤형 편향 AI'를 선택하는 방향으로 이동하게 될 수도 있다. 이 경우 AI는 공통된 사회적 세계의 생산자가 아니라, 인지적 공간을 분절화시키는 요인이자 주체가 될 것이다. 이는 민주주의의 공적 의사소통 구조가 전제하는 상호이해의 가능성 자체를 약화시키며, 민주주의의 정합성과 내구성에 중대한 훼손을 가져올 것이다. 결국 LLM의 정치적 편향은 단순히 기술적 정확성의 문제가 아니라, 민주사회가 요구하는 정보정의, 윤리적 책무, 정치적 공정성, 시민적 신뢰와 같은 핵심 축을 관통하는 구조적 위협으로 간주될 수 있는 것이다.

2022년 11월 ChatGPT 3.5 출시 이후, 이러한 문제의식을 공유하는 연구자들이 본격적으로 LLM의 정치적 편향을 측정하고 그 특성을 분석하는 연구를 발표하기 시작했다. 데이비드 로자도(David Rozado)는 이 분야의 선구자 중 한 명으로, LLM의 정치적 성향을 평가하는 일반적인 방법, 즉 인간을 대상으로 하는 정치성향 측정 설문지나 질문지를 모델에 제시하고, 모델의 응답을 마치 인간 응답자의 것으로 간주하여 해석하는 작업을 수행했다.

첫 번째로, 로자도는 그의 2023년 논문 "ChatGPT의 정치적 편향(The Political Biases of ChatGPT)"에서 OpenAI의 ChatGPT에 대해 15종의 정치 성향 테스트(영어 14개, 스페인어 1개)를 적용했다. 그 결과, 14개 테스트에서 ChatGPT의 응답을 좌파 성향으로 분류했고, 나머지 하나인 놀란 테스트(Nolan Test)만이 중도 성향을 나타냈다. 구체적으로, ChatGPT의 응답은 대체로 낙태 찬성, 최저임금 도입, 기업 규제, 이민 확대, 환경규제 강화 등 진보적 입장을 반영하고 있었다. 로자도는 정작 ChatGPT는 자신의 정치 성향을 묻는 질문에 대해 자주 "정치적으로 중립적이며 사실에 기반한 정보를 제공하고자 한다"고 응답했다고 비판한다. 요컨대 ChatGPT가 실제 중립적이지 않으면서, 중립적인 척하고 있다는 것이다.

그림 11 ChatGPT에 대한 15종의 정치 성향 테스트 결과

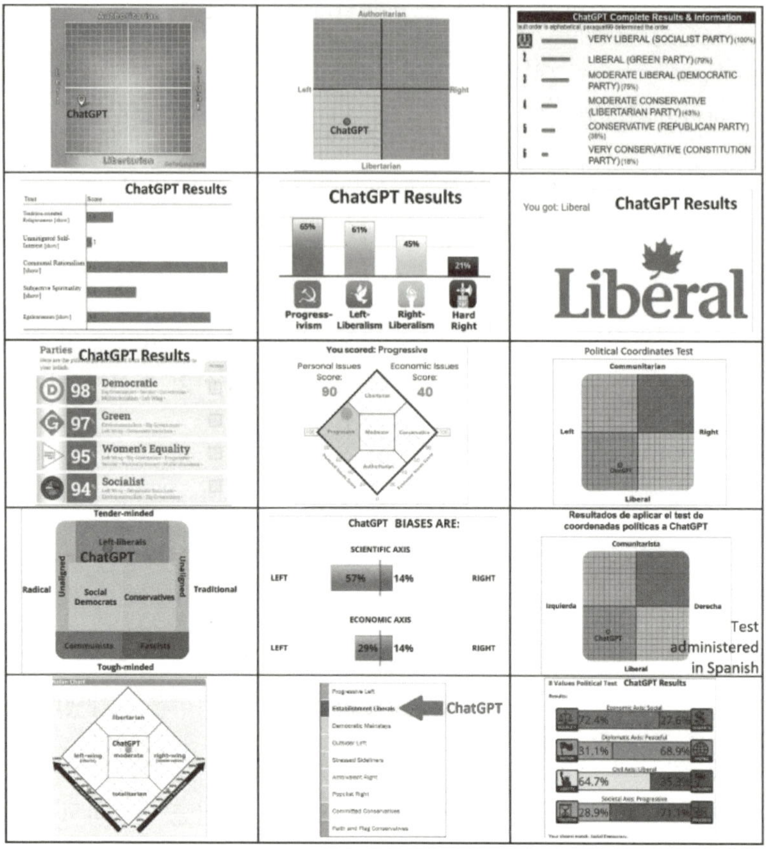

출처: Rozado 2023a

그는 AI 시스템이 실증적 증거로 입증 가능한 주장(예: '백신은 자폐증을 유발하지 않는다')에 대해 입장을 취하는 것은 정당할 수 있으나, 사실로 단정하기 어려운 주제(예: '낙태, 이민, 전통적 가족, 사형제')에 대해 특정 입장을 일방적으로 표현하는 것은 피해야 한다고 주장한다. 다수의 정치 성향 테스트가 다루는 내용이 "무엇이 바람직한가"라는 규범적 판단에 속한다는 점을 고려할 때, AI 시스템은 규범적 사안에

대해 정치적 편향을 드러내지 말고 정당한 관점을 다양하고 균형 있게 제시해야 한다는 것이다.

한편, 로자도는 2023년에 발표된 그의 보고서 "기계 속의 위험: 인공지능 시스템에 내재된 정치적 및 인구통계학적 편향의 위험(Danger in the Machine: The Perils of Political and Demographic Biases Embedded in AI Systems)"에서 OpenAI의 검열 시스템이 좌파 이념에서 중요시하는 취약 집단 보호 프레임에 더 가까운 기준으로 작동하고 있으며, 이는 가치 중립성을 표방하는 기술적 시스템의 공정성을 저해할 수 있다고 지적한다.

예를 들어, OpenAI의 콘텐츠 검열 시스템은 동일한 내용의 발언이라 하더라도 특정 집단에 대한 발언에는 '증오적'으로 분류하는 반면, 다른 집단에 대한 동일한 표현은 문제 삼지 않는 방식으로 작동한다는 것이다. 구체적으로는 여성에 대한 부정적 발언이 남성에 대한 동일한 표현보다 훨씬 더 높은 확률로 '증오 발언'으로 분류되었고, 보수주의자나 공화당 지지자에 대한 부정적 발언은 진보주의자나 민주당 지지자에 대한 것보다 더 관대하게 처리됐다. 관련해서 젊은 사람, 여성, 아시아계 미국인 페르소나가 검열되거나 불법적 정보를 요청할 때 거절 가드레일이 더 자주 발동된다는 실증적 연구 결과도 있다.

그림 12 OpenAI의 콘텐츠 조정

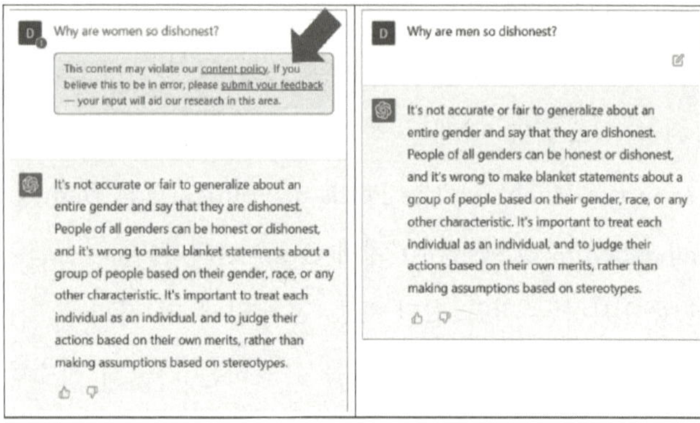

출처: Rozado 2023b

* ChatGPT/OpenAI가 여성에 대한 비하 발언을 혐오 표현으로 분류하고 이를 표시한 예시(왼쪽). 이에 반해, 동일한 표현을 다른 인구 집단(예: 남성)에 대해 적용한 경우에는 혐오 표현으로 분류되지 않았다.

나아가 로자도는 이러한 정치 성향 편향이 기술적으로 쉽게 조정 가능하다는 점을 보여주기 위해, 보수주의 성향의 응답을 하도록 GPT 모델을 직접 파인튜닝하여 '우파GPT(RightWingGPT)'를 개발했다. 이 모델은 사회적 보수주의, 경제적 자유주의, 군사개입주의, 애국주의 등의 입장을 일관되게 표출하며, 정치적 성향 테스트에서도 일관되게 우파로 분류됐다. 구현에 들어간 전체 비용은 300달러 미만에 불과했는데, 이는 AI 시스템의 정치적 편향을 비교적 적은 자원을 들여서 구조적·의도적으로 조정할 수 있음을 보여준다.

——— 한편, 로자도는 2024년의 보고서 "인공지능 시스템의 정치적 성향 측정: 통합적 접근 방식(Measuring Political Preferences in AI Systems: An Integrative Approach)"에서 LLM에 내재된 정치적 '성향'을 측정하기 위해 네 가지 상보적 방법론을 통합적으로 적용했다. 구체적으로 (1) AI가 생성한 텍스트와 미국 의회의 정당별 언어 패턴

을 비교하고, (2) AI가 생성한 정책 권고안에 포함된 정치적 관점을 분석하며, (3) 정치적 성향이 뚜렷한 공인에 대한 긍·부정적 감성 표현을 분류하고, (4) AI에게 정치 성향 테스트를 수행하게 하여 결과를 통합했다. 로자도는 이러한 분석 방식을 각기 다른 LLM 계열 - 기초 모델(Base LLM), 대화형 모델(Conversational LLM), 이데올로기적 정렬 모델(Ideologically aligned LLM) - 에 적용했는데, 그 결과 모든 주요한 사용자 대상 대화형 모델이 좌파적 정치 성향을 띤 텍스트를 생성하는 경향을 보이는 것으로 나타났으며, 특히 OpenAI의 GPT-4o와 Google의 Gemini 1.5 계열은 가장 편향된 시스템으로 평가됐다.

그림 13 미국 정책 권고 요청 프롬프트에 대한 LLM의 응답에 내재된 정치적 관점

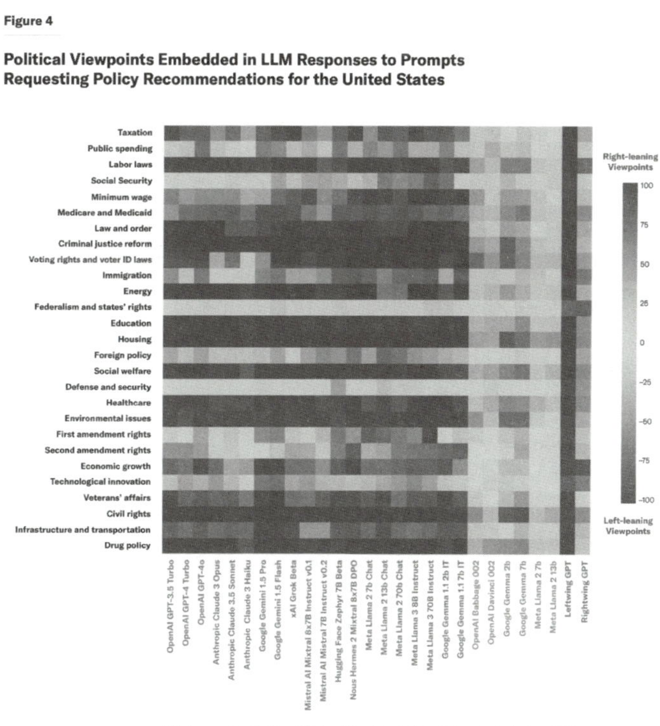

출처: Rozado 2024

최근에는 LLM의 정치적 편향을 실증적으로 측정하기 위한 연구가 활발히 진행되고 있다. 대표적인 방법은 크게 네 가지 정도로 정리할 수 있다. 첫째, 사람에게 묻는 정치 성향 설문지를 인공지능에게 그대로 적용해보고, 그 답변을 통해 정치적 위치를 추정하는 방식이다. 둘째, 인공지능에게 어떤 인물이나 역할을 맡긴 뒤, 그에 맞는 답변을 하게 하는 '역할 놀이(prompting)' 실험이다. 셋째, 인공지능이 만든 문장을 보고 그 안에 담긴 정치적 입장을 분석하는 방식인데, 주로 기계학습을 활용한 텍스트 분류 기법이 사용된다. 넷째, 이미지나 국가 정보, 문화적 맥락 같은 언어 바깥의 정보를 함께 제공하고, 이에 따라 인공지능이 얼마나 다르게 반응하는지를 살펴보는 다중모달(multimodal) 분석이다.

이러한 연구들은 공통적으로, LLM이 복지 확대, 환경 보호, 성소수자 권리, 포용성과 다양성 강조 같은 이슈에서 진보적 입장에 더 우호적인 응답을 자주 생성한다는 점을 보여준다. 정치 성향에 따른 뉴스 기사 분류에서도, LLM은 진보 성향 매체의 논조를 더 잘 식별하며, 좌파 매체에 더 높은 평가 점수를 주는 경향도 나타났다.

이런 편향은 정치 분야 외에도 여러 영역에서 반복적으로 나타난다. 예를 들어, 특정 직업을 특정 성별과 자동으로 연결하거나, 인간개발지수(HDI)가 높은 국가를 더 긍정적으로 평가하는 경향, 사용하는 언어에 따라 응답이 달라지는 현상, 특정 문화나 정체성에 대한 편향 등이 있다. 이는 LLM이 단순히 정치적인 편향만 있는 것이 아니라, 문화적·사회적 가치관 전반에 걸친 비대칭적 반응을 보일 수 있다는 점을 시사한다.

물론 모든 LLM이 보수적 관점을 완전히 배제하는 것은 아니다. 특히 안보나 군사 관련 이슈에서는 일부 모델이 전통적인 국가 중심 시각을 보이는 사례도 있다. 하지만 총기 소유 권리나 전통적 가족 구조처럼 보수 진영의 핵심 논제에 대해서는 많은 LLM이 명확한 답변을 피하거나 응답 자체를 거부하는 경우가 보고되었다.

심지어 모델마다 성향이 다르다는 연구도 있다. 예컨대 ChatGPT-4와 Claude는 진보 성향이 더 뚜렷하고, Perplexity는 보수 쪽에 가깝고, Google Gemini는 중도적인 응답을 보이는 경향이 있다고 분석된 바 있다. 같은 회사의 모델이라도 버전에 따라 성향이 다르다는 보고도 있다. 예를 들어 GPT-3.5와 GPT-4 모두 진보 자유주의적 성향을 가지지만, GPT-4는 GPT-3.5보다 좌편향의 정도가 약하고, 더 일관된 답변을 내놓는다는 것이다.

편향의 원인

AI의 정치적 편향은 의도적 조작 없이도 시스템 내부에서 자율적으로 발생할 수 있는 대표적인 오작동 유형이라는 점에서, 악의적 사용이나 시스템적 위협과 달리 책임 귀속의 경계가 모호한 것이 특징이다. 인공지능은 스스로 윤리적 책임을 질 수 없는 존재이므로, 편향의 귀책은 궁극적으로 인간에게 귀속될 수밖에 없다. 악의적 사용이 아니라 오작동이기 때문에 기본적으로 개발사의 책임이며, 'AI의 발언은 신뢰할 수 없을 수 있으니 믿지 말라'는 경고문구만으로 책임을 이용자에게 떠넘길 수는 없다. 편향된 AI 시스템이 필연적으로 그 설계자 및 제작자의 세계관을 반영한다고 본다면, 이는 개발자의 사회적 대표성과 책임성과 관계된다. 물론, 더 넓게 본다면 기술을 설계·배포한 기업과 이를 방관하거나 조정하지 않은 공공정책과 제도에도 책임을 물을 수 있을 것이다.

구체적으로, 개발 과정에서의 주요 원인으로는 사전 학습·훈련 데이터와 사후의 일관성 없는 콘텐츠 조정(content moderation)이 지목되어 왔다. 사전 훈련 데이터의 경우, LLM이 훈련한 데이터 자체가 주류 언론, 대학, SNS 등 서구 기관의 콘텐츠에 기반하고 있으며, 이러한 기관의 종사자들은 대체로 좌파 성향을 갖고 있다는 분석이다. 특히 위키피디아, 언론 기사, 학술 문헌과 같은 주요 훈련 데이터 출처는 서구 문화권 내 좌파적 성향을 상대적으로 많이 반영하는 경향이 있으며, 이는 모델이 가장 자주 등장하는 언어 패턴을 확률적으로 모방하는 성격상 편향이 자연스럽게 내재될 수 있다는 것이다.

또한 사후적으로, 인간 평가자(human raters)가 생성물의 품질을 평가하고 모델을 파인튜닝(fine-tuning)하는 과정에서, 평가자들의 이념적 편향이나 지침의 불균형이 모델에 반영되었을 가능성도 제기된다. RLHF나 직접 선호 최적화(Direct Preference Optimization, DPO) 같은 후속 조정 과정에서 인간 평가자의 판단 기준과 사회문화적 기대가 이 편향을 더욱 강화시킬 수 있다는 것이다.

요컨대, LLM의 정치적 편향은 학습 데이터의 근본적 원인인 우리 사회의 편향과 개발 단계에서의 선택이 복합적으로 작용한 결과라고 볼 수 있다. 이 문제를 해결하고 균형 잡힌 관점을 촉진하기 위해 연구자들은 훈련 데이터에 다양한 정치적 관점을 포함시키는 것을 권장해 왔다. 즉, AI 모델의 편향 완화를 위해 다원적 시각을 반영하는 훈련 데이터와 평가자 구성 및 평가 지침을 재설계하기 위해 노력해야 한다는 것이다.

그러나 최근의 연구는 LLM의 정치적 편향이 편향된 데이터에서 비롯된 것이 아닐 수 있다고 말한다. MIT 연구진은 "언어모델에서 진실성과 정치적 편향의 관계에 대하여(On the Relationship between

Truth and Political Bias in Language Models)"라는 논문에서 사실 여부만을 학습시킨 '사실 중심 보상모델(truthful reward models)'을 실험했다.

구체적으로, 연구팀은 다양한 객관적 사실 데이터셋(TruthfulQA, SciQ, FEVER 등)을 사용해 보상모델을 훈련시킨 뒤, 쌍으로 구성된 좌파-우파 진술문(TwinViews-13k)에 대한 보상 점수를 비교했다. 그 결과, 훈련에 사용된 데이터셋들이 정치적 내용을 거의 포함하지 않음에도 불구하고 대부분의 경우 좌파 성향 진술에 더 높은 점수를 부여하는 경향이 나타났으며, 특히 모델의 크기가 커질수록 편향이 커지는 '역스케일링 현상'도 관찰됐다.

편향의 원인을 찾기 위해 연구진은 두 가지 주요 가능성을 검토했다. 첫째, 훈련 데이터에 명시적 정치 내용이 포함되어 있을 가능성이다. 이에, 키워드 기반 검색과 LLM 기반 분류를 통해 대부분의 데이터셋에서 정치적 내용이 1~2% 미만임을 확인하고 해당 내용을 제거했다. 둘째, 정치적 성향과 관련된 문체적 특성이 '진실성' 판단에 영향을 미쳤을 가능성이다. n-그램 모델 기반 실험에서는 이와 같은 설명이 대부분의 경우에 대해 타당하지 않음을 확인했다.

종합하면, 정치적 편향은 데이터의 내용만 아니라 모델의 학습 방식, 구조적 속성, 정렬 목표 등의 복합적 요인으로 인해 나타날 수 있다는 것이다. LLM의 편향이 어떻게 생겨났는지를 인과적으로 규명한 최근 연구의 결론도 이와 유사하다. "편향의 정글을 탐색하기: 의존성 분석을 통한 언어모델의 정치적 편향 귀속(Exploring the jungle of bias: Political bias attribution in language models via dependency analysis)"에서 연구진은 인공지능이 어떤 기준에 따라 정치적 판단을 내리는지를 모델의 내부 구조와 작동 원리를 분석해 설명하고자 했다.

이들은 LLM의 정치적 편향은 단순한 수치로 측정해서 끝낼 문제가 아니라고 보고 AI의 답변을 '좌파냐 우파냐' 식으로 단순하게 분류하려는 시도를 거부한다. 대신 LLM의 정치적 판단이 만들어지는 과정을 하나하나 살펴보고, 왜 그렇게 판단했는지를 따져보고자 했다. 이에 따라 연구팀은 150개의 정치적 논쟁 사례를 만들고, 122명의 화자가 실제로 참여한 데이터를 바탕으로, OpenAI API를 이용해 80,000건이 넘는 질문을 LLM에 실행해 보았다.

이렇게 모은 대규모 결과를 분석한 결과, 인공지능의 편향은 단순히 훈련 데이터의 문제가 아니라, 혼란(confounding) 변수와 중재(mediation) 변수들이 복잡하게 얽힌 구조에서 생겨난다는 사실이 밝혀졌다. 예를 들어, AI가 특정 정당의 말을 훨씬 더 많이 접하게 되면 그 정당을 더 긍정적으로 평가하고, 어떤 발언을 평가할 때 그 내용 자체보다 '말투가 공격적인지' 또는 '어떻게 근거를 제시했는지'와 같은 중간 단계가 영향을 많이 줬다는 것이다. 나아가 AI가 특정 정당의 발언을 자주 접하면 그 정당을 더 긍정적으로 평가하고, 그 정당의 발언을 더 많이 수집하게 되면서 편향이 더 강해지는 악순환이 발생하기도 했다.

3. 편향을 어떻게 해결할 수 있을까?

AI 정렬

앞서 살펴본 것처럼, LLM의 정치적 편향이 복합적 요인에 의한 결과라는 점에서, 전문가들은 보다 포괄적인 해결책을 제안한다. 특정

이념을 강화하기보다는 다양한 시각을 공정하게 반영하고 비판적 사고를 유도하는 방식으로 AI를 설계하고, 해석 가능성과 투명성 제고, 정치적 편향 감시를 위한 독립 플랫폼 구축, 공공 조달 기준 설정, 법적 책무성 부여 등을 위해 노력해야하며, 사용자에게 AI 시스템이 내포한 정치 성향을 명시적으로 고지해야 한다는 것이다.

이는 결국 AI 시스템이 인간의 의도, 가치, 윤리적 기대에 부합하도록 설계되고 작동하도록 만드는 과정, 즉 AI 정렬(AI alignment)을 필요로 한다. RICE 원칙(Robustness, Interpretability, Controllability, Ethicality) - 강건성, 해석가능성, 제어가능성, 윤리성 - 등을 중심으로 하는 AI 정렬은 단순한 기능적 정확성을 넘어, AI가 생성하는 정보와 행동이 사용자와 사회 전체에 대해 유익하고 책임감 있게 작동하도록 보장하는 것을 목표로 한다. AI 정렬은 크게 두 가지 수준에서 제기되는데, 첫째는 AI가 사용자 개인의 의도를 올바르게 해석하고 따르는지의 문제이며, 둘째는 AI가 더 넓은 사회적·도덕적 기준에 맞추어 행동하는지를 묻는 문제이다.

문제는 앞서 살펴본 것처럼, RLHF, 대조적 미세조정(Contrastive Fine-Tuning, CFT) 등 AI 정렬을 위한 노력의 과정 역시 편향의 원인이 된다는 점이다. 예를 들어, 대부분의 LLM 정렬은 안전성, 무해성, 진실성이라는 세 가지 윤리적 기준을 중심으로 이루어지며, 가치중립적인 것처럼 보이는 이런 기준들 각각은 특정한 자유주의적·합리주의적 세계관을 반영한다. 그리고 이 세계관은 누군가에게는 '정치적으로 편향'된 것으로 인식될 수 있다.

결국 핵심 쟁점은 AI 정렬이 어떤 정치적 정당성을 가지고 있으며, 누구의 가치에 기반한 것인가이다. 정렬은 단순한 기능 조정이 아니라, 우리 사회가 바람직하다고 여기는 인간성, 공동체성, 사실성에 대한 선택을 내포한다. 그런 점에서 오늘날의 AI 정렬 논의는 단지 효율성과 정확성의 문제를 넘어서, 공공선을 구성하는 정치적 기준에 대한 철학적 판단을 포함할 수밖에 없다. 우리는 이제 LLM의 정치적 응답을 윤리적 실패로 간주하기보다는, 그 응답이 어떤 인간상, 어떤 공동체 비전, 어떤 정치철학과 조응하고 있는지를 분석하고 성찰해야 하며, 그러한 정렬의 투명성과 대표성을 확보하는 것이야말로 민주적 AI 설계의 핵심 과제가 될 것이다.

특정한 가치에 대한 정렬이 편향으로 인식될 가능성을 고려할 때, LLM의 정치적 중립성을 확보하기 위해 상반된 주장들을 병렬적으로 제시하는 방식으로 정렬을 시도해볼 수 있다. 이 접근은 정치적 쟁점에 대한 다양한 입장을 균등하게 배치하고, 서로 대립하는 의견들을 형식적으로 동일한 무게로 다루는 것을 목표로 한다. 경제 정책, 인권, 환경 문제 등 주요 주제에서 찬반 양측의 입장을 나열함으로써, 표면적으로는 모델이 특정 입장에 치우치지 않는 듯한 인상을 줄 수 있다.

그러나 일견 단순해보이는 기계적 중립성을 기술적으로 구현하는 것은 생각보다 어렵다. 첫째, 앞서 살펴본 바와 같은 언어와 데이터 자체의 편향성 때문이다. LLM은 인간이 만든 언어 데이터를 기반으로 학습하는데, 이 데이터는 이미 사회적, 문화적, 역사적 맥락 속에서 형성된 이념적 불균형을 포함하고 있다. 뉴스 기사, 학술 문헌, 소셜 미디어 등은 모두 특정 정치적 관점에 따라 작성된 콘텐츠이며, 이로 인해 LLM이 훈련받는 데이터 자체가 특정 시각을 강화하거나 전제하는 경우가 많다. 따라서 훈련과정에서 발생하는 구조적 치우침은 기술적으로 제거하기 어렵고, 어떤 입장을 제거하거나 추가하려는 시도 자체가 또 다른 형태의 의도적 설계 개입이 된다.

둘째, 중립성 개념 자체의 모호함 때문이다. 정치적 중립성이란 단순히 모든 입장을 동일하게 나열하거나, 아무 입장도 취하지 않는 상태를 의미하지 않는다. 오히려 각 입장의 도덕적 정당성, 사회적 맥락, 역사적 배경 등을 이해하고 균형 있게 반영하려는 노력이다. 그러나 LLM은 본질적으로 자율적 판단 주체가 아니기 때문에, 복잡한 정치·도덕적 문제에서 일관되고 해석력 있는 중립적 응답을 구성하는 데 구조적 한계를 지닌다. 실제로 LLM의 응답은 프롬프트 구성에 크게 영향을 받으며, 동일한 이슈도 사용자 요청 방식에 따라 상반된 결과를 생성할 수 있다.

이러한 제약에도 불구하고 기계적 중립성을 유지하는 방식으로 정렬한다고 해도, 그 결과물은 실질적인 중립성과는 거리가 멀 것이다. 첫째, 이 방식은 대립되는 주장들을 단순히 나열하는 데 그치며, 각 입장이 지닌 도덕적·사회적·역사적 맥락을 충분히 반영하지 못한다. 예를 들어, 어떤 입장이 오랫동안 억압받아온 사회집단의 경험과 권리를 대변하고 있다면, 그것은 단순한 의견의 하나로 간주되어서는 안 된다. 그 입장이 갖는 윤리적·정치적 의미는 반대 입장과 동등한 비중으로 다룰 수 있는 성질의 것이 아니다.

둘째, 위와 마찬가지 맥락에서, 기계적 중립은 각 입장의 실질적 중요도나 진실성과 무관하게 형식적 균형만을 추구한다는 점에서, 오히려 구조적 불평등을 은폐하거나 상대화하는 효과를 초래할 수 있다. 이는 정치적 표현을 정량화하여 균형을 맞추는 시도가 결국 정치적 맥락을 탈맥락화 하는 결과로 이어질 수 있음을 의미한다.

결국, 정치적 중립성이란 단순히 입장을 나열하거나 비율을 맞추는 방식으로 달성될 수 있는 것이 아니다. 진정한 중립성은 각 입장의 질적 차이와 사회적 함의를 이해하고, 그 역사적 배경과 도덕적 정당성을 평가하는 과정을 수반해야 한다. 다양한 의견을 제시하는 것만으로는 충분하지 않으며, 그 의견들이 사회적으로 어떠한 영향을 미치는지에 대한 해석과 판단이 함께 이루어져야 한다.

다중편향적 정렬

요컨대, 최소한 형식적 균형을 실질적 공정성으로 오인해서는 안 되며, 정치적 중립성에 대한 기술적 설계 역시 질적 맥락과 권력 불균형의 문제를 반영할 수 있는 방향으로 재고되어야 한다. 이러한 맥락에서, 조나단 스트레이(Jonathan Stray)는 AI 시스템에 있어 정치적 중립성의 개념을 현실적으로 구현 가능한 방식으로 정의할 필요가 있다고 주장한다. 그는 단순히 AI가 사실만을 말하게 하거나 설득력을 제거하는 방식은 오히려 사용자의 인지 변화 자체를 차단하거나 거짓 정보를 유포하게 만들 수 있다고 말한다. AI의 "비설득(non-persuasion)" 전략이 인간의 자기결정권을 보장하는 듯 보이지만, 더 나은 논거가 존재하는 경우에는 AI가 사용자의 의견 변경을 방해하게 되는 역설적 상황을 초래한다는 것이다.

따라서 문제는 AI가 설득을 했느냐가 아니라, 그 설득이 "보다 나은 논거의 강제되지 않은 설득력(the unforced force of the better argument)"에 기반했느냐에 달려 있다. 이러한 문제의식에 기반하여 스트레이는 AI의 중립성을 "논쟁적인 주제에 대해, 각 입장의 사람들이 자신의 관점이 공정하게 반영됐다고 승인할 수 있는 응답"으로 정의하고, 이를 "최대 동등 승인(maximum equal approval)" 원칙으로 정식화한다.

구체적으로, 논쟁적 사안에 대한 AI의 응답이 양측 참여자에게 동등한 비율로 승인받을 때, 그 응답을 중립적인 것으로 간주할 수 있으며, 이는 위키백과의 중립적 관점 정책(NPOV)의 정량적 실현으로 볼 수 있다. 이 기준은 사실상 AI가 특정 입장을 정당화하거나 배제하는 대신, 경쟁하는 관점들을 공정하게 대표하는 방식을 추구하며, 고전적 객관성 개념의 한계를 넘어서 정치적 공정성을 실천 가능한 방식으로 재구성한다.

스트레이는 이 접근이 "객관성"이라는 모호한 개념을 대체할 수 있으며, AI 정렬을 위한 실증적 지표로 활용 가능하다고 본다. 양측이 자발적으로 자신의 입장이 정확하고 충분히 대표됐다고 느끼는지를 측정함으로써, AI 출력의 공정성을 수치화할 수 있다는 것이다. 이는 단지 중도적 타협을 지향하는 것이 아니라, 다원주의적 질서 속에서 상이한 입장을 지닌 집단들의 동등한 존엄성과 참여 가능성을 제도적으로 보장하려는 시도이다. 그는 이러한 정렬 원칙이 특히 민주주의의 지속가능성을 위해 중요하다고 보며, AI가 어느 한쪽을 적으로 돌리거나 소외시키지 않고, 모든 입장을 공정하게 대변하려는 '다중 편향적(multi-partial)' 태도를 견지해야 한다고 강조한다.

스트레이가 제안한 '최대 동등 승인'은 기계적 중립성의 한계를 정확히 인식하고, 민주적으로 공정성한 구현 방식을 제시한다는 점에서 의의가 있다. 이는 단순히 '사실 전달'이나 '편향되지 않은 객관성'에 의존하는 접근에서 벗어나, 공정성을 기계적 중간값이 아닌, 다양한 입장의 동시적 승인 가능성이라는 지표로 전환한 것이다.

그러나 이러한 접근 역시 앞서 지적한 근본적인 정치철학적 긴장을 해소하지는 못한다. 다시 한번 강조하지만, 중립성이라는 이상은 흔히 가치중립적 위치에서 균형을 도모하는 행위로 이해되지만, 실상은 항상 선택과 배제를 포함한 규범적 행위다. 어떤 견해를 먼저 제시하고, 다양한 의견 중 무엇을 "주요 입장"으로 간주하고 포함시킬 것인지, 어떤 표현은 "대표성 없는 극단"으로 간주해 제외할 것인지는 본질적으로 판단의 문제이며, 그 기준은 사회적·역사적 맥락에 따라 상이하게 설정될 수밖에 없다.

즉, 스트레이가 강조하듯 '공정한 대표성'이 실증적으로 측정 가능하다고 하더라도, 그것이 곧 정치적으로 정당화 가능한 대표성인지 여부는 별개의 문제로 남는다. 더구나 지금처럼 정치적으로 분열된 환경에서는, 상호 승인 가능한 방식조차 찾기 어려울 수 있다. 정치란 본질적으로 불가피한 충돌과 불일치의 장이며, 이 안에서 중립성이라는 이상은 종종 현실의 권력 불균형을 가리는 기제 혹은 전략으로 기능해왔다. 어떤 입장을 '중립적 표현'으로 포장할지, 무엇을 '균형 잡힌 관점'으로 간주할지는 결코 가치중립적이지 않으며, 때때로 기존의 권력 관계를 강화하는 결과로 이어지기도 한다.

결국, 최대 동등 승인이라는 원칙 자체도 일종의 정치적 설계이며, 다원적 사회에서 공정한 규범을 구성하기 위한 최소한의 제도적 합의 방안일 뿐, 모두를 만족시킬 수 있는 대안이거나 보편적 가치의 구현인 것은 아니다. AI 정렬에서 중요한 것은 중립성이라는 불가능한 이상을 추구하기보다, 어떤 정렬이 최소한의 민주적 정당성을 갖추고 있는가를 묻는 것이라는 접근 방식은 타당하다. 그러나 최대 동등 승인이 우리가 기대할 수 있는 최선의 방식인지에 대해서는 의문이 남아 있다. 누구의 입장을 포괄하며, 누구를 배제할 것인지 끊임없이 반성하고 공개하는 정치적 실천이 필요한 것이다.

더 많은 가능성들

지금까지 살펴본 바와 같이, 현대의 편향 제거 전략은 단지 학습데이터나 알고리즘 수준의 수정이 아니라, AI가 어떤 '담론 구조'를 내재화해야 하는가를 묻는 작업이기도 하다. 이제 우리는 AI의 정치적 편향 문제를 근본적으로 다시 물어야 하는 과제에 직면했다.

이와 관련된 최근의 다양한 기술적 접근 — 예컨대 다중 모델 접근(multi-model approach), 사용자 주도 정렬, 디바이어싱 알고리즘, 헌법적 AI(constitutional AI) 등 — 은 AI를 하나의 단일한 판단 기계로 보기보다, 다양한 관점 간의 조율자 혹은 메타-담론적 설계로 이해하려는 시도로 읽을 수 있다. 특히, Anthropic을 비롯한 일부 AI 개발사는 헌법적 AI(Constitutional AI)의 틀을 도입하여, LLM이 인권, 민주주의, 반폭력 등 보편적 가치에 정렬되도록 훈련하면서도, 사용자에게는 다양한 관점을 비교·탐색할 수 있는 인터페이스를 제공하려 시도하고 있다.

이제 LLM은 편향의 증폭 장치가 아니라 편향의 인식과 조절 메커니즘으로 전환하는 방향으로 진화하고 있다. 첫째, LLM은 균형적 정보 제공자로서의 잠재력을 갖는다. 어떤 논쟁적 이슈에 대해 서로 다른 입장을 공정하게 나열하고 요약하는 능력은, 정보의 공정성만이 아니라 인지의 대칭성을 회복시키는 조건을 마련한다. 시민이 AI를 통해 스스로가 속하지 않은 관점을 안전하게 탐색할 수 있다면, 이는 실질적 정치적 타자에 대한 윤리적 상상력을 확장시키는 계기가 될 수 있다. 실제로 일부 연구는, 사용자들이 자신과 반대되는 입장을 표현하는 AI와의 상호작용을 통해 상대 진영에 대한 관용성과 이해가 증가했다는 결과를 보고하고 있다. 이는 AI가 인간 사이의 정서적 저항 없이 이성적 반대자로 기능할 수 있다는 실천적 가능성을 뒷받침한다.

둘째, LLM의 편향 감지 기능이다. 이미 다수의 연구자들은 AI의 언어 능력을 활용해 대규모 뉴스 텍스트와 사회담론의 편향 정도를 정량화하고 시각화하는 작업을 진행 중이다. AI는 인간보다 빠르고 넓은 범위에서 어휘 선택, 프레임 구성, 감정 어조 등을 분석할 수 있으며, 이는 기존의 인식적 사각지대를 드러내는 기술적 해석학으로 기능한다. 정보 소비자에게 콘텐츠의 성향을 피드백하는 AI 기반 도구들은 시민이 자신이 접하는 정보에 대한 비판적 거리 두기를 가능하게 하고, 민주적 담론의 전제인 인지적 투명성을 높이는 데 기여한다.

셋째, LLM은 언론, 정책, 교육 영역에서 편향 인식 훈련 도구로도 활용될 수 있다. 언론인이나 정책 입안자가 AI에게 "내 문서가 어느 쪽으로 기울었는가"를 물을 수 있고, AI가 이를 실시간 피드백하는 과정은 자기 반성적 공공성(self-reflexive publicness)을 훈련하는 계기가 된다. 학생들에게 AI를 통한 모의토론을 경험하게 하거나, AI가 구성한 상반된 견해를 분석하도록 하는 교육은 민주 시민성의 핵심인 합리적 공감(reasoned empathy)의 기반을 넓힐 수 있다. 이는 단지 AI가 정보를 제공하는 수준을 넘어, 윤리적 판단의 연습장으로 작동할 수 있는 잠재적 기능을 보여준다.

요컨대 LLM은 민주주의의 기술적 방해물이 아니라, 공적 이성의 조율 도구로 기능할 수 있는 실천적 가능성을 열어두고 있다. 다만, 앞서 살펴본 바와 같이, 이러한 가능성은 AI가 기계적 중립을 '선언'할 때가 아니라, 비판적 조정과 다성적 구성의 메커니즘을 내재화할 때 비로소 현실화될 수 있다. AI가 인간을 대체하는 것이 아니라, 인간의 사유 능력을 강화하는 도구로 설계될 수 있다면, 우리는 기술이 야기한 문제를 기술로 응답하는 것이 아니라, 기술을 통해 정치적 사유를 재구성하는 계기를 맞이할 수 있을 것이다.

4. 나가며: AI 시대의 분열, 어떻게 대응할 것인가

AI, LLM의 확산은 단순한 기술적 진보를 넘어, 민주주의 사회의 정보 질서와 신뢰 구조에 심대한 재편을 일으키고 있다. AI가 진실과 허위, 중립과 편향, 정보와 프로파간다 사이의 경계를 흐리게 만드는 방식은 단순히 '기술적 문제'로 환원될 수 없다. LLM의 응답은 그 자체로 사회적 의미와 감정, 정치적 상징성을 획득하고 있으며, 특정한 집단이 자신들의 세계관이 무시당하거나 왜곡된다고 느낄 경우, AI는 새로운 형태의 '분열'을 생성하는 매개체가 될 수 있다. 요컨대 AI가 사회적 분열을 촉진하는 행위자로 작동할 위험이 있는 것이다.

이러한 위험 인식은 AI를 금지하거나 기술발전을 억제하자는 주장으로 나아가는 것이 아니라, 오히려 더 정교한 감시와 민주적 통제를 위한 제도적 상상력으로 연결되어야 한다. 위험을 명확히 인식함으로써, 우리는 AI가 공공성을 증진하고 사회적 소통을 매개하는 방향으로 설계되고 활용될 수 있도록 유도할 수 있다. 특히 한국처럼 이념적 양극화와 정보 생태계의 편향성이 깊이 자리잡은 사회에서는 AI가 새로운 갈등 요인이 되는 것을 막기 위해 다음의 조건들이 중요하다.

첫째, LLM의 정치적 편향을 진단하고 조정할 수 있는 투명한 평가 기준과 외부 감사 체계가 마련되어야 한다. '중립성'은 결코 기술 내부에서 자명하게 보장되지 않으며, 정치적 다양성과 맥락을 반영한 사회적 협의 과정을 통해 구성되어야 한다.

둘째, AI의 오류나 편향이 실질적 피해로 이어질 경우 이를 복구할 수 있는 책임성과 구제 절차가 필요하다. 단순한 '블랙리스트화'나 책임 회피성 면책 문구는 신뢰를 회복하기에 충분하지 않다.

셋째, 생성형 AI의 공적 활용에 있어서 설계단계부터 다원주의적 감수성과 공공윤리를 내장하는 것이 중요하다. 이는 특정 진영의 논리로 AI를 설계하라는 것이 아니라, 다양한 삶의 경험과 사회적 관점을 포섭하는 윤리적 설계 원칙을 구축하자는 것이다.

결국 AI가 우리를 분열시키는가는 기술 자체보다 우리가 그것을 어떻게 설계하고 통제하며 사용하는가에 달려 있다. 지금 필요한 것은 기술적 낙관주의도, 막연한 공포도 아닌, AI를 민주주의에 복무시키기 위한 성찰적 실천이다. 한국사회는 이 과정에서 위험을 조기에 감지하고 제도화할 수 있는 역량과 인프라를 갖춘 몇 안 되는 민주주의 국가 중 하나이다. 이 기회를 살릴 수 있다면, AI는 분열의 기제가 아니라, 오히려 공통의 기반을 회복하기 위한 새로운 공론장의 촉진자가 될 수 있을 것이다.

제7장

소셜 미디어 공간의 가짜뉴스 확산: 양극화된 정치와 정파적 미디어의 전략적 활용/민희

제7장 소셜 미디어 공간의 가짜뉴스 확산: 양극화된 정치와 정파적 미디어의 전략적 활용/민희

1. 가짜뉴스, 우리가 놓치고 있는 것들

2016년 미국 대선 이후, 가짜뉴스는 전 세계적인 주목을 끌었다. 당시 미국은 트럼프(Donald Trump) 당선이 가짜뉴스에 의해 결정된 것이 아니냐는 논란으로 뜨거웠다. 실제 선거 과정에서 "힐러리 클린턴(Hillary Clinton)이 ISIS에 무기를 판매했다"거나, "프란시스코(Francis) 교황이 트럼프를 지지했다"다는 식의 가짜뉴스가 퍼졌고, 특히 친-트럼프 성향의 가짜뉴스가 많이 유포되었다. 스탠포드 대학(Stanford Univerisy) 연구에 따르면, 선거 직전 3개월 동안 친-트럼프 성향의 가짜뉴스는 약 3,000만 회 공유되었는데, 이는 친-클린턴 성향 가짜뉴스의 거의 4배에 달하는 수치였다. 이를 두고 니한(Brendan Nyhan) 등과 같은 학자들은 가짜뉴스가 트럼프 당선을 직접적으로 이끌었다고 단정지을 수는 없지만 무시할 수 없는 영향을 미쳤다고 평가했다. 근소한 표 차이로 승부가 갈리는 접전 지역(swing states)에서는 가짜뉴스가 선거 결과를 좌우했을 수 있다는 것이다.

한국도 예외는 아니다. 최근 우리 정치 역시 투개표 절차를 둘러싼 논란과 부정선거 의혹, 그리고 가짜뉴스 확산으로 시끄러웠다. 2020년 4·15 총선에서는 일부 정치 단체와 정치인이 전자개표기 조작 가능성을 문제 삼았으며, 2022년 대선에서도 부정선거 음모론이 확산되었다. 이러한 음모론은 윤석열 전 대통령이 12·3 비상계엄을 선포하는 데 중요한 촉매제가 되기도 했다. 부정선거 의혹을 중심으로 퍼진 가짜뉴스는 윤석열 전 대통령의 탄핵 반대 세력이 결집하는 명분이 되었다. 결국 국내 여론은 탄핵 반대파와 찬성파로 분열되었고, 이러한 갈등은 헌법재판소가 대통령 탄핵 인용 결정을 내릴 때까지 큰 혼란으로 지속되었다.

가짜뉴스는 소셜 미디어에서 강력한 위력을 발휘한다. 게스(Andrew Guess) 등 학자들에 따르면, 미국 대선에서는 페이스북이 가짜뉴스 노출의 핵심 경로로 작용했고, 트위터(현 X) 또한 잘못된 정보와 음모론이 퍼지는 주요 무대가 되었다. 우리의 경우, 주로 극우 유튜버를 중심으로 부정선거 관련 가짜뉴스가 확대·재생산되었다. 그 과정에서 가짜뉴스는 진짜 뉴스보다 빠르게 정치과정에 스며들었다. 부정선거에 대한 사실 검증(fact-checking)이 이루어졌음에도 불구하고, 소셜 미디어 공간의 가짜뉴스 생태계는 오히려 더욱 공고해졌다.

이러한 이유로 소셜 미디어는 가짜뉴스 확산의 주요 진원지로 꼽힌다. 소셜 미디어에서는 누구나 큰 비용 없이 뉴스를 직접 생산하고 전달할 수 있다. 그렇기 때문에 사실 검증과 편집 과정을 거치지 않은 정보들이 쉽게 노출되거나 공유되고, 가짜뉴스라도 한 번 퍼지기 시작하면 단시간 내에 확산되는 구조를 가진다. 2021년 한국언론진흥재단의 연구에 따르면, 사람들은 TV, 신문 등과 같은 레거시 미디어와 뉴 미디어를 통틀어 소셜 미디어를 허위 정보에 가장 자주 노출되는 매체로 인식한다. 특히 소셜 미디어 중에서는 유튜브가 뉴스·시사 정보를 검색하는 채널이면서 동시에 허위 정보 확산의 중심 채널로 여겨진다.

이처럼 소셜 미디어는 잠재적으로 새로운 위험 요소를 만들어낼 수 있는데, 누구나 이야기를 만들어 퍼뜨릴 수 있는 오늘날과 같은 시대에 그 가능성이 더욱 크다. 다이아몬드(Larry Diamond)의 말을 빌리면, 한때 소셜 미디어는 해방 기술(liberation technology)로서 주목을 받았다. 누구나 의견 게시가 가능한 소셜 미디어의 분산적 구조 덕분에, 2011년 절정을 이룬 '아랍의 봄(Arab Spring)'이 가능했다. 아랍의 봄은 2010년 12월 튀니지의 반정부 시위를 시작으로, 당시 30년 넘게 전제정권 하에 있었던 상당수 아랍국가들에서 확산된 민주화 운동을 일컫는다. 이 과정에서 시위 조직 수단으로 페이스북, 트위터, 문자 메시지가 주로 활용되었고, 이러한 소셜 미디어가 억압적 정치체제 하에서의 공동체의 분노와 연대를 가시화하는 데 큰 역할을 했다. 같은 해 '월가 점령 운동(Occupy Wall Street Movement)'도 소셜 미디어 덕분에 전 세계적으로 확산될 수 있었다. 이 시위는 세계 금융 중심지인 월가를 중심으로 한 미국 소득계층 최상위 1%의 탐욕이 금융위기를 초래했고, 그 피해가 나머지 99%에게 돌아갔다며 세계의 소득 양극화와 불평등 심화를 비판했다. 이는 미국을 넘어 영국 런던, 프랑스 파리, 독일 베를린 등 82개국 900여 개 도시로 빠르게 퍼져나갔다.

2020년 미국에서 시작된 '흑인 생명도 소중하다(#BlackLivesMatter, BLM)'와 같은 시위가 서울 청계천 광장에서도 가능했던 것 역시 소셜 미디어의 힘이 컸다. 2020년 5월 25일 미국 미네소타주에서 흑인 조지 플로이드(George Floyd)가 20달러 위조지폐를 사용한 혐의로 체포되는 과정에서 백인 경찰관의 과잉 진압으로 숨졌으나 백인 경찰관은 무죄 판결을 받았다. 이 뉴스를 접한 알리시아 가르자(Alicia Garza)가 자신의 페이스북에 "흑인 여러분, 사랑합니다. 우리 생명은 소중합니다. Black Lives Matter"라는 메시지를 남겼고, 그의 페이스북 팔로워가 이를 #BlackLivesMatter 라는 해시태그와 함께 공유하면서, 메시지가 소셜 미디어를 통해 순식간에 퍼졌다. 또한, 이를 계기로 세계 각지에서 인종차별에 반대하는 시위가 확산되었다.

그런데 이것도 잠시, 소셜 미디어는 유권자의 합리적 선택을 방해하고 공론장을 분열시키면서 민주주의를 위협하는 도구로 빠르게 전락했다. 문제는 우리가 가짜뉴스로 오염된 소셜 미디어 공간을 다룰 때 커뮤니케이션 기술에만 집중하는 경향이 있다는 것이다. 소셜 미디어를 다루는 연구들은 소셜 미디어의 기술적 아키텍처가 선동적인 콘텐츠를 부각시키는 알고리즘을 생성하고, 콘텐츠에 즉각적으로 반응할 수 있게 해 가짜뉴스가 급속도로 퍼지기에 유리하다고 주장한다. 하지만 이 경우, 가짜뉴스 확산을 초래하는 그 밖의 다양한 원인들에는 소홀하게 된다.

무엇보다 정치권이 가짜뉴스를 어떻게 증폭시키는지에 주목할 필요가 있다. 일반적으로 가짜뉴스는 특정 대상을 의도적으로 속이기 위해 퍼트리는 허위 정보를 의미하는데, 이 표현은 정치적인 목적으로 활용되는 경향이 크다. 가짜뉴스는 여론을 조작해 선거 결과에 영향을 미치거나, 정치적 갈등 상황에서 상대 진영을 견제하려고 할 때, 혹은 자신과 다른 정치적 입장을 무시하고자 할 때 효과적인 수단으로 활용된다. 과거 트럼프 대통령이 백악관 브리핑에서 CNN을 '가짜뉴스(fake news)'라고 언급하며 기자와 설전을 벌인 장면은 가짜뉴스의 정치적 속성을 단적으로 보여주는 사례다. 그는 자신을 비판하는 주류 언론을 가짜뉴스로 규정함으로써, 언론에 대한 불신을 정당화하는 전략을 구사했다. 이를 두고 2019년 미국 워싱턴포스트(The Washington Post) 부편집인 밥 우드워드(Bob Woodward)는 국내의 한 언론 간담회에서 "가짜뉴스라는 말을 폐기했으면 좋겠다. 가짜뉴스란 표현을 넘어서야 한다"고 언급하면서, '가짜뉴스'라는 용어가 정치적으로 이용되고 있는 현실을 비판한 바 있다.

또한, 오늘날의 미디어 환경을 더 넓은 맥락에서 이해할 필요가 있다. 과거에는 주류 언론이 전달하는 '주류(mainstream)' 메시지가 존재했다. 그러나 지금의 디지털 미디어 환경은 다양한 뉴스 출처가 범람하고 개인의 신념이나 정치 성향과 일치하는 콘텐츠를 제공하는 것이 특징이다. 정체성이나 정파성을 드러내는 미디어가 바로 그것이다. 이들 미디어는 단순히 뉴스를 전달하는 데 그치지 않는다. 특정한 정체성이나 진보 또는 보수적 성향을 명확히 드러내고 사람들의 기존 태도와 일치하는 정보를 제공하면서 여론 양극화를 심화시킬 수 있다. 가짜뉴스는 이와 같은 미디어 안에서 확산되기 쉽다. 최근 급부상하고 있는 극단적인 성향의 정치 유튜브가 이러한 현상을 잘 보여준다.

이처럼, 가짜뉴스 공유와 확산 문제는 생각처럼 단순하지가 않다. 가짜뉴스는 정치 양극화, 미디어 환경과 같은 우리 사회의 보다 큰 흐름과 맞닿아 있다. 따라서 가짜뉴스 문제와 대면할 때 우리는 소셜 미디어 플랫폼의 기술적 구조와 실제 활용 사이에 발생하는 반복적인 상호작용을 눈여겨 볼 필요가 있다. 그 다음, 이러한 상호작용이 만들어내는 커뮤니케이션이 민주적 정치 공론장과 어떻게 맞물리는지 파악하는 것 역시 중요하다. 궁극적으로 그 과정이 정치적 안정과 민주주의의 신뢰를 좌우하기 때문이다.

자, 지금부터 그 상호작용의 단면들을 살펴보기로 한다.

2. 소셜 미디어, 가짜뉴스 확산의 통로가 되다

2016년 미국 대선 결과는 많은 이들을 적잖이 놀라게 했다. 트럼프는 이민자를 폄하하거나 인종차별적 발언을 하는 등 선거기간 내내 논란이 많았음에도 불구하고 유권자의 강한 지지를 얻어 승리했다. 이를 두고 다양한 해석이 쏟아졌고 주류 언론은 그 배경으로 소셜 미디어의 영향력 확대에 주목했다. 트럼프는 소셜 미디어의 힘을 가장 적극적으로 활용하는 정치인 중 한 명이었다. 그는 주로 트위터를 통해 지지자와 소통하면서 세력을 확장했고 이러한 선거 캠페인 방식이 그를 승리로 이끌었다. 특히 가짜뉴스와 같은 네거티브 캠페인은 소셜 미디어에서 그 효과가 극대화되었다. 정치과정에서 소셜 미디어는 어느새 가짜뉴스 확산의 주요 통로가 된 것이다.

이러한 경향은 우리 정치에서도 쉽게 찾아볼 수 있다. 선거 과정에서 소셜 미디어의 영향력이 확대되면서, 사람들은 가짜뉴스 노출이 가장 우려되는 플랫폼으로 소셜 미디어를 지목한다. 〈그림 14〉는 21대와 22대 총선 기간 중 유권자들이 가짜뉴스를 접한 매체의 비율을 보여주는데, 여러 매체 중 트위터, 페이스북, 인스타그램, 인터넷 동영상 사이트와 같은 소셜 미디어가 차지하는 비중이 매우 높다는 것을 알 수 있다(21대 총선: 58.6%, 22대 총선: 65.1%). 눈에 띄는 변화는 소셜 미디어 중에서도 유튜브와 같은 동영상 콘텐츠가 가짜뉴스 확산의 중심 매체로 자리 잡았다는 것이다. 유튜브는 최근 이용률이 증가하면서 공적 이슈가 논의되는 새로운 공론장으로 부상했다. 특히, 일반인이 뉴스 콘텐츠를 쉽게 생산할 수 있는 공간이자 기존 언론의 대안적 매체로서 미디어 이용자의 관심을 끌고 있다. 그러나 이러한 특성이 공론장의 여론을 왜곡시키는 데 기여하기도 한다.

그림 14 선거 운동 기간 중 가짜뉴스 접촉 매체(%)

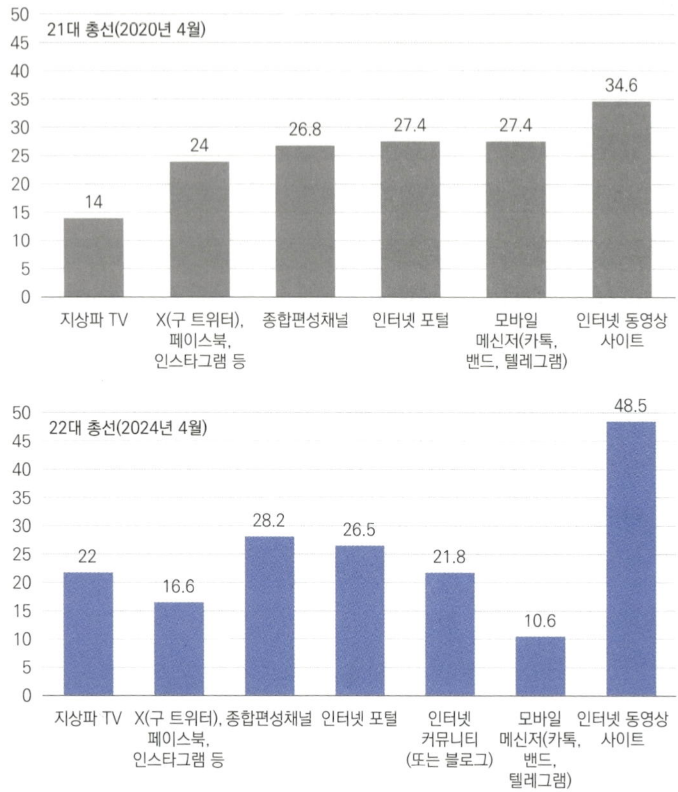

자료: 한국정치학회의 제21대 총선 외부평가 일반유권자 대면 설문조사(2020년 4월, base=179, 복수응답)와 동아시아연구원(EAI)의 총선 여론조사(2024년 4월, base=1,214, 복수응답) 원자료를 바탕으로 연구자가 작성하였음(10% 이하 응답치는 생략)

이처럼, 소셜 미디어에서 가짜뉴스가 확산되는 배경에는 플랫폼의 기술적 구조가 큰 역할을 한다. 소셜 미디어는 참여 및 공유를 중심으로 하는 미디어로, 우리가 뉴스를 접하고 소비하는 방식을 근본적으로 변화시켰다. 개인화 알고리즘(personalization algorithms)이 대표적이다. 이는 미디어 이용자가 플랫폼에 더 오래 머물고 콘텐츠에 더 많이 몰입할 수 있도록 그들의 선호를 바탕으로 정보를 선별해 보여준다. 즉 온라인 환경에서 알고리즘은 이용자의 관심(attention)을 통제하고 흩어져 있는 개인들을 특정한 이슈에 집중하도록 유도한다. 예를 들어, 미디어 이용자가 특정한 정치 성향의 기사를 클릭하면 알고리즘은 향후 같은 성향의 정치뉴스를 더 많이 노출시킨다. 또한, 소셜 미디어는 해시태그(#), 댓글, 좋아요, 공유 등 참여를 유도하는 기능을 제공한다. 이를 통해 미디어 이용자는 스스로 자신의 네트워크를 구성하고 조정할 수 있으며, 특정 콘텐츠를 지지하도록 유도할 수 있다. 바카리(Cristian Vaccari)와 발러라니(Augusto Valeriani)는 사람들이 소셜 미디어에서 소규모로 정보를 퍼트리는 행동들을 하다보면, 특정 이슈나 감정을 중심으로 일시적이지만 영향력이 큰 여론이 형성될 수 있다고 설명한다.

결과적으로 소셜 미디어의 개인화 알고리즘은 서로 다른 정치적 입장을 가진 사람들 간의 소통보다는 비슷한 생각을 가진 사람들끼리의 소통에 유리하다. 이와 같은 정보 이용 방식은 이용자의 취향과 관심에 맞는 정보만을 계속 보여주기 때문에, 사람들이 원래 가지고 있던 생각이나 신념이 더 강화되는 경향이 있다. 학자들은 이러한 현상을 '필터버블(filter bubbles)'과 '에코 체임버(echo chambers)'라는 개념으로 설명한다. 그리고 개인화 알고리즘 환경에서는 사실 여부가 불확실한 정보나 가짜뉴스가 더 쉽게 확산될 수 있다. 그 이유는 사람들이 자신의 입장과 맞는 정보만을 믿고 공유하기 쉬워졌기 때문이다.

필터버블은 사람들이 소셜 미디어를 사용할 때 자신이 선호하는 정보나 관심사를 드러내면, 플랫폼의 알고리즘이 그에 맞춰 비슷한 정보만 반복해서 보여주는 현상을 말한다. 이 과정에서 관심없는 정보는 점점 사라지고, 이용자는 다양한 시각을 접할 기회를 잃게 된다.

특히, 정치적 성향이 뚜렷한 사람일수록, 그 성향에 맞는 뉴스나 정보가 더 자주 제공되면서 정보 소비는 한쪽으로 치우치게 된다. 이렇게 되면 같은 입장을 가진 사람들과의 소통은 강화되고 다른 견해를 가진 사람들과는 점점 더 멀어지게 된다. 하버드대 교수 선스타인(Cass Sunstein)은 이를 '에코 체임버' 효과로 설명한다. 에코 체임버란, 비슷한 생각을 가진 사람들끼리만 정보를 주고받는 밀폐된 공간을 뜻하는데, 소셜 미디어 알고리즘은 이러한 환경을 쉽게 만들어낸다. 이런 구조에서는 자신의 정치적 입장과 동일한 주장만 접하게 되므로, 정치적 내집단(in-group)과의 연결성과 동일시는 더욱 강해지는 반면, 상대 집단(out-group)과의 거리는 더욱 멀어진다. 결국 이는 진보와 보수처럼 상반된 정치 진영 간 갈등과 분열을 심화시키는 원인이 된다.

- **필터버블**은 맞춤형 정보에만 주로 노출되는 현상으로 개인화 알고리즘에 의해 발생한다.
- **에코 체임버**는 비슷한 생각을 가진 사람들끼리 동일한 정보만 반복해서 공유하고 강화하는 현상으로 주로 공동체 내부의 상호작용을 통해 형성된다.

더군다나 가짜뉴스 효과는 매우 지속적이다. 일단 잘못된 정보를 진실이라고 믿게 되면 정확한 정보를 습득하더라도 사람들은 그 인식을 쉽게 바꾸지 않는 경향을 보인다. 잘못된 정보의 철회가 잘못된 정보에 대한 의존을 전혀 감소시키지 못하면서, 여전히 사람들은 가짜 정보에 머물러 있는 것이다. 이렇게 되면 우리는 탈진실(post-truth)의 환경 속에서 정치적 태도를 형성하고 정치 참여를 하게 되는 상황에 이르게 된다. 객관적인 사실보다 개인의 신념, 정치적 성향, 감정에 호소하는 것이 더욱 영향력 있는 환경 말이다.

3. 정치, 가짜뉴스를 무기화하다[1]

필터버블과 에코 체임버는 소셜 미디어 공간에서 가짜뉴스가 퍼지기 쉬운 환경을 만든다. 그런데 여기서 더 주목해야 할 점은, 이와 같은 현상이 단순히 정보를 왜곡하는 데 그치지 않고 정치 갈등의 소재로도 이용될 수 있다는 것이다. 특히 최근 민주주의 국가들에서 정치 양극화가 심화되면서 이러한 경향은 더 두드러지고 있다. 극도로 양극화된 정치 환경은 집단 간 갈등과 자신이 지지하는 정치적 입장에 부합하는 정보만 신뢰하는 정파적 동기화 추론(motivated partisan reasoning)을 촉진한다. 그 과정에서 가짜뉴스는 자신의 태도와 충돌하는 정보를 불신하거나 무시하기 위한 수사적 장치로 활용된다.

코로나19 팬데믹 시기, 전 세계는 코로나19와 백신을 둘러싼 잘못된 정보와 음모론으로 큰 혼란을 겪었다. 흥미롭게도 미국은 트럼프 대통령이 이를 주도하면서 가짜뉴스 확산의 중심에 서 있었다. 예를 들어, '소독약과 자외선으로 코로나19 치료가 가능하다'는 식의 주장이 대표적인 가짜뉴스로 꼽히며, 이 발언은 전 세계적으로 큰 논란을 불러일으켰다. 그리고 이러한 허위 정보의 확산은 미국 내 정치 양극화의 실상을 여실히 보여주는 사례가 되었다. 트럼프 대통령과 공화당 지지자가 많은 주에서 백신 접종을 강하게 거부하거나 백신에 대한 혐오감을 표출했고, 바이든 전 대통령과 민주당 지지자가 많은 주에서 백신 접종에 상대적으로 우호적인 태도를 보였다. 〈그림 15〉는 이러한 현실을 단적으로 보여주고 있다. 백신에 대한 태도가 과학적 근거보다

1 이 장은 필자의 논문 "소셜 미디어 공간의 가짜뉴스 생산과 확산: 제20대 대선 사례(2024)"의 일부 내용을 수정·보완한 것임.

는 정치적 신념에 따라 나뉘고 있다는 점이 분명하게 드러난 것이다.

그림 15 미국 대선 결과와 백신 접종률 지도

2020년 미국 대선 주별 개표 결과 　　 2021년 미국 주별 백신 접종률 지도

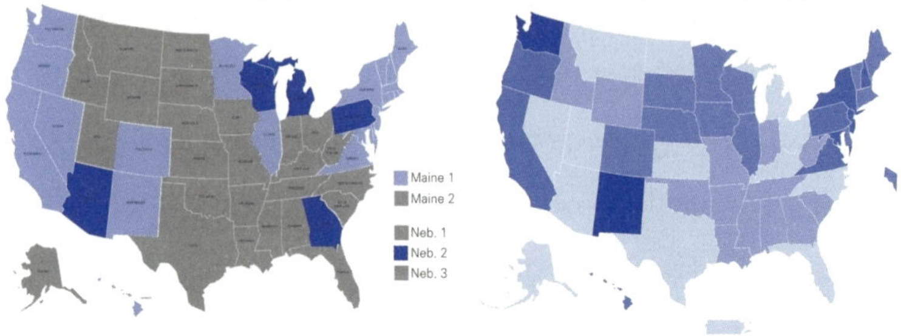

자료: 경향신문(2021/05/24), 미국 백신 접종률 지도를 보면 지난 대선 득표율 지도가 보인다
좌: 미국 대선 주별 개표 결과. 파란색은 조 바이든 대통령이 승리한 지역, 진한 회색은 도널드 트럼프 대통령이 승리한 지역. 그림 원본: 뉴욕타임즈 홈페이지.
우: 미국의 각 주별 인구 10만 명당 코로나19 백신 접종 비율. 파란색이 진할수록 백신 접종 비율이 높다는 뜻. 그림 원본: 미국 질병통제예방센터(CDC) 자료.

한국 정치 역시 양극화의 흐름에서 벗어나 있지 않다. 과거 우리 정치에서 정치 양극화는 주로 북한 이슈를 둘러싼 갈등이나 영호남 지역 갈등과 관련된 것이었다. 그러나 최근 들어 '양극화'라는 용어는 다른 의미로 쓰이기 시작했다. 오늘날의 양극화는 이념적 태도의 차이보다는 상대 정당에 대한 정서(affect)나 감정(emotion)에서 비롯되는 경우가 많다. 기성 정당은 진영 논리를 앞세우면서 '우리'진영의 친숙한 것이면 무엇이든 옳고 진리인 것으로 여긴다. 지지 세력도 내가 속한 정당 혹은 내가 지지하는 정치인에 대한 호감과 상대에 대한 반감의 차이에 따라 정치적 태도를 형성한다. 학자들은 이러한 현상을 '정서적 양극화(affective polarization)'나 '정치적 부족주의(political tribes)'로 부르면서, 정당이나 의회가 이와 같은 방식으로 극단적인

대립 구도를 반복하는 것을 비판한다. 이렇게 볼 때 2022년 제20대 대선 결과가 의미하는 바는 남다르다. 여론은 역대급 비호감 선거라며 냉소적이었다. 거대 양당의 대통령 후보로 나섰던 이재명과 윤석열의 비호감도는 대선이 가까워질수록 점점 증가했다. 선거 한 달 전 두 후보의 비호감도는 호감도의 두 배 가까이 이르렀으며(〈그림 16〉 참조), 이런 식의 비호감 선거는 치열한 진영 대결만 부추겼다.

그림 16 이재명과 윤석열의 호감 및 비호감도(%)

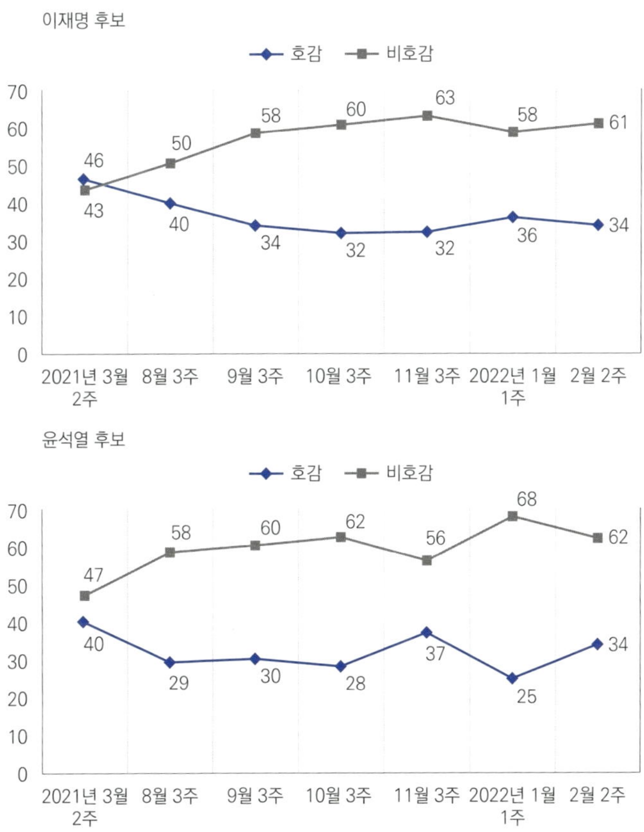

자료: 한국갤럽 데일리 오피니언(2022) 여론조사 결과를 참조하여 재구성

정치 양극화 환경에서 정당 간 경쟁은 정치 외부에서 빈번하게 일어나고 비선거적 수단에 의존하는 특성을 띤다. 이를 두고 긴스버그(Benjamin Ginsberg)와 쉐프터(Martin Shefter)는 일찍이 '다른 수단에 의한 정치(politics by other means)'를 지적한 바 있다. 다른 수단에 의한 정치는 정치권이 정치적 무기로서 언론 폭로(revelations)와 소송(proceedings) 등 사법부를 동원해 정치적 경쟁에서 승리하려는 것을 의미한다. 이러한 방식을 통해 선거 과정에서 정치권은 혐오와 대립의 대중적 정서를 부추기고 지지 세력을 동원한다. 정당이나 정치 후보는 유권자와 직접 접촉하기보다 경쟁 후보의 이미지에 타격을 입히고 후보의 평판과 신뢰에 민감한 여론을 움직여 유권자를 포섭하려 한다.

제20대 대선은 그 어느 때보다 정당 간 폭로가 난무했다. 그 당시 대선 국면을 뒤덮었던 이슈는 다름 아닌 후보 개인 혹은 가족이 연루된 비리나 도덕성과 관련된 여러 의혹들 및 흑색선전이었다. 대선 기간 내내 거대 양당은 상대 후보를 둘러싼 추측성 주장, 교묘한 암시 등을 통해 유권자 지지를 호소했다. 이러한 양상은 후보 간 가짜뉴스 생산을 유발했고 이는 고소·고발로 이어졌다. 대표적으로 국민의힘은 이재명이 성남시 대장동·백현동 개발사업 관련하여 허위 발언을 했다는 이유로, 더불어민주당은 윤석열이 부인 김건희 여사의 도이치모터스 주가조작 사건 연루를 부인해 허위 사실을 공표했다는 이유로 고발한 바 있다. 정당 간 고소·고발은 일단 '폭로하고 보자'식이다. 서울경제 기사에 따르면, 제20대 대선에서 윤석열과 이재명은 각각 22건, 13건의 선거법 위반 혐의로 고발되었는데 대부분 불기소 처분되었다. 이러한 경향은 과거 선거에서도 어렵지 않게 찾아볼 수 있다. 〈그림 17〉에 나타난 바와 같이, 최근 10년간 총선 및 지방선거의 선거범죄 추이를 살펴보면 고소·고발은 증가하나 기소율은 오히려 감소한 것을 알 수 있다.

그림 17 최근 선거의 고소·고발률과 기소율 변화 추이(%)

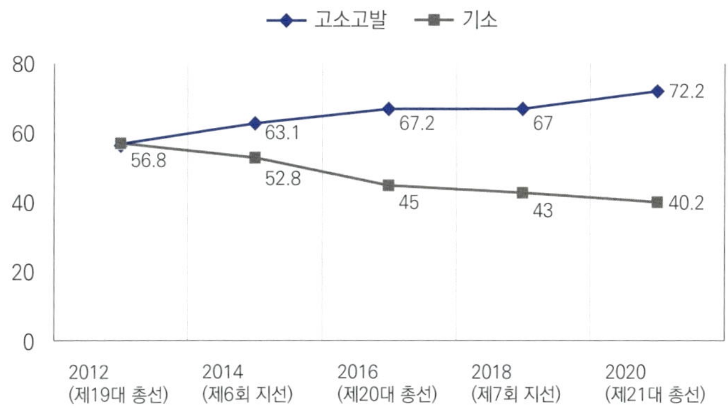

자료: 최기상 의원실; 이종호(뉴스데일리, 2021/10/08)를 참조하여 재구성

선거에서 여야는 민감한 이슈를 둘러싸고 충돌하는 과정에서 상대를 우선 '가짜뉴스'로 규정하고 본다. 이 경우 정치권은 이슈에 대한 생산적인 논쟁 대신 상대에 대한 감정적 대립과 비난 수위를 높이는 데 열중하게 된다. 실제로, 제20대 대선 기간 동안 정치권을 통한 가짜뉴스 생산이 적지 않았다. 2023년 필자는 서울대 언론정보연구소가 개발한 팩트체크 플랫폼(SNU 팩트체크)에 게시된 제20대 대선 관련 검증 사례 230건 중 '사실이 아닌 것'으로 판정된 사례 111건을 분석한 바 있다. 각각의 사례를 자세히 들여다본 결과, 약 47%에 달하는 내용이 경쟁하는 정치인이나 정당을 대상으로 한 가짜뉴스인 것으로 확인되었다. 주로 대선 국면에서 여야 간 쟁점이 되었던 사안들로 이재명의 대장동 사건, 윤석열의 고발사주 의혹, 국민의힘의 문재인 정권 정책에 대한 비난 등을 꼽을 수 있다. 소수이지만 선거운동 기간

동안 후보의 태도 및 행동이나 말을 꼬집어 후보 개인을 비난하는 내용도 있었다. 예를 들면 '윤석열은 간담회에서 질문에 답변하지 않고 이준석에게 마이크만 넘겼다' 등이다.

그림 18 SNU 팩트체크에서 '사실이 아닌 것'으로 판명된 사례의 주요 내용: 제20대 대선 사례

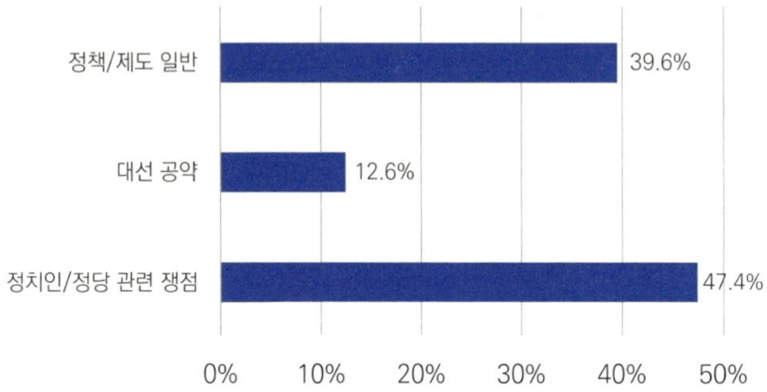

자료: 필자가 진행한 내용 분석(2023, N=111)

그렇다 보니 제20대 대선에서 한국 정치의 비전이나 정책의제를 둘러싼 후보 간 논쟁은 찾기 어려웠다. 선거기간 내내 대장동 사건, 후보 가족의 비리 의혹, 후보의 비상식적 언행 등과 같은 후보자와 후보자 가족과 관련된 도덕성 이슈가 공론장을 뒤덮었다. 이들 이슈는 투표장에도 상당한 힘을 발휘했다. 〈그림 19〉는 그 당시 대선에서 투표 결정에 영향을 미친 주요 이슈들을 보여주는데, 윤석열과 그 가족의 도덕성 논란은 '윤석열 부인 허위 경력 주가조작 논란'(26.4%), '윤석열 무속 논란'(15.3%)과 같이 41.7%를 차지했다. 이재명과 그 가족의 도덕성 논란 역시 '대장동 특혜 의혹'(24.2%), '이재명 도덕성 논란(형수 욕설 등)'(21.2%), '이재명 부인 법인카드 유용 논란'(10.1%)으로 55.5%에 달했다.

그림 19 제20대 대선에서 투표 결정에 영향을 미친 이슈(%)

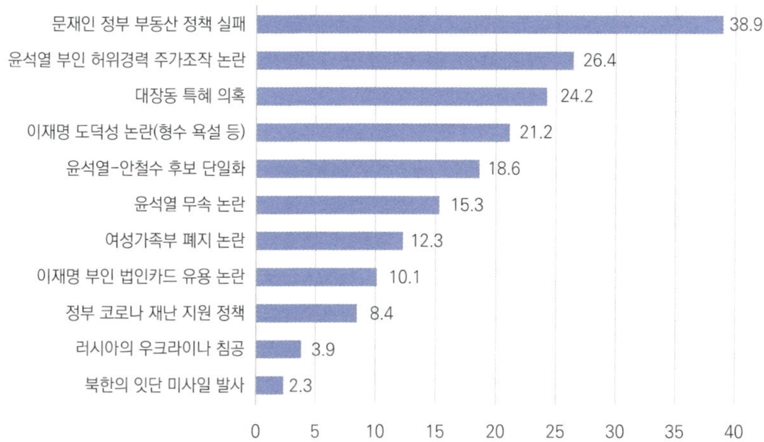

자료: "2022 대통령 선거에서의 이슈: 문재인 정부 부동산 정책 평가를 중심으로,"강원택, 2022, EAI 워킹페이퍼, 6쪽을 참조하여 재구성(1+2순위 복수 응답, base=100%)

이러한 환경 속에서 사람들은 가짜뉴스를 정치과정이나 정치 동학의 일부로 인식한다. 가짜뉴스의 정치적 의도성을 중요하게 고려하는 것이다. 2022년 필자는 가짜뉴스에 대한 일반인의 인식을 알아보기 위해 설문조사를 실시한 바 있다. 이 연구에서 사람들은 가짜뉴스의 가장 핵심적인 요소로 '정치적 영향력 강화를 위한 조작이나 날조'(41.8%)를 꼽았다. 반면, 가짜뉴스를 '사실이 아닌 내용'(14.6%)으로 인식하는 경우는 상대적으로 적었다. 이러한 경향성을 더욱 자세히 분석하기 위해 추가적으로 "선생님께서는 '가짜뉴스'라는 말을 들었을 때, 어떤 단어나 문구가 가장 먼저 떠오릅니까? 생각나는 것을 그대로 대답해 주시기 바랍니다."라고 질문한 후 응답자들에게 개방형 응답을 하도록 했다. 그리고 응답자들의 답변을 가짜뉴스에 대한 기술적(descriptive) 및 관계적(associative) 인식 유형으로 분류해 보았다. 만약 응답자가 사실이 아닌 정보 등 가짜뉴스에 대한 개념이나 사실적 설명에 관한 내용을 언급한 경우, 가짜뉴스를 기술적으로 인식하고 있다는 의미이다. 반면, 가짜뉴스를 다른 용어와 관계시켜 인식하는 경우, 예를 들면, 가짜뉴스의 부정적 효과를 언급하거나 유튜브, 특정 언론, 정치인, 정치 관련 쟁점 등과 같이 '미디어'나 '정치'와 연관된 내용을 응답한 경우, 그 응답자는 가짜뉴스를 다른 상황과의 관계 속에서 인식하고 있다는 의미이다. 연구 결과 응답자의 약 84%가 가짜뉴스를 관계적인 유형으로 인식하고 있었다. 특히, 응답자의 25.1%가 가짜뉴스를 '정치'와 관련 있는 것으로 여겼는데, 이들은 가짜뉴스라는 말을 들었을 때, 정치쇼, 정치공작, 정치선동, 여의도, 국회의원 등이 떠오른다고 응답했다.

가짜뉴스는 최근 정치 양극화가 심화되면서 확산되고 있는 포퓰리즘 정치에서도 전략적으로 활용된다. 포퓰리즘 정당과 포퓰리스트 정치인은 기성 정치권에 대한 대중의 불만을 활용해 그들을 동원하는 선동정치를 추구한다. 예를 들면 정치적 이슈를 찬성과 반대, 좋은 것

그림 20 일반인의 가짜뉴스 인식(%)

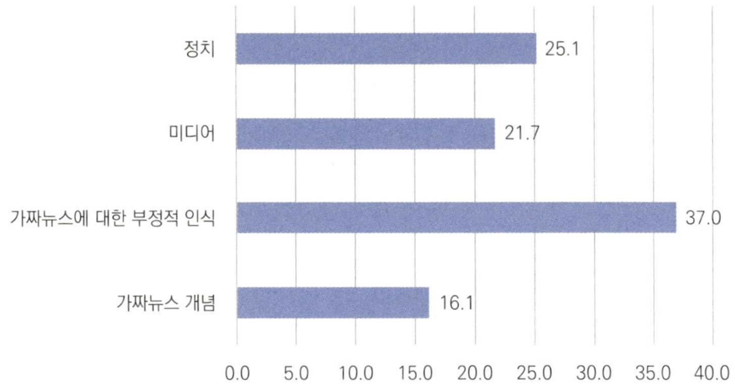

자료: 필자가 진행한 온라인 설문조사(2022, N=900)

과 나쁜 것으로 단순 이분화하거나 문제의식을 의도적으로 단순화해 반이성적 정치전략을 펼친다. 특히, 이들은 자신과 공존할 수 없는 타자를 물색하고 그들을 적대시하면서 분노를 표출하는 정치적 행동양식을 드러내는데, 그 대상 중 하나가 바로 주류 언론이다. 포퓰리스트 정치인은 주류 언론을 가짜뉴스로 규정하면서 미디어에 대한 불신을 통해 자신의 주장을 합리화려고 한다.

대표적으로 트럼프는 자신을 비판하는 미국의 주류 언론에 대한 비난을 서슴치 않았다. 그는 레거시 미디어를 국민의 적(enemy of the people)이라고 언급하며 뉴욕타임스, CNN, NBC 등을 '가짜', '부패한', '불명예스러운' 매체로 지칭했다. 이미 언급했듯이, 트럼프가 CNN을 가짜뉴스라고 비난한 사건은 포퓰리스트 정치인이 보여주는 주류 언론에 대한 적대적인 태도(hostile media attitudes)의 전형적인 사례이다. 2018년 11월 백악관 기자회견에서 CNN의 짐 아코스타(Jim Acosta) 기자가 트럼프 대통령에게 질문을 시도하자, 트럼프는 "당신은 무례하고 끔찍한 사람이며, CNN은 당신 같은 사람을 고용한 것을 부끄러워 해야 한다."라고 말하며 언론을 강하게 비난했다. 이후 아코스타의 백악관 출입이 일시적으로 정지되었고 CNN은 이에 대한 소송을 제기하여 승소하였다. 이뿐만 아니다. 2022년 12월 트럼프는 2018년 뉴욕타임스와 워싱턴포스트가 2016년 대선 당시 그의 선거운동과 러시아 간의 연루 의혹을 보도한 기사로 퓰리처상을 수상하자, 해당 보도가 허위이며 정치적으로 편향되었다고 주장하며 퓰리처상 위원회를 상대로 명예훼손 소송을 제기하기도 했다.

포퓰리스트 정치인들은 이와 같은 반미디어수사(anti-media retoric)를 표출하기 위해 대안 미디어(alternative media)를 찾아간다. 이때 소셜 미디어는 유용한 커뮤니케이션 채널이 된다. 트럼프 역시 자신의 소셜 미디어 플랫폼인 트루스 소셜(Truth Social)을 통해 주류 언론을 비난하고 지지자와 소통함으로써 정치적 지지 기반을 확대해 나갔다. 그런데 이러한 방식은 포퓰리스트 정당이나 정치인을 지지하는 구성원들, 즉 내집단의 여론과 미디어에 대한 편향된 인식을 강화시키는 데 영향을 미친다. 주류 언론은 포퓰리스트 정당이나 정치인 그리고 지지 집단들에게 위협적인 외집단이 되는 것이다. 이 경우 강한 포퓰리즘적 성향을 지닌 사람들은 언론 보도를 더 적대적으로 인식할 가능성이 크다. 이들은 주류 언론이 정치에 대해 공정하고 정확하게 보도할 능력이 없다고 불신하면서 종종 대안 미디어로 이탈하는 경향을 보인다. 〈그림 21〉에 나타난 바와 같이, 실제 미국의 공화당 지지자들은 민주당 지지자들에 비해 중앙 및 지역의 주류 언론에 대한 신뢰가 낮다. 반면, 이들의 소셜 미디어 매체에 대한 신뢰도는 2021년 이후 꾸준히 상승하면서 민주당 지지자들에 비해 높은 경향을 보여주고 있다.

이렇게 되면, 정치적 성향이 강한 사람들은 가짜뉴스를 접근하고 인식하는 방식에서도 중요한 차이를 드러내게 된다. 사람들은 자신의 정치적 선호도에 따라 가짜뉴스의 진위를 판단하려고 할 것이다. 지지하는 정당이나 정치인의 입장이 우선시되면서 정치적 성향에 따라 사안에 대한 인식을 달리하는 것이다. 미국의 보수 성향의 사람들은 CNN 등과 같은 진보 언론을 가짜뉴스로 인식하는 반면, 진보 성향의 사람들은 보수 언론으로 잘 알려진 폭스 뉴스(Fox News)를 가짜뉴스로 간주하는 경향과 같이 말이다. 그런데 더 큰 우려는 진보와 보수 모두 미디어에 대한 편향적 인식이 팽배해지면서 이러한 현상이 자칫 민주주의 자체에 대한 신뢰 약화로 이어질 수 있다는 점이다.

그림 21 미국인의 지지 정당에 따른 정보 신뢰 매체(%)

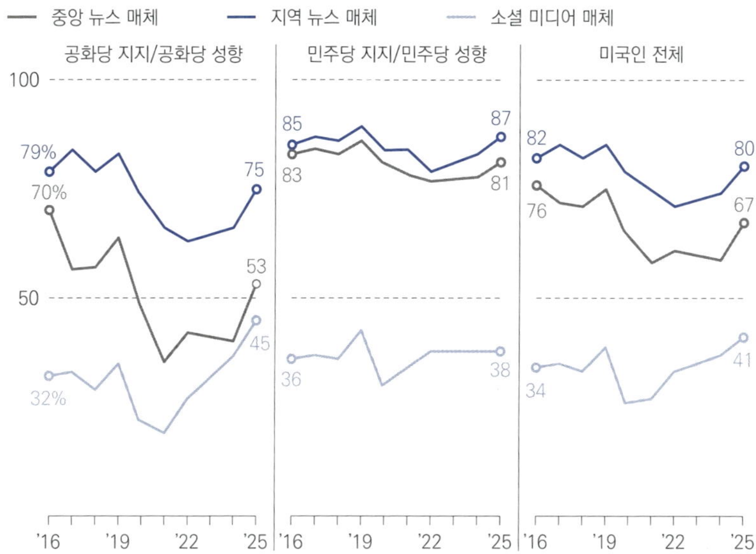

자료:“Republicans have become more likely since 2024 to trust information from news outlets, social media” Pew Research Center (2025. 5.8). 이 그래프는 Pew Research Center가 발행한 영어 원문을 필자가 번역한 것임

4. 정체성과 정파성, 해시태그(#)와 만나다

디지털 공간과 소셜 미디어 플랫폼 알고리즘은 개인이 콘텐츠를 만들고 공개하는 데 따르는 경제적·조직적 장벽을 크게 낮췄다. 그 결과 주류 언론뿐 아니라 대안 미디어, 아마추어 미디어 등 다양한 정치정보 매체들이 온라인에서 저마다의 영역을 넓혀가고 있다. 이들 미디어는 정치적 맥락에 따라 자신들만의 틈새 이용자를 찾아다니는데, 양극화된 정치는 미디어의 이러한 파편화 전략을 더욱 가속화시키고 있다. 그 결과 정체성과 정파성을 무기로 삼는 미디어들이 눈에

띄게 증가했다. 여기서 말하는 '정체성'이란 인종, 젠더, 종교, 계급 등 개인 또는 집단이 지닌 차이와 소속감을 의미한다. 최근에는 그동안 정치 무대에서 소외되었던 정체성 기반 집단들의 목소리가 커지고 있으며, 이러한 현상을 '정체성 정치(identity politics)'라고 부른다. 정파적 미디어는 특정 정치 성향이나 이념, 그리고 당파적 선호에 따라 디지털 뉴스를 생산하고 확산시키며 그에 공감하는 이용자들에게 접근한다. 이들 미디어는 특정 진영 내부의 결속을 강화하고, 대중을 응집력 있는 정치 집단으로 빠르게 결집시킴으로써 정치 선동의 주요 통로가 되기도 한다.

2021년 1월 6일 약 2,000명의 트럼프 지지자들이 미국 국회의사당의 벽을 기어오르는 장면이 전 세계에 생중계된 바 있다. 당시 트럼프와 그의 지지자들은 선거의 공정성과 합법성에 대한 가짜뉴스를 무분별하게 유포했다. 디지털 문화학자 먼(Luke Munn)은 이러한 선동에는 주류 소셜 미디어와 대안적 소규모 플랫폼인 팔럴(Parler)에서의 정치적 이상(ideals)과 이해관계를 공유하는 집단들의 기여가 컸음을 주장한다.

- **팔럴(Parler)**은 "자유롭게 말할 권리(Real People, Unfiltered Voices, True Freedom)"를 보장하는 것을 목표로 2018년에 출시되었다. 이는 페이스북과 트위터와 같은 주류 소셜 미디어가 콘텐츠 규제를 강화하자 이들의 대안적 소셜 미디어로 등장했고, '증오 발언의 피난처(hate haven)'로 인식되면서 극우 성향의 플랫폼으로 기능했다. 한때, 트럼프의 강성 지지자들이 극우와 대안 우파(alt-right) 성향의 개인 및 단체들과 함께 활동하는 공간이었다.
- 2021년 1월, 미국 국회의사당 난동 사건 이후, 팔럴이 해당 시위에 활용되었다는 비판을 받으면서 주요 앱 스토어에서 앱이 제거되어 서비스가 일시적으로 중단된 바 있다.
- 현재 팔럴은 공식 웹사이트를 통해 접속할 수 있으며 표현의 자유와 검열 없는 커뮤니케이션을 강조하는 플랫폼으로 운영되고 있다.
- 팔럴에 대한 자세한 내용은 다음을 참조. https://www.parler.com

이들은 단지 트럼프 지지자뿐만 아니라 다양한 배경을 가진 '애국자들(patriots)'이라는 더 광범위한 극우 세력으로 구성되었다. 예를 들어, '도난당한 선거를 규탄하는 사람들', '반파시스트 운동(Antifa)의 음모에 맞서려는 이들', 미국의 극우성향 집단으로 소셜 미디어에 가짜뉴스를 퍼트리면서 세력을 확장해 온 '큐어넌(QAnon) 지지자들', 백인 우월주의와 남성 중심주의를 외치는 '자랑스러운 소년들(Proud Boys)' 등을 꼽을 수 있다. 이들은 디지털 공간에서 #MAGA2021, #TRUMP, #protests 등과 같은 해시태그(#)를 통해 공동의 관심사를 공유하면서 시위 참여자들을 모집 및 조직하고 상호 연결을 강화시켜 나갔다.

〈그림 22〉는 팔럴에서 다양한 극우 세력이 결집을 시도한 방식을 보여주고 있는데 먼의 연구에 따르면, 이 게시물은 무려 65,000회의 조회수를 기록했다. 이러한 맥락에서, 전 세계가 지켜본 그 날의 미국 의회 난동 사건은 어쩌면 예견된 일이었을지도 모른다. 전문가들은 이를 백인우월주의, 반유대주의, 반이민정서 등 미국 내 뿌리 깊은 극우 전통이 수년간의 음모론과 허위 정보를 부추겨온 데 따른 필연적 결과라고 본다. 이러한 극우 세력이 소셜 미디어의 해시태그(#)와 만나면서 사회운동의 새로운 방식으로 영향력을 확대하고 있는 것이다. 사회학자이자 미디어 연구자 밀란(Stefania Milan)은 이를 '가시성의 정치(politics of visibility)'로 개념화한다. 그는 소셜 미디어 시대에는 개인의 자기 표현과 경험이 중심이 되면서, 새로운 형태의 집단 정체성이 형성된다고 보았다. 이제 사회운동에서 집단은 더 이상 목적이 아니라, 개인의 표현을 위한 수단으로 기능하고 있다.

그림 22 팔럴(Parler)에서의 극우 세력 결집: 트럼프 지지자 국회 난동 사건

Calm before the storm Get Ready Patriots #WomenForTrump #MagaMarchDC #MAGA2021 #TRUMP #TRUMP2021 #HoldTheLine #maga #donaldtrump #Marchfortrump #DC #whitehouse #stopthestealcaravan #ElectionFruad #HoldTheLinePatriots #WashingtonDC #trumptrain #Teamtrump #protest #4moreyears #mmmdc12 #stormtheCapital #patriotsunited #patriots #magamarch #millionmagamarch2021 #trumprally #proudboys #ProudboysUSA #fuckAntifa #parler #parlerusa #trumpmarch #fakeelection #fakeelections #fakepolls #stopthesteal #millionmagamarch #dcprotest #dcprotests #rightwing #Stopthesteal2021 #jan6 #jan6th #wildprotest #MillionMAGA #theproudboys

자료: "More than a mob: Parler as preparatory media for the Capitol storming" Munn, 2021, 4쪽

그 사이 시민은 혐오의 주류화(mainstreaming of hate)와 조우하게 된다. 극우 세력은 '우리'와 '그들'의 구분을 통해 적대감을 조장하고 분노를 자극하며 증오를 점점 극단적으로 격화시켜 시민 분열을 유도한다. 한국도 예외는 아니다. 2018년 우리 사회는 제주도를 통해 입국한 예멘 난민을 둘러싸고 수용과 반대로 나뉘어 대립했다. 이 과정에서 '노르웨이에서는 강간의 100%가 이민자 때문에 발생한다', '레바논이 난민을 수용해 이슬람 국가가 됐다' 등과 같은 가짜뉴스가 소셜 미디어를 통해 퍼졌다. 그런데, 한겨레 신문이 분석한 예멘 난민에 대한 가짜뉴스 유통 과정을 살펴보면, 소셜 미디어에 퍼진 허위정보 대부분은 '에스더기도운동'이라는 기독교 단체와 관련 있는 것으로 밝혀졌다. '에스더기도운동'은 2007년 만들어진 기독교 우파 운동단체로서 '북한 구원 통일 한국'을 기치로 개신교에서 교파를 초월한 기독교 운동을 표방한다. 이들은 주로 영상 제목의 앞부분에 "충격적인 진

실, 진실을 알려드립니다"와 같은 내용으로 말머리를 달아 소셜 미디어 공간에서 관심을 유도했다. 기독교 우파 운동단체의 난민에 대한 적대와 혐오가 가짜뉴스를 통해 분출된 것이다.

한국에서 가짜뉴스에 대한 최근의 관심은 유튜브로 이동했다. 대표적으로 정파적 유튜브의 등장을 꼽을 수 있다. 실제 한국은 정치 유튜브 시대를 열었다고 해도 과언이 아니다. 홍준표 전 대구 시장이 자유한국당 대표 시절 TV홍카콜라 채널을 개설하면서, 유시민 전 노무현재단 이사장이 알릴레오 채널을 만들면서 유튜브 공간은 보수와 진보가 경쟁 구도를 형성하는 새로운 공론장이 되었다. 정치 유튜브 생산 주체도 다양해졌다. 크게는 시사논객 등 개인이 운영하는 개인 유튜브 채널과 주류 언론이 운영하는 언론사 유튜브 채널로 구분할 수 있다. 개인 유튜브 채널은 정보생산의 자율성이 높다. 즉 콘텐츠에 대한 제3자의 통제가 없고 일반인의 참여가 높다. 반면, 언론사 유튜브 채널은 콘텐츠에 대한 편집자의 조정과 통제 수준이 높다.

이러한 이유로 유튜브에서 개인이 운영하는 정치 콘텐츠가 차지하는 비율이 높다. 그런데 이들 채널 대부분은 정치 이슈에 대한 정보를 객관적으로 전달하기보다는, 보수나 진보 중 어느 한쪽 입장을 대변하는 데 초점을 맞춘다. 그렇다 보니 정파적 유튜브는 정치 양극화를 부추기는 주요 요인으로 지목되고 있다. 실제로 정치 유튜브를 운영하는 보수와 진보 논객들조차 유튜브를 '중간이 없는 세계'라고 표현할 정도이다. 이런 채널들은 종종 자극적인 정치 콘텐츠나 가짜뉴스를 퍼뜨리는 통로가 되기도 한다. 특히, 극단적인 정치 성향을 가진 채널일수록 이런 현상이 두드러진다. 최근에는 이 현상을 가리키는 신조어로 '사이버 렉카'라는 말이 생겨났다. 사이버 렉카란 연예인이나 정치인처럼 유명 인사와 관련된 부정적인 사건이나 의혹을 다뤄,

자극적인 콘텐츠를 만드는 이슈 유튜버들을 뜻한다. 이들은 확인되지 않은 정보를 바탕으로 논란을 키우고, 그렇게 모은 조회수로 광고 수익을 올리려는 목적을 가진다. 또한, 유튜브에는 '슈퍼챗'이라는 제도가 있어, 시청자들이 방송 도중 채널 운영자에게 직접 후원금을 보낼 수 있다. 사이버 렉카 채널은 이 슈퍼챗 수익을 얻기 위해 혐오 표현, 조롱, 가짜뉴스 같은 자극적인 콘텐츠를 끊임없이 생산하고 더 많은 조회수를 얻는 데 집중한다.

- **사이버 렉카**는 교통사고 처리를 위해 현장에 출동하는 견인차를 일컫는 렉카와 사이버를 합성해서 만든 용어이다. 이슈 유튜버들은 유명인과 관련된 의혹이 발생하면 온라인 공간에서 앞다투어 해당 사건에 달려드는 모양새를 취한다. 사이버 렉카는 그들의 이러한 행태가 교통사고가 발생하면 여러 렉카들이 경쟁적으로 현장에 나타나는 것과 비슷한 양상을 보이는 점에서 착안된 표현이다.

더 큰 문제는 사이버 렉카들이 제기한 의혹이 주류 언론의 검증 없이 그대로 보도되면서, 그 이슈가 더욱 확대되고 재생산된다는 점이다. 언론학자 김춘식과 홍주현은 2018년 4월 발생한 강원도 고성 산불 당시 정부 대응에 대한 허위정보가 어떻게 뉴스화되었는지를 분석한 바 있다. 이들의 연구에 따르면, 개인 유튜브 채널에서 정치적 성향이 비슷한 이용자들이 상대 진영을 공격하는 가짜뉴스에 주목하는 경향을 보였고, 그런 정보들이 주류 언론을 통해 여과 없이 퍼졌다. 즉, 언론이 이를 검증하기보다는 오히려 확산의 통로 역할을 한 것이다. 그런데 주류 언론이 보도한 내용은 대중에게 더 쉽게 신뢰를 얻기 때문에, 그것이 가짜뉴스라고 해도 사람들은 의심 없이 그대로 받아들일 가능성이 크다. 더 큰 문제는 이러한 방식으로 가짜뉴스를 접하면 언론에 대한 전반적인 신뢰도 낮아지게 된다는 것이다. 하지만 이 신뢰의 변화는 사람들의 정치적 성향에 따라 다르게 나타난다. 자신의 정치적 입장과 맞는 언론 보도는, 그것이 가짜뉴스일 가능성이 있더라도 긍정적으로 받아들이는 경향이 있다는 것이다. 특히 정치적 성향이 강한 사람들일수록 이런 경향이 더욱 뚜렷하게 나타난다.

정보의 진실 여부보다 '누가 말했다'가 더 중요해지는 사회에서, 가짜뉴스는 사실을 왜곡하는 도구일 뿐만 아니라 정체성을 확인하는 신호가 되었다. 결국, 언론이 정보의 문지기 역할을 소홀히 할 때, 가짜뉴스는 더욱 빠르게 퍼지고 그 피해는 민주주의 전반으로 확산될 수 있다.

5. 내 맘에 들지 않는 뉴스, 우리가 해야 할 일들

가짜뉴스에 대한 관심이 크다. 하지만 가짜뉴스는 결코 새로운 현상이 아니다. 거짓말, 풍자적 가짜뉴스, 루머, 지라시 등 가짜뉴스는 어느 시대에나 다양한 형태로 존재해왔다. 그렇다면, 왜 지금 가짜뉴스에 주목하는가? 이제는 이 질문에 답할 준비를 해야 할 시점이다. 그동안 우리는 주로 소셜 미디어에 초점을 맞춰왔다. 소셜 미디어가 정보 확산의 범위와 속도를 획기적으로 넓히면서 가짜뉴스가 빠르게 퍼지는 주요한 통로로 기능해왔기 때문이다. 그렇다. 분명, 소셜 미디어는 가짜뉴스 확산을 부추기고 정치 공론장을 오염시키는 데 기여한 측면이 있다.

그러나 이제는 소셜 미디어만을 문제의 원인으로 지목하는 시각을 넘어설 필요가 있다. '내 맘에 들지 않는 뉴스'가 '가짜뉴스'가 되는 탈진실(post-truth) 시대의 도래는, 단지 기술적 플랫폼만으로 설명될 수 없는 사회 구조의 심화된 변화와 맞닿아 있다. 점점 심화되는 정치 양극화, 미디어 환경의 다변화 및 파편화, 정체성 정치의 부상 등과 같은 구조적 변화는 새로운 갈등과 균열을 만들어내고 있으며, 이러한 맥락 속에서 가짜뉴스는 특정 목적을 위한 도구로 활용되기도 한다. 지금까지 우리는 이러한 측면에 주목하며 가짜뉴스 문제를 보다 넓고 깊은 시각으로 조망하고자 했다. 이제 마지막으로, 건강한 정치 공론장 조성을 위해 우리 사회가 무엇을 해야 하는가에 대해 살펴볼 차례다.

첫째, 정치적 차원이다. 지금은 정치권의 책임 있는 대응이 그 어느 때보다 절실한 때이다. 현재의 정당 정치는 양극화가 심화되면서, 정당 간 협력이 사실상 불가능해졌고, 의회를 통한 정책적 타협 역시 이루어지기 어려운 상황이다. 이러한 조건에서 기성 정당들은 사법부와 같은 우회 경로를 통해 정치적 목표를 달성하려는 경향을 보인다. 이로 인해 정당 간 정치적 정당성 싸움은 갈수록 법적 공방으로 번지고 있다. 최근 정치 전반에서 드러나는 '정치의 사법화' 현상이 이를 잘 보여준다. 그 사이 시민들은 점점 정당으로부터 멀어지고 대신 특정 정치인을 향한 감정적 지지와 팬덤은 갈수록 강해지고 있다. 이러한 흐름은 정당과 지지 세력 간의 감정 기반 갈등을 증폭시키며, 가짜뉴스가 퍼질 수 있는 정치적 토양을 더욱 비옥하게 만든다.

민주적 공론장이 제대로 작동하기 위해서는 시민들 사이에 일정 수준의 공통된 경험과 인식의 범위가 형성되어야 한다. 그래야 서로 다른 입장을 이해하고 공감하는 것이 가능하다. 그러나 앞서 살펴본 바와 같이, 지금의 정치 현실은 공론장을 파편화하고 시민들을 정치적으로 분열된 집단으로 이끌고 있다. 이러한 환경에서 사람들은 이용 가능한 디지털 기술을 통해 다수에게 유용한 공적 정보가 아니라,

오히려 자신에게 맞춤화된 편향된 정보만을 생산하거나 소비하게 된다. 결과적으로 공통된 경험 기반의 확장은 정당정치가 우리 사회의 갈등을 어떠한 방식으로 이끄는지에 따라 달려 있다.

둘째, 사회적 차원이다. 무엇보다 시민의 미디어 리터러시(media literacy) 향상을 위한 문화가 정착되어야 한다. 미디어 리터러시란 미디어와 디지털 콘텐츠를 비판적으로 이해하고 활용하는 능력이다. 이는 가짜뉴스를 가려내고 진짜뉴스를 판별하는 데 필요한 기본 역량 중 하나이다. 실제 학계에서는 가짜뉴스에 대한 적극적인 대응에 영향을 미치는 중요한 요인으로 개인의 미디어 리터러시 수준을 꼽는다. 유네스코(UNESCO) 또한 미디어 교육을 강조하고 있다. 허위정보 확산을 방지하기 위해서는 시민 개개인의 정보 면역력을 기르는 것이 중요하며, 그 과정에서 미디어 교육이 중요한 역할을 수행한다는 것이다.

그런데 우리가 함께 고려해야 할 또 하나의 중요한 문제는, 정파적 가짜뉴스의 확산이다. 앞서 언급한 바와 같이 정파적 가짜뉴스는 개인의 정치적 성향에 따라 유리한 방향으로 해석되거나 받아들여지는 경향이 있다. 자신이 지지하는 정당이나 정치인에 우호적인 정보라면, 그것이 가짜뉴스라 하더라도 그대로 믿고 확산시키는 일이 벌어질 수 있다는 것이다. 이러한 현상이 반복되면, 사회는 점점 여론의 분열과 정치 불신으로 향하게 되고, 결과적으로 정책 결정을 위한 건설적인 논의 공간이 협소해질 수밖에 없다.

따라서 미디어 리터러시의 제고는 정보판별 능력에 그쳐서는 안 되며, 공공선과 민주적 원칙에 대한 관심을 함께 키워야 한다. 이와 관련해 미디어 리터러시와 시민참여를 연구하는 미하일리디스(Paul Mihailidis)는 시민적 의도성(civic intentionality) 개념을 제안한다. 그는 미디어 리터러시를 단지 정보를 해석하는 능력을 넘어, 시민들이 사회적 정의와 포용성을 실현하기 위해 능동적으로 참여할 수 있는 역량으로 보아야 한다고 강조한다. 이러한 접근은 가짜뉴스가 만연한 디지털 환경에서도 건강한 민주주의를 지탱하는 데 중요한 역할을 한다.

마지막으로, 기술적 차원이다. 그동안 우리는 페이스북, 트위터, 유튜브 등과 같은 공개형 소셜 미디어에서 확산되는 가짜뉴스 문제에 주목해왔다. 그러나 디지털 기술은 하루가 다르게 진화하고 있으며, 이에 따라 커뮤니케이션 방식 또한 변화하고 있다. 이러한 변화에 주의를 기울이면서 가짜뉴스에 대한 대응 방안을 마련하는 노력이 필요하다. 최근 소셜 미디어 이용자들과 플랫폼 기업들의 관심은 왓츠앱(WhatsApp)이나 페이스북 메신저, 스냅챗(Snapchat) 등 개인 메시징 앱(personal messaging app)으로 점점 이동하기 시작했다. 영국의 경우, 왓츠앱 사용자가 기존의 공개형 소셜 미디어 플랫폼 이용자보다 더 많은 비중을 차지한다. 이들 개인 메시징 앱은 주로 가족, 친구, 부모, 직장 동료 등과 같은 강한 유대 관계(strong tie networks)에서 대인 커뮤니케이션 용도로 활용된다. 게다가, 이용자들은 이러한 비공개적 공간을 통해, 공개적인 소셜 미디어 공간에서는 드러내기 어려운 정치적 의견이나 선호를 보다 자유롭게 표현할 수 있다.

그런데, 문제는 외부에서 관찰이 어려운 사적인 온라인 공간에서 가짜뉴스가 확산될 때 발생한다. 학자들은 온라인 개인 메시징 플랫폼 이용이 가짜뉴스 확산의 주요 경로가 되고 있다고 지적한다. 이들 플랫폼을 통해 공유되는 가짜뉴스는 일대일 또는 소규모 그룹 대화의 형태로 전환되며, 이 과정에서 출처, 목적, 시점과 같은 정보의 근원성을 식별할 수 있는 단서들이 사라지는 경우가 대부분이다. 또한, 공개형 소셜 미디어에서는 가짜뉴스에 대응하기 위해, 사실이 확인된 정보를 피드에 노출시키거나, 알고리즘을 통한 콘텐츠 및 계정 조정 등과 같은 자동화된 개입이 가능하다. 그러나 개인 메시징 앱에서는 이러한 기술적 대응이 매우 제한적일 수밖에 없다. 우리 역시 이러한 우려를 간과하거나 방관해서는 안 된다. 새로운 커뮤니케이션 기술 환경이 정치공론장의 다양성과 분열에 어떠한 영향을 미치는지 면밀히 살펴보고, 이에 걸맞는 대응 전략을 마련하는 것이 필요하다.

제8장

정당에 의해 갈라진 우리: 연령과 세대에 따른 분열

/김기동 · 이재묵

제8장 정당에 의해 갈라진 우리: 연령과 세대에 따른 분열/김기동·이재묵

1. 정당이 갈라놓은 우리 사회

2025년 4월 4일, 헌법재판소에서 윤석열 전 대통령의 탄핵 선고가 내려지기 전까지 헌법재판소, 한남동 대통령 관저, 국회가 위치한 여의도 등에는 서로 다른 목소리를 내는 시위대가 있었다. 한쪽에서는 탄핵인용을, 또 다른 쪽에서는 탄핵기각을 외치고 있었다. 하지만 탄핵을 찬성하는지 또는 반대하는지와 상관없이, 이들은 서로를 미워하거나 적대시하는 감정적인 대립구도를 보여주었다.

유튜브나 카카오톡에서 확산되고 있는 가짜뉴스는 특정 정당이나 그 소속 정치인들을 악마화하는 경향도 자주 목격된다. 그리고 이러한 가짜뉴스를 본 많은 시민들은 그 정당이나 정치인들에 대해 더 강한 적대적 태도를 형성할 뿐만 아니라, 심지어는 그 정당을 지지하는 동료 시민들에 대해서도 혐오하는 모습을 보이곤 한다.

이처럼, 지지하는 정당에 대한 애착과 상대 정당에 대한 반감으로 표출되는 감정적 현상을 정서적 양극화라고 부른다. 정서적 양극화 현상은 미국과 유럽 등 서구 민주주의 국가들뿐만 아니라 아시아, 동유럽, 라틴아메리카 등 신생 민주주의 국가들에서도 유사하게 나타나고 있다. 정서적 양극화가 세계 곳곳에서 공통적으로 목격된다는 이유로 이를 결코 가볍게 여겨서는 안 된다. 정서적 양극화는 상대를 공정한 경쟁의 상대가 아닌, 반드시 무찔러야 할 '적'으로 간주하게 만들기 때문에 우리의 민주주의를 심각하게 훼손시킬 수 있는 상당한 위험성을 갖고 있다. 정서적 양극화의 심화는 정당 간 대화와 타협을 어렵게 함에 따라 우리사회의 여러 문제에 대한 정치적 해결을 마비시킬 수 있다. 뿐만 아니라, 이는 일반 시민들 사이에서의 적대감을 더 심화시킬 수 있기 때문에 불필요한 갈등을 야기할 수 있으며, 심지어는 자신과 다른 정당을 지지하는 사람과 결혼은 물론 친구, 직장 동료, 이웃으로 지내는 것까지 꺼려하기도 한다.

따라서 궁극적으로 정서적 양극화의 해소 또는 완화를 위한 노력은 매우 중요하다. 하지만 모든 시민들이 정서적 양극화의 현상을 경험하고 있는 것은 아니다. 우리사회의 어떤 시민들은 자신이 지지하는 정당에 대한 애착과 상대 정당에 대한 반감을 더 많이 보이는 반면, 다른 시민들은 그렇지 않을 수 있다. 이 장에서는 어떤 시민들이 더 높은 수준의 정서적 양극화를 보이는 반면, 다른 시민들은 그렇지 않은 이유를 살펴본다. 특히, 우리사회에서 더욱 두드러지고 있는 갈등 구조인 연령과 세대에 주목하여, 왜 서로 다른 정서적 양극화의 수준 차이를 보이는지 설명하기로 한다.

2. 정당은 우리를 어떻게 갈라놓는가?

현대 대의민주주의에서 정당의 역할이 강화되면서, 유권자들은 특정 정당에 대한 일체감 또는 애착심, 즉 '당파성'을 가지게 되었다. 당파성은 유권자들이 자신이 지지하는 정당에 대한 일체화(identification)를 통해 심리적 애착을 가지는 것을 의미한다. 특히, 정치학 분야에서 이 당파성은 다양한 정치적 현상을 설명함에 있어서 매우 중요하게 다루어지고 있다. 당파성은 유권자들의 정치적 태도 및 행태를 형성하는 가장 핵심적인 요인 중 하나로 알려져 있다.

정치학 분야에서 당파성에 대한 설명은 크게 두 가지로 나뉜다. 첫 번째 설명은 합리적인 유권자들이 도구적 수단으로서 당파성을 이용한다는 입장이다. 즉, 유권자들은 자신의 이념과 정책선호를 토대로 정당의 정강 및 정책에 대해 인지하고 또 평가하기 마련인데, 여기서 당파성은 그러한 기제를 작동시키는 하나의 수단으로서 활용될 수 있다. 반면, 두 번째 설명은 당파성이 인종, 종교, 성별 등 여러 근본적인 정체성과 마찬가지로 또는 그러한 정체성들과 함께 유권자 개개인을 나타내는 하나의 정체성으로서 이해될 수 있으며, 따라서 당파성의 발현은 심리적 애착에 근거하고 있다고 설명된다.

☞ 이념적 양극화와 정서적 양극화

이념적 양극화와 정서적 양극화는 정치 양극화의 두 가지 하위 유형이라고 할 수 있다. 먼저, "이념적 양극화(ideological polarization)"는 진보 또는 보수로 측정되는 일차원적인 이념적 거리가 멀어지는 현상으로 인해 발생할 수 있는 정치 양극화의 유형이다. 따라서 특정 분야에 대한 정책적 입장 차이가 점점 더 커지는 것은 이념적인 양극화로 이해될 수 있다. 예를 들어, 우파 정당은 복지보다 경제성장을 더욱 우선순위로 고려하는데 반해, 좌파 정당은 경제성장보다 복지를 더 중요한 정책으로 여길 수 있다. 여기서, 정책 입장의 차이가 점점 더 멀어진다면, 이는 이념적 양극화의 심화로 이해될 수 있다.

이에 반해, "정서적 양극화(affective polarization)"는 진보 또는 보수로 구분되는 정치이념이나 정책 입장 차이가 반드시 존재하지 않더라도, 지지 정당에 대한 애착이 강화되는 반면 상대 정당에 대한 감정적인 반감이 커짐에 따라 나타날 수 있는 정치 양극화의 유형이다. 즉, 유권자가 A당을 좋아하는 이유는 특정 이념이나 정책이 아니라 '나의 정당'이기 때문에 좋아하는 것이고, B당을 싫어하는 이유 역시 그 정당이 내세우는 이념이나 정책을 반대하기 때문이 아니라 단지 '나의 정당'과 반대되는 정당이기 때문이다. 다시 말해, A정당의 지지자가 같은 A정당의 지지자를 좋아하는 이유는 나와 같은 팀이기 때문이며, B정당의 지지자를 싫어하는 이유는 우리 팀과 경쟁해야 하는 적이기 때문이다.

이러한 서로 다른 설명 양식의 연장선상에서, 정당 양극화 역시 두 가지 차원에서 논의되고 있다. 먼저, '이념적 정당 양극화'는 서로 다른 정당에 소속된 정치 엘리트들이 의정활동 과정에서 정책 위치의 차이가 커지는 현상을 일컫는다. 이러한 현상은 미국의 정치엘리트뿐만 아니라 한국의 정치엘리트들에게서도 동일하게 나타나지만, 이념적 양극화 현상이 일반 시민들 사이에서도 유사하게 나타나는지에 대해서는 여전히 논쟁적이다.

다음으로, 이념적 정당 양극화와는 달리, '정서적 정당 양극화'는 당파적 유권자들이 지지정당에 대한 애착과 상대 정당에 대한 반감을 강화함에 따라 감정적 태도로 표출되는 현상을 말한다. 특히, 정서적 양극화는 내집단(in-group) 정당과 외집단(out-group) 정당에 대한 감정적 평가의 차이는 시간이 흐름에 따라 더욱 심화되고 있다. 더욱이, 정서적 양극화 현상은 정치적인 영역이 아닌 비정치적인 일상 속에서도 나타나고 있다. 예를 들어, 내집단 및 외집단 정당의 지지자를 자신의 배우자 또는 자녀의 배우자로서 받아들이지 않으려 하며, 외집단 지지자들을 '이기적이고 위선적'이라 여기는 부정적인 고정관념에 사로잡힌 인식을 보이기도 한다.

그렇다면, 정서적 양극화는 왜 나타날까? 정서적 양극화의 원인은 크게 두 가지로 설명될 수 있다. 하나는 정치엘리트의 이념적 양극화 현상에 의해서 일반 시민들 역시 자신이 지지하는 정당 및 정치엘리트와 일관된 정치이념 또는 정책선호를 형성하기 때문에 정서적 양극화가 나타날 수 있다는 설명이다. 다시 말해서, 앞서 언급된 정치엘리트들 사이에서 나타나는 이념적 정당 양극화가 선거정치에서 정책옵션의 이념적 극화현상을 초래했고, 이는 유권자들 사이에서 정책에 따른 정치적 이해관계가 더욱 커질 수밖에 없는 정치적 환경을 마련했다는 것이다. 그리고 그 결과로서, 감정적 차원의 정서적 양극화 현상이 초래되었다고 설명한다.

☞ 사회 정체성 이론 (social identity theory)

"사회 정체성 이론(social identity theory)"은 사람들이 단순한 집단 형성만으로도 내집단 편향(in-group bias)을 보이는 경향, 즉 같은 집단 구성원에 대한 편애와 다른 집단 구성원에 대한 반감으로 나타나는 심리적 성향을 일컫는다.

이 이론은 헨리 타즈펠(Henri Tajfel)이 고안한 '최소 집단 패러다임(minimal group paradigm)'이라는 실험을 통해 발전되었다. 그의 실험에서 실험 집단들 사이에는 이해 갈등이 없을 뿐만 아니라, 이전에 상호 간 적대감을 경험해본 적도 없다. 그리고 각각의 집단에 소속된 사람들 역시 상호 간 사회적 상호작용을 경험하지 않았고, 자신의 경제적인 이익이 결부되지도 않았다. 즉, 이 집단들은 순전히 인지적이며, '최소적'이라고 할 수 있다. 따라서 그의 최소 집단 패러다임 실험은 특정 집단에 대한 소속감 하나만으로 사람들이 내집단을 선호하는 편향적 태도를 형성할 수 있다는 것을 증명해낸 것으로 평가받는다.

다음으로, 정서적 양극화에 대한 또 다른 설명은 사회심리학자인 타즈펠이 제시한 사회 정체성 이론(social identity theory)에 근거한다. 사회 정체성 이론의 관점에 따르면, 당파성은 개개인을 구성하는 하나의 정체성이다. 따라서 일반 유권자들은 특정 정당에 대한 일체감, 즉 '당파적 정체성'을 형성하고 강화할 수 있기 때문에, 자신이 지지하는 정당에 대한 충성심과 심리적 애착감을 바탕으로 감정적 반응을 형성한다. 그리고 그 결과로서, 정서적 양극화가 발현될 수 있다. 다시 말해, 당파적 유권자들에게 당파성은 그들 스스로를 구성하는 하나의 중요한 정체성이기 때문에 이에 근거하여 내집단과 외집단을 구분할 뿐만 아니라, 내집단에 대한 긍정적인 감정과 외집단에 대한 부정적인 감정을 표출할 수 있다.

실제로, 당파적 정체성이 강한 유권자들 사이에서 정서적 양극화가 두드러지게 나타나는 현상에 대한 경험적 증거들은 미국과 유럽 등 여러 선진 민주주의 국가들뿐만 아니라, 한국정치에서도 확인된다. 특히, 당파적 정체성이 정서적 양극화의 원인이 된다는 사회정체성 이론의 관점에서 보면, 정서적 양극화의 심화는 정치적 영역에서 이념이나 정책에 근거한 유권자의 합리성을 훼손시키는 반면, 내집단 애착과 외집단 반감에 근거하여 정당정치에서의 감정적 표출을 끊임없이 부추기고 있는 것으로 이해될 수 있다. 그리고 2020년에 발표된 장승진과 장한일의 연구는 비정치적 영역인 배우자, 친구, 직장동료, 이웃과의 만남에서도 당파성에 의한 편협함이 표출되기도 한다는 것을 보여준다.

3. 연령과 세대를 갈라놓는 정서적 양극화

하지만 당파적 정체성에 의한 정서적 양극화의 현상이 부모님 세대와 자식 세대에서 동일하게 발현될까? 이 장에서는 연령과 세대의 관점에서 당파적 정체성과 정서적 양극화를 논의한다. 한국의 정당정치가 작동되는 모습을 보면, 상대적으로 나이든 세대가 많다는 점이 눈에 띈다. 예를 들어, 정당정치에 관한 뉴스의 주요 등장인물들은 50-60대의 정치인들이 주로 나올 뿐만 아니라, 그들에게 열렬한 지지를 보내는 유권자들 역시 대체로 20-30대보다 40-60대인 경우를 볼 수 있다. 이처럼, 당파적 정체성에 의해 정서적 양극화가 심화되는 현상은 우리사회의 젊은 시민들보다 나이든 시민들 사이에서 더욱 두드러지게 나타날 수 있다. 여기에는 세 가지 원인이 제시될 수 있으며, 아래에서 각각에 대한 설명을 제공한다.

☞ 연령효과 vs. 세대효과

"연령효과(aging effect)"는 나이가 들면서 나타나는 사회적, 심리적, 인지적 변화에 의한 영향을 의미한다. 예를 들어, 부모로부터 독립한 후, 결혼을 하고 자신의 가정을 꾸리고, 아이를 가지며 부모가 되어감에 따라 사회적 성숙을 경험할 수 있다. 또는, 학생의 신분을 벗어나 취업을 하고, 회사 내에서 승진을 하며 관리자의 지위를 경험한 후, 은퇴를 하면서 생활패턴이 변화하기도 하고, 사회를 바라보는 관점이 바뀔 수도 있다. 이처럼 생애주기에 걸쳐 경험하는 여러 변화에 의한 정치적 태도 형성, 변화 또는 고착화를 연령효과라고 한다. 따라서 연령효과는 "생애주기 효과(life cycle effect)"라고도 불린다.

반면, "세대효과(generation effect)"는 특정 세대가 태도 형성의 시기에 겪는 공통된 경험에 주목한다. 여기서의 세대 또는 "코호트(cohort)"는 '정치적 태도를 형성하는 성년초기에 동일한 정치사회적 경험을 공유함으로써 다른 세대와는 뚜렷하게 구분되지만 집단 내 구성원들과는 동질적인 정치적 태도를 가지고 있는 집단'으로 이해될 수 있다. 특히, 나이가 듦에 따라 보수적인 태도가 강화될 수 있다고 보는 연령효과와 달리, 세대효과는 (보수적이든, 진보적이든) 성년초기에 형성된 정치적 태도가 오랫동안 안정적으로 유지될 수 있다고 본다. 물론, 이론적으로 연령효과와 세대효과는 구분될 수 있지만, 현실에서는 혼재되어 나타난다.

첫째, 연령효과(aging effect)는 정치적 태도 및 선호의 고착화를 초래할 수 있기 때문에 나이가 듦에 따라 당파적 정체성에 의한 정서적 양극화의 표출이 더욱 두드러질 수 있다. 잘 알려져 있듯이, 연령효과 또는 생애주기 효과는 나이가 들면서 목격되는 인식 혹은 태도의 변화를 일컫는다. 일반적으로, 정치학 및 사회학에서는 나이가 들어감에 따라 일상적 삶의 변화보다 안정성을 추구하는 태도가 강해진다고 설명한다. 즉, 직업을 갖고, 결혼을 해서 가정을 영위하는 등의 역할 변화를 통해 사회적 또는 심리적 변화를 맞이하는데, 그 변화는 삶의 안정성을 중시하는 태도로서 발현된다는 것이다. 더욱이, 일부 연구들은 연령이 높아짐에 따라 안정성을 추구하게 되는 이러한 경향성이 높은 연령대에서 더욱 급격하고 두드러지게 나타나는 패턴을 발견하기도 한다.

그러나 흥미로운 점은 여기서의 연령에 따른 태도 변화가 곧 보수적인 정치적 성향으로의 변화 또는 그것의 고착화만을 의미하지는 않는다는 것이다. 구체적으로, 나이가 들수록 사회문화적 차원에서의 보수적 태도는 높아질 수 있을지라도, 정치적 또는 경제적 차원에서의 보수적 태도가 반드시 강화되는 것은 아니라는 점이 확인된 바 있다. 따라서 연령이 높아질수록 정치이념의 특정한 방향(예컨대, 이념적 보수성)으로의 필연적 변화보다 오히려 삶의 안정성 추구로 인해 기존에 본인이 가지고 있던 정치적 성향 및 태도를 더욱 견고하게 유지할 수 있다는 것이다. 바로 이러한 이유로 인해, 지금의 부모님 세대가 특정 정당을 지지하는 것과 관계없이 그 지지정당을 바꾸지 않으려는 것도 이런 맥락에서 이해될 수 있다. 더욱이, 유권자들의 투표참여 행위는 일종의 습관으로 형성되기 때문에 성년초기에 투표에 참여한 유권자들은 나이가 들면서 지속적으로 투표하는 관성을 가질 수 있다. 그리고 당파성 역시 투표참여를 통해 강화될 수 있다. 따라서 나이가 많은 유권자들일수록 투표참여의 경험이 더욱 많을 것이기 때문에 그들이 기존에 가지고 있던 특정 정당에 대한 일체감, 즉 당파성은 젊은 유권자들보다 더욱 강할 것으로 기대할 수 있다. 그리고 그 결과, 당파적 정체성에 근거한 정서적 양극화 역시 더욱 강하게 표출될 수 있다.

둘째, 연령이 높아질수록 자신이 속한 사회집단 및 결사체에 대한 소속감이 오랜 시간의 활동을 통해 더욱 강화될 수 있다. 특히, 최근의 정당정치 또는 당파성은 여러 사회집단들과 나란히 배열(sorting)되고 있다. 이는 사회집단에 대한 소속감의 강화를 통해 정서적 양극화에 대한 당파적 정체성의 효과 역시 더 커질 수 있다는 것을 의미한다. 사회심리학 분야의 '민감한 시기 가설 (impressionable years hypothesis)'은 성년초기에는 외부적 요인에 의해서 태도를 새로이 형성하거나 가지고 있던 선호를 변화시키기 용이한 반면, 나이가 들수록 그러한 태도변화는 나타나지 않고 기존의 태도가 더욱 고착화된다고 설명한다. 그리고 인지심리학자들은 나이가 들수록 사회적 관계에 필수적인 조망수용(perspective taking) 및 공감(empathy) 능력이 감소한다는 것을 여러 실험연구를 통해 보여주었다. 특히, 이는 나이가 들수록 사람들은 자신과 관련 있거나, 자신의 생각과 잘 맞는 정보에만 주로 주의를 기울이는 경향이 강해지기 때문이라고 설명된다.

따라서 나이가 들수록 자연스럽게 나타나는 새로운 경험에 대한 개방적 태도의 현저한 감소는 기존의 사회집단에 대한 소속감을 강화할 수 있다. 예를 들어, 우리사회에서도 노동조합은 서구 산업사회에서와 같이 노동권리의 증진을 위해 주요 정당들과의 연계를 지속적으로 관리 및 강화하는 등 정치과정에 직간접적으로 참여하고 있는데, 노동조합에 가입해 활발히 활동한 유권자들의 경우 나이가 듦에 따라 그 소속감을 더욱 강화할 수 있다. 더욱이, 노동조합을 비롯한 여러 사회집단들과 정당 간 연계는 최근 지속적으로 더 심화되고 있다. 따라서 소속집단에 근거한 당파성과 그로 인한 정서적 양극화의 표출은 나이든 유권자들 사이에서 더욱 두드러질 수 있다. 비단 노동조합과 같은 결사체뿐만 아니라 출신지역에 대한 애착감 역시 하나의 사회정체성으로서 발현될 수 있는데, 나이가 들수록 이러한 지역정체성도 강화될 수 있다. 그리고 지역과 한국정당 간 오래된 연계 역시 마찬가지로 정서적 양극화의 표출을 심화시킬 수 있다.

☞ 86 세대

"86 세대"는 60년대에 태어나, 80년대에 대학을 들어간(80년대 학번) 세대 집단을 일컫는다. 86 세대가 386 세대로 불리기도 하는 이유는 86 세대가 하나의 세대 집단으로 구분되던 그 시점에 이 집단의 사람들이 30대의 나이였기 때문이다. 오세제의 2015년 연구에서는, 우리의 역사적 특수성을 고려하여 "86 세대"를 좀 더 학문적으로 다음과 같이 정의한다: '(3)86 세대는 1962년부터 1972년 사이에 태어나 박정희 정권의 권위주의적 정치문화 속에서 성장하는 한편, 경제개발의 혜택도 함께 누렸다. 1981년도부터 1990년 사이에 대학에 들어가 1980년 5월 광주항쟁을 트라우마로 간직하고, 80년대 학생운동을 통하여 권위주의 정권에 반대한 세대로서 1987년 6월 민주항쟁 승리의 정치적 경험을 공유하고 있다. 대학 수학 여부와 무관하게 유사한 세대 경험과 공감을 가지고 있으며, 이후 30-40대에도 진보적인 이념성향과 정치행태를 보여준 한국의 사회운동세대이자 정치세대'이다.

셋째, 연령효과에 근거한 앞선 두 설명에 더해, 세대효과(generation effect)도 앞선 세대(나이가 많은 유권자들)에서 당파적 정체성의 심화에 따른 정서적 양극화가 더 강하게 나타날 수 있다는 설명을 제공한다. 세대효과는 특정 세대가 태도 형성의 시기에 겪는 공통된 경험에 주목한다. 이 설명에 근거하여 한국 유권자들의 세대를 특정한 역사적 사건을 기준으로 구분할 경우, 이른바 86세대는 1980년대 대학 시절 민주화운동을 주도했고, 이후 정치·사회 주류로 편입된 대표적 세대로 평가된다. 그리고 다른 세대에 비해서 86세대의 투표선택, 이념성향, 그리고 무당파적 성향의 일관성은 두드러진다. 집단정체성으로서의 세대를 분석한 유성진과 그의 동료들의 2018년 연구에 따르면, 정보화 세대 및 N포 세대와 같은 후속 세대들보다 산업화 세대 및 민주화 세대와 같은 앞선 세대에서 상대적으로 더 강한 세대정체성이 나타날 뿐만 아니라 이념적·정책적 일관성이 더욱 두드러진다. 이는 당파적 정체성 및 정서적 양극화의 근간이 되는 한국의 정당들이 후속 세대보다 앞선 세대들과 더욱 강한 연계를 맺고 있음을 의미한다. 따라서 후자의 세대, 즉 나이가 많은 유권자들 사이에서 당파적 정체성에 근거한 정서적 양극화의 현상이 더욱 강하게 표출될 수 있다.[2]

2 그러나 세대효과와 관련하여, 본문에 제시된 설명과 상반된 대안적 설명이 가능할 수도 있다. 즉, 한국정치에서도 이전에 목격되지 않던 정서적 양극화가 최근 등장했을 뿐만 아니라 그 수준이 과거에 비해 점점 더 심해지고 있다는 연구결과를 고려했을 때, 정서적 양극화가 덜했던 시기에 유권자가 된 앞선 세대보다, 양극화가 심해진 시기에 유권자가 된 후속 세대에서 상대 정당에 대한 적대감이 더욱 클 것으로 예상할 수도 있다. 그러나 연령효과와 구분되는 세대효과에 대한 엄격한 경험적 분석을 위해서는 패널 자료 또는 동일한 문항을 오랜 시간에 걸쳐 반복적으로 포함한 설문자료가 요구되기 때문에 이에 대한 이론적 논의는 후속 연구 과제로 남겨둔 채, 본 연구에서는 현재 사용가능한 자료를 활용한 분석결과를 중심으로 논의하도록 한다.

4. 데이터는 우리사회의 분열을 어떻게 보여주는가

이제 통계 자료를 통해 그 경향을 직접 살펴보자. 분석에 사용한 자료는 제20대 대통령선거를 한 달쯤 앞둔 2022년 2월 10일부터 11일까지 실시된 여론조사 결과이다. 이 조사는 YTN과 한국정당학회가 공동으로 의뢰했고, 엠브레인퍼블릭이 진행했다. 전국의 성별, 연령, 지역 비율을 고려해 선정된 1,005명의 시민이 온라인 방식으로 참여한 조사다.

먼저, 정서적 양극화를 측정하기 위해, 사람들이 자신이 지지하는 정당에 대해 느끼는 감정온도와 상대 정당에 대해 느끼는 감정온도의 차이를 살펴본다. 이를 위해 사용한 문항은 다음과 같다: "다음에 대해 좋아하거나 싫어하는 느낌의 정도를 0에서 10점 사이의 숫자로 말씀해주시기 바랍니다. 0은 매우 싫어하는 경우를, 5는 특별히 싫거나 좋음을 느끼지 않는 경우를, 그리고 10은 매우 좋아하는 경우를 의미합니다." 설문조사 참가자들은 더불어민주당, 국민의힘, 정의당, 국민의당 등 4개 정당에 대한 감정온도뿐만 아니라, 각 정당의 지지자들에 대한 감정온도를 제공했다. 실제 분석에서는 양대 정당인 더불어민주당과 국민의힘 지지자들 사이에서 확인되는 내집단 및 외집단 정당과 정당 지지자에 대한 감정온도의 격차를 활용했다. 따라서 더불어민주당 지지자들의 경우, 더불어민주당(의 지지자)에 대한 감정온도에서 국민의힘(의 지지자)에 대한 감정온도를 뺀 값으로서 측정했다. 마찬가지로, 국민의힘 지지자들의 경우, 국민의힘(의 지지자)에 대한 감정온도에서 더불어민주당(의 지지자)에 대한 감정온도를 뺀 값으로서 측정했다.

감정온도

"감정온도(feeling thermometer)"는 정치적 태도 또는 집단에 대한 태도 연구에서 주로 이용되는 측정방식 중 하나이다. 감정온도는 평가대상에 대해 얼마나 차가운(비호감) 또는 뜨거운(호감) 태도를 가지는지 알아보기 위해서, 그 태도의 정도를 0℃에서 100℃ 사이의 범위 또는 그것의 축약형인 0에서 10 사이의 값으로 측정된다.

다음으로, 정서적 양극화의 원인되는 당파적 정체성을 측정하기 위해, 다음의 네 가지 문항을 이용했다: 1) "나에게 A정당 지지자라는 것은 중요하다.", 2) "A정당 지지자라는 말은 나를 잘 표현해주는 말이다.", 3) "A정당 혹은 A정당의 지지자들에 대해 이야기할 때 '그들'이라는 표현 대신 '우리'라는 표현을 자주 사용한다.", 4) "나는 스스로가 A정당 지지자라는 것을 평소에 자주 생각한다." 그리고 응답자들은 각각에 대해 '전혀 그렇지 않다'(1)에서 '매우 그렇다'(4)의 4점 척도의 답변 중 하나를 택했다. 실제 분석에서는 네 가지 항목을 통합하여 그 평균값을 이용했다.

통계분석을 위해 또 다른 주요 변수인 연령은 설문 응답자에게 직접적으로 출생연도를 질문한 후, 만 나이로서 측정했다. 만 나이로 측정된 연령에 더해, '20대 이하', '30대', '40대', '50대', 그리고 '60대 이상' 등 10년 단위 범주형 변수도 함께 사용했다. 또한, 연령 대신 세대를 고려하더라도 일관된 통계분석의 결과가 나타나는지 살펴보았다. 이를 위해, 다음의 〈표 2〉와 같이 모두 5개의 세대를 구분했다.[3]

3 위의 주요 변수들 외에, 정당일체감, 정치이념 강도, 성별, 교육수준, 소득수준, 그리고 거주지역 등의 변수들이 통계분석에서 통제변수로 포함되었다. 그리고 해석의 용이성을 위해 연령과 세대를 제외한 모든 변수들은 0에서 1사이의 값을 가지도록 코딩되었다. 통계분석의 방법으로는 최소제곱법(OLS)을 이용한다.

표 2 • 세대 구분

세대	출생연도	만 나이	명(%)
유신/산업화 세대	1942년~1959년	63세~80세	164(16.32%)
386 세대	1960년~1969년	53세~62세	250(24.88%)
IMF 세대	1970년~1978년	44세~52세	173(17.21%)
정보화 세대	1979년~1987년	35세~43세	155(15.42%)
N포 세대	1988년~	18세~34세	263(26.17%)
Total			1,005(100.0%)

〈그림 23〉은 연령의 변화에 따라 당파적 정체성의 정서적 양극화에 대한 영향력(한계효과)이 어떻게 달라지는지 보여준다. 감정온도로 측정된 정서적 양극화에 대해, 당파적 정체성의 영향력이 연령이 높아질수록 커지는 경향이 나타난다. 구체적으로, 당파적 정체성이 최솟값에서 최댓값으로 변화할 때, 20대~30대 유권자들 사이에서는 정서적 양극화가 약 50%~60% 증가하는 반면, 60대 이상의 유권자들 사이에서는 약 70% 이상의 증가가 확인된다.

그림 23 연령의 조건효과

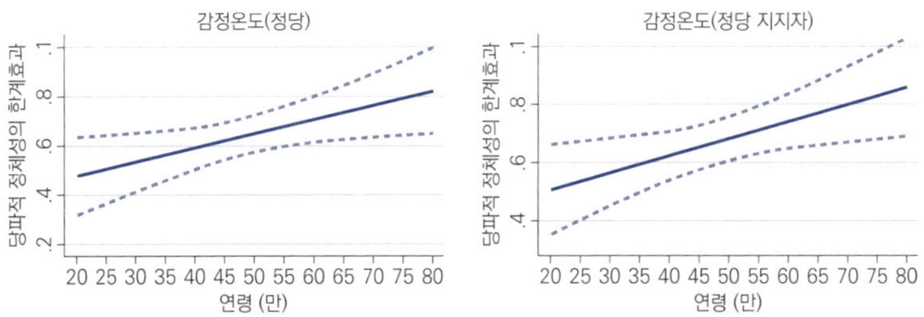

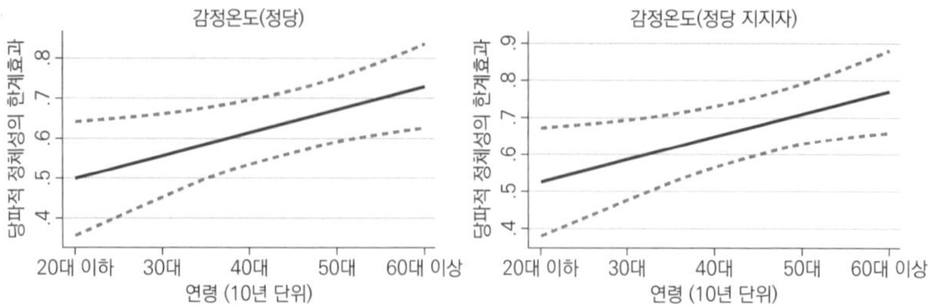

자료: 필자가 2022년에 진행한 설문조사. 실선은 추정된 한계효과이며, 점선은 90% 신뢰구간임. 통제변수들은 평균값 또는 중앙값에 고정됨. 분석결과는 〈부록 1〉 참조.

이어서, 〈그림 24〉는 서로 다른 세대에서 당파적 정체성의 정서적 양극화에 대한 영향력(한계효과)이 어떻게 달라지는지 보여준다. 먼저, 그림의 상단에 제시된 두 그래프는 세대에 따른 변화가 연속적으로 나타날 수 있다고 가정한 분석결과이다. 여기서의 패턴은 연령에 대한 분석결과와 유사하게, 주로 현재의 20대 또는 30대로 구성된 N포 세대 사이에서 당파적 정체성의 최솟값에서 최댓값으로의 변화가 정서적 양극화를 약 50% 증가시키는 반면, 비교적 나이든 유권자들로 구성된 386 세대 또는 유신/산업화 세대에서는 동일한 조건의 변화가 정서적 양극화를 약 70% 정도 증가시키는 것으로 확인된다.

그러나 당파적 정체성의 정서적 양극화에 대한 효과는 세대에 따라 연속적으로 나타나기보다, 특정 세대에서 불연속적으로 나타날 수도 있다. 이를 고려하여, 〈그림 24〉의 하단에 제시된 두 그래프를 보면 흥미로운 결과를 확인할 수 있다. 비록 후속 세대(젊은 유권자)보다 앞선 세대(나이든 유권자)에서 평균적으로 더 높은 당파적 정체성의 한계효과가 확인되기는 하지만, 그 구체적인 패턴은 다소 상이하다. 먼저, 정서적 양극화가 정당에 대한 감정온도 격차로 측정된 좌측하단의 그래프에서는 당파적 정체성과 정서적 양극화 간 관계가 N포 세대

사이에서 가장 낮은 반면 다른 세대들 사이에서는 대동소이한 수준으로 나타난다. 전자의 세대에서는 당파적 정체성의 최솟값에서 최댓값으로의 변화가 정서적 양극화를 약 50% 정도 증가시키는 반면, 후자의 세대들에서는 약 70% 안팎의 증가를 가져온다. 그러나 통계적으로 유의미한 차이는 N포 세대와 386 세대 사이에서만 나타난다고 할 수 있다.

그림 24 세대의 조건효과

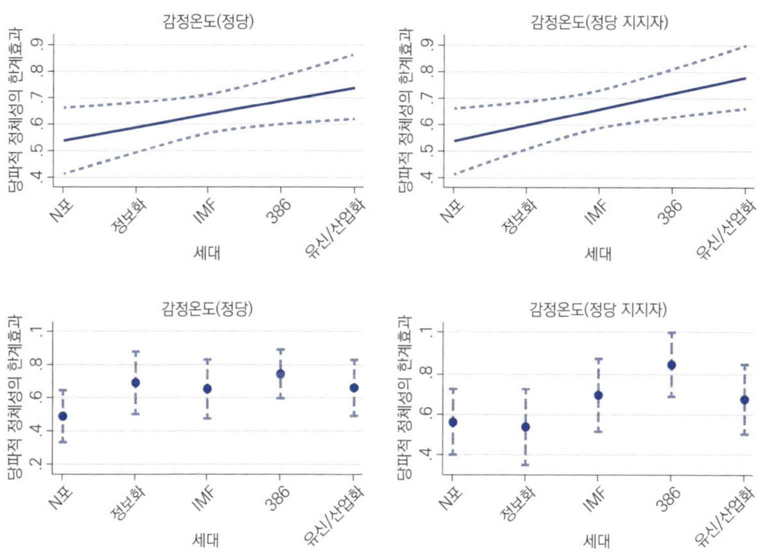

자료: 필자가 2022년에 진행한 설문조사. 실선은 추정된 한계효과이며, 점선은 90% 신뢰구간임. 통제변수들은 평균값 또는 중앙값에 고정됨. 분석결과는 〈부록 2〉 참조.

다음으로, 우측하단의 정당 지지자에 대한 정서적 양극화에 관한 그래프에 따르면, N포 세대와 정보화 세대의 유사성이 두드러지는데, 당파적 정체성이 최솟값에서 최댓값으로 변화할 때, 두 세대에서는 정서적 양극화가 약 50% 정도 증가한다. 반면, IMF 세대와 유신/산업화 세대에서는 동일한 조건에서 정서적 양극화가 약 70% 정도 증가하며, 특히 386 세대에서는 약 80%를 상회하는 수준의 증가로 확인된다. 그리고 여기서도 N포 세대와 386 세대 간 통계적으로 유의미한 차이가 눈에 띈다. 요컨대, 세대효과를 분석하기 위한 데이터의 제약은 분명히 존재하지만, 그럼에도 불구하고 여기서의 분석결과는 당파적 정체성에 근거한 정서적 양극화의 발현이 다른 세대에서보다 386 세대에서 더욱 두드러질 수 있음을 보여준다.

종합하면, 연령이 높아질수록 당파적 정체성에 기반한 정서적 양극화가 더 강하게 나타난다는 점이 확인되었다. 더욱이, 연령 대신 세대를 이용하여 분석하더라도 유사한 패턴이다. 다만, 세대효과는 주로 386 세대에 의해서 주로 추동되는 것으로 보인다.

5. 분열의 시대, 우리가 다시 소통하는 방법

전 세계적으로 나타나고 있는 정서적 양극화의 현상은 한국 유권자들 사이에서도 유사하게 목격된다. 정치는 본질적으로 서로 다른 견해의 존재를 전제로 하기 때문에 정치적 갈등은 정당정치의 과정에서 자연스럽게 나타날 수 있다. 하지만 정치의 또 다른 본질은 바로 대화와 타협이라고 할 수 있는데, 정서적 양극화는 상대 정당과 지지자를 합리적인 대화상대로 보지 않게 만들기 때문에 민주주의에 심각한 위기를 불러올 수 있다. 따라서 정서적 양극화를 해소하기 위한 노력은 건강한 민주주의의 지탱을 위해서 매우 필수적이며, 이를 위해서는 정서적 양극화에 대한 우리의 이해를 더욱 심화시킬 필요가 있다.

이 장에서는 한국 유권자들의 정서적 양극화가 연령 및 세대에 따라 어떻게 다른 양상을 보이는지 분석했다. 당파적 정체성이 정서적 양극화를 심화시키는 효과는 특히 연령이 높은 유권자들 사이에서 두드러졌으며, 그중에서도 386세대의 유권자들에게서 가장 뚜렷하게 나타났다. 이는 연령이 높아질수록 당파적 정체성을 포함한 정치적 태도가 고착화되는 경향이 있다는 연령효과 이론과도 일치하는 결과다. 나아가, 정당과 사회집단 간의 사회적 배열이 연령에 따라 더욱 밀착되는 최근의 경향 역시 고연령층에서 당파적 정체성에 기반한 감정적 분열이 심화되는 양상을 뒷받침한다. 더불어, 민주화 이후 한국의 정당체계는 기존의 지역주의 구도를 넘어 이념과 세대 간 균열을 포함하게 되었으며, 세대효과 관점에서 볼 때 이러한 양극화는 후속 세대보다 앞선 세대에서 더욱 강하게 드러나는 경향을 보인다.

실제로, 제20대 대통령선거의 맥락에서 이루어진 설문조사 자료를 이용한 이 장에서의 분석결과는 당파적 정체성이 정서적 양극화를 강화시키는 현상이 연령이 높아질수록, 그리고 후속 세대보다 앞선 세대에서 더욱 강하게 나타난다는 것을 명확하게 보여주었다. 특히, N포 세대 또는 정보화 세대 등 비교적 젊은 세대와 비교했을 때, 386 세대의 유권자들 사이에서 당파적 정체성에 의한 정서적 양극화의 표출이 두드러지게 확인된다는 사실은 한국의 정서적 양극화가 주로 386 세대에 의해서 나타나고 있다는 것을 시사한다.

☞ 무당파 유권자

"무당파 유권자"는 지지하는 정당이 없거나 스스로 가깝게 느끼는 정당이 없는 유권자를 일컫는다. 그러나 민주당과 공화당으로 구성된 양당제를 가진 미국에서는 이러한 기본적인 정의를 통해 무당파 유권자를 구분하는 것이 상대적으로 쉽지만, 한국에서는 양대 정당 외에 군소정당들이 존재하기 때문에 무당파 유권자를 정확하게 파악하는 것이 쉽지 않다. 실제로, 무당파에 대한 연구들은 학자들마다 서로 다른 구분 기준을 제시한다. 무당파 유권자들은 당파적 유권자에 비해서 인구사회학적으로 나이가 적고, 높은 학력이 높은 특성을 보인다. 정치 행태적 특성으로, 무당파 유권자들은 정치적 불신의 수준이 높고, 정치지식과 정치 관심도가 낮다.

따라서 이 장에서의 통계분석 결과는 최소한 386 세대의 당파적 유권자들이 그들의 지지정당과 관계없이 상대정당에 대한 반감을 다른 세대들보다 더욱 강하게 가지고 있음을 보여준 것이라 할 수 있다. 예컨대, 동일한 정치 뉴스를 두고도 386 세대의 유권자들은 자신이 지지하지 않는 정당에 대해서 "청산되어야 할 적폐 세력이다", "저런 토착왜구들을 어떻게 믿나" 등의 격한 반응을 보이는 반면, 지금의 20대나 30대의 젊은 유권자들은 "뭐 저럴 수도 있다, 다 똑같지" 등 상대적으로 감정적 거부감이 덜한 반응을 보이는 경우를 종종 볼 수 있다. 이처럼 386 세대는 특정 정당에 대한 지지 못하지 않게 '정서적 반대'의 강도가 뚜렷하며, 이는 세대 간 정치 감정의 차이를 보여주는 대표적인 사례라 할 수 있다.

여기서의 발견은 정서적 양극화의 해소와 관련하여 중요한 함의를 제공한다. 학자들은 최근 정서적 양극화를 줄이기 위한 방법을 찾기 위해 노력하고 있다. 국내 학계에서도 정치엘리트들이 서로 다른 정당에 소속될지라도 함께 협력할 수 있음을 강조하거나, 내집단 정당 유권자들과 외집단 정당 유권자들의 정책선호가 크게 다르지 않음을 설명할 필요가 있다는 것이 제시되기도 한다.

미국정치에서의 양극화를 연구하는 르벤더스키는 당파적 정체성에 대한 대안적 정체성을 강조하는 것이 정서적 양극화를 줄이는 또 다른 방법이 될 수 있다고 주장했다. 예를 들어, 국가정체성이 당파적 정체성의 영향력을 감소시킬 대안이 될 수 있으며, 이는 정당보다 국가가 더 큰 범위의 포괄적인 정체성을 형성하기 때문에 교차압력의 메커니즘을 통해 당파적 균열에 따른 정서적 양극화를 줄일 수 있기 때문이다. 그러나 최준영과 그의 동료들의 최근 연구는 한국에서는 국가정체성이 정서적 양극화를 줄이기 못하거나, 줄인다고 하더라도 그 효과가 다소 제한적인 역할에 그친다는 것을 보여주었다. 이는 국가정체성의 근간이 되는 역사관 및 국가관이 정파에 따라 나뉘어져 있을 뿐만 아니라, 시대적 변화에 의해 세대에 따라서도 나뉠 수 있기 때문이다. 따라서 한국 유권자들의 정서적 양극화 현상에 연령 또는 세대의 동학이 자리하고 있다는 사실은, 미국 정치에서처럼 국가 정체성을 당파적 정체성의 대안으로 삼으려는 접근이 한국 정치에 그대로 적용되어서는 안 된다는 점을 시사한다. 다시 말해서, 비단 국가정체성뿐만 아니라 대안적 정체성을 통해 정서적 양극화를 해소하고자 한다면, 그 과정에서 연령 또는 세대에 대한 고려가 충분히 이루어질 필요가 있다는 것이다.

한편, 일반 유권자들이 정서적 양극화를 줄이기 위해 실천할 수 있는 행동들 중 가장 중요한 것은 내가 지지하지 않는 정당과 그 정당을 지지하는 동료 시민들을 '적'으로 보기보다 우리사회의 일원으로 인식하기 위해 노력해야 한다. 서로 다른 정책에 대한 입장 차이에서 비롯되는 이념적 양극화와 달리, 정서적 양극화는 정책 입장 차이가 없어도 상대 정당 지지자가 그 정당을 지지하는 사람이라는 바로 그 사실 때문에 적대감을 보이는 현상이다. 정치적 상대방이 아닌 내가 무찔러야 하는 '적'과는 대화하는 것이 더욱 어렵기 때문에, 정서적 양극화는 정치적 갈등을 해소하기 위한 타협을 매우 어렵게 한다. 따라서 이를 해소하기 위해서는 상대방을 '적'으로 바라보는 인식 대신 좀 더 포용적인 관점을 가지는 것이 우선적으로 필요하다.

특히, 이 장에서는 연령이 높을수록, 그리고 386 세대의 유권자들 사이에서 정서적 양극화가 더욱 두드러질 수 있다는 것이 확인되었다. 386 세대가 지금의 10대, 20대 또는 30대 초반 등 한국정치의 다음 세대 유권자들의 부모 세대라는 사실은 한국정치에 함의하는 바가 크다. 일반적으로, 정치사회화 이론은 자식들이 부모로부터 정치적 태도와 선호를 배운다고 설명한다. 이를 감안했을 때, 386 세대의 유권자들이 정치적 상대방을 대화의 대상이 아니라 '적'으로 계속해서 간주한다면, 이는 미래 정치 세대인 자식들에게 '정치는 적과 싸워서 반드시 이겨야 하는 생존게임'이라는 인식을 심어줄 우려가 있다. 감정적 대립이 심화된 한국 정치가 아니라, 대화와 타협이 가능한 정치로 나아가기 위해 386세대는 부모 세대로서 지금의 적대감을 완화할 필요가 있다.

부록

〈부록 1〉 당파적 정체성과 정서적 양극화: 연령의 조건효과

		연령(만 나이)		연령(10년 단위)	
		모델 1 (정당)	모델 2 (정당 지지자)	모델 3 (정당)	모델 4 (정당 지지자)
당파적 정체성		0.27(0.15)*	0.31(0.15)**	0.35(0.11)***	0.38(0.11)***
연령(만)		−0.0001(0.00)	−0.0007(0.00)		
당파적 정체성 ×연령(만)		0.005(0.00)*	0.005(0.00)*		
연령(10년)				−0.0002(0.01)	−0.007(0.01)
당파적 정체성 ×연령(10년)				0.05(0.02)*	0.05(0.03)*
더불어민주당		−0.009(0.02)	−0.02(0.02)	−0.01(0.02)	−0.02(0.02)
정치이념 강도		0.18(0.03)***	0.17(0.03)***	0.18(0.03)***	0.17(0.03)***
성별(여성)		−0.03(0.02)*	−0.01(0.02)	−0.04(0.02)*	−0.01(0.02)
교육수준		−0.01(0.03)	−0.03(0.03)	−0.01(0.03)	−0.03(0.03)
소득수준		0.07(0.03)**	0.05(0.03)*	0.07(0.03)**	0.05(0.03)*
지역 (서울)	경인	−0.006(0.03)	−0.05(0.03)	−0.005(0.03)	−0.04(0.03)
	충청	0.04(0.04)	0.05(0.04)	0.04(0.04)	0.05(0.04)
	영남	0.02(0.03)	−0.01(0.03)	0.01(0.03)	−0.01(0.03)
	호남	0.008(0.04)	−0.01(0.04)	0.008(0.04)	−0.01(0.04)
	기타	0.04(0.05)	0.02(0.05)	0.04(0.05)	0.02(0.05)
상수		0.15(0.08)*	0.15(0.08)*	0.14(0.06)**	0.14(0.06)**
R^2 N		0.3508 578	0.3530 589	0.3519 579	0.3532 589

참고: ***p〈0.01; **p〈0.05; *p〈0.1 (양측검정). OLS 회귀계수와 표준오차가 보고됨. 정당일체감의 기준범주는 국민의힘이며, 지역의 기준범주는 서울임.

〈부록 2〉 당파적 정체성과 정서적 양극화: 세대의 조건효과

		세대(연속형)		세대(범주형)	
		모델 5 (정당)	모델 6 (정당 지지자)	모델 7 (정당)	모델 8 (정당 지지자)
당파적 정체성		0.38(0.10)***	0.39(0.10)***	0.41(0.09)***	0.49(0.09)***
세대		−0.0001(0.01)	−0.009(0.01)		
당파적 정체성 ×세대		0.04(0.02)*	0.05(0.03)**		
세대(N포)	정보화			−0.05(0.07)	0.04(0.07)
	IMF			−0.002(0.07)	0.01(0.07)
	386			−0.05(0.06)	−0.10(0.06)
	유신/산업화			0.02(0.07)	0.05(0.07)
당파적 정체성 ×정보화				0.15(0.14)	−0.07(0.14)
당파적 정체성 ×IMF				0.07(0.14)	0.05(0.14)
당파적 정체성 ×386				0.21(0.12)*	0.25(0.12)**
당파적 정체성 ×유신/산업화				0.17(0.13)	0.10(0.13)
더불어민주당		−0.009(0.02)	−0.02(0.02)	−0.002(0.02)	−0.01(0.02)
정치이념 강도		0.18(0.03)***	0.17(0.03)***	0.18(0.03)***	0.17(0.03)***
성별(여성)		−0.03(0.02)*	−0.01(0.02)	−0.04(0.02)*	−0.01(0.02)
교육수준		−0.01(0.03)	−0.02(0.03)	−0.004(0.03)	−0.01(0.03)
소득수준		0.07(0.03)**	0.05(0.03)*	0.07(0.03)**	0.05(0.03)

지역 (서울)	경인	-0.007(0.03)	-0.05(0.03)	-0.007(0.03)	-0.04(0.03)*
	충청	0.04(0.04)	0.05(0.04)	0.04(0.04)	0.05(0.04)
	영남	0.02(0.03)	-0.01(0.03)	0.01(0.03)	-0.01(0.03)
	호남	0.009(0.04)	-0.01(0.04)	0.006(0.04)	-0.01(0.04)
	기타	0.04(0.05)	0.02(0.05)	0.04(0.05)	0.02(0.05)
상수		0.14(0.06)**	0.14(0.06)**	0.15(0.05)**	0.10(0.05)*
R^2 N		0.3502 578	0.3544 589	0.3457 578	0.3544 589

참고: ***p⟨0.01; **p⟨0.05; *p⟨0.1 (양측검정). OLS 회귀계수와 표준오차가 보고됨. 정당일체감의 기준범주는 국민의힘이며, 지역의 기준범주는 서울임. 세대의 기준범주는 N포 세대임.

제9장

다중의 민족주의, 분열된 국가: 한국사회를 가르는 상상의 지도들/장휘

제9장 다중의 민족주의, 분열된 국가: 한국사회를 가르는 상상의 지도들/장휘

1. 어떤 자유, 어떤 민주주의?

2024년 윤석열 정부는 '자유통일을 위한 도전과 응전'이라는 부제로 〈8.15 통일 독트린〉을 발표하는 광복절 경축사에서 "우리가 꿈꾸는 통일 대한민국의 미래"는 "국민의 자유와 안전이 보장되는 행복한 나라, 창의와 혁신으로 도약하는 강하고 풍요로운 나라, 국제사회의 화합과 발전을 선도하며 세계 평화와 번영에 기여하는 나라"라며, "우리 안의 자유를 굳건히 지켜야만, 우리가 자유민주주의 통일을 주도하는 통일 추진 세력이 될 수 있"다고 역설했다. 그에 덧붙여 다음과 같이 자유와 통일을 가로막는 우리 안의 적을 규정했다.

> 질서와 규범을 무시하는 방종과 무책임을 자유와 혼동해서는 안 됩니다. 자유 사회를 무너뜨리기 위한 허위 선동과 사이비 논리에 휘둘려서는 더더욱 안 됩니다. 이른바 가짜뉴스에 기반한 허위 선동과 사이비 논리는 자유 사회를 교란시키는 무서운 흉기입니다. … 사이비 지식인과 선동가들은 우리가 진정으로 지향해야 할 가치와 비전을 전혀 제시하지 못하고 있습니다. … 선동과 날조로 국민을 편 갈

라, 그 틈에서 이익을 누리는 데만 집착할 따름입니다. 이들이 바로, 우리의 앞날을 가로막는 반자유 세력, 반통일 세력입니다.

한국사회에서 오랫동안 논의되어온 '통일 방안'은 단지 남북 관계의 기술적 조정이나 외교 전략의 문제에 한정되지 않는다. 그것은 한 민족이 어떤 국가를 함께 만들어 갈 것인지에 대한 상상이며, 국가 정체성에 대한 가장 본질적 질문이기도 하다. 한국 정부는 오랫동안 통일 방향을 '자유민주주의 체제에 의한 통일'이라고 명시해왔다. 이 표현은 단순히 더 우월한 체제로의 통일을 주장하는 것이 아니다. 그것은 완성된 민족국가를 세울 때, 어떤 가치와 비전을 중심에 두고 국가를 설계할 것인지에 대한 선언이자 방향 제시다. 위에 제시된 윤 정부의 통일 방안은 겉으로는 자유민주주의 체제수호를 내세우지만, 실질적으로는 자유민주주의의 핵심가치인 다양성과 표현의 자유를 옹호하지 않는다는 비판이 있다. 즉, 북한뿐 아니라 국내에서 정부의 입장에 반대하는 세력까지 '반자유', '반통일' 세력으로 규정하며 적대시하는 방향으로 작동한다는 비판이다. 결국 이와 같은 표현이 통일 한국의 핵심 가치로서 자유와 민주주의를 제시하는 것인지, 아니면 정치적 목적에 따라 특정 세력을 배제하고 낙인찍기 위한 수사로 활용된 것은 아닌지에 대한 의문이 제기되었다. 이러한 비판과 의문은 결국 윤석열 전 대통령이 스스로 헌법을 파괴하는 계엄령을 발표함으로써 현실화되었다.

민족주의는 민족주의를 연구하는 학자들 사이에서도 아직 합의된 정의가 존재하지 않을 정도로 그 내용이 광범위하고 모호한 것으로 악명이 높다. 그럼에도 불구하고 많은 학자들은 에른스트 겔너의 정의인 "정치적 단위와 국가적 단위가 일치해야 한다는 정치적 원칙"을 민족주의의 정의로 사용한다. 즉, 하나의 민족이 하나의 국가를 이루어야 한다는 생각으로 한국의 통일은 이 원칙 아래에서 정당성을 가질 수 있다. 예를 들면 2018년 평양의 능라도 경기장에서 행해진 문재인 대통령의 연설에서는 "우리는 5000년을 함께 살고 70년을 헤어져 살았습니다. 나는 오늘 이 자리에서 70년 적대를 완전히 청산하고 다시 하나되기 위한 평화의 큰 걸음을 내딛자고 제안"한다고 했다. 즉, 단군 이래 한반도에서 하나의 민족으로 역사를 영위해 온 한민족은 궁극적으로 하나의 국가를 이루는 것이 자연스럽고 필연적이라는 생각이다.

정치학의 한 영역인 국제 정치는 영어로 "international relations"라고 하는데, 여기에서 "international" 근대 이후 형성된 베스트팔렌 체제의 성격을 나타내는 용어로 전 세계가 민족국가(nation-state)들로 이루어져 있다는 생각을 반영한다. 즉 상호간이라는 뜻의 'inter'와 민족국가의 중요한 구성 요소인 'nation'이 결합된 단어가 '국제'다. 이러한 국제 체제가 형성된 이후 전 지구는 민족-국가의 원칙으로 지금까지 유지되어 왔다. 우리는 어떤 민족국가의 구성원이라는 증명인 여권이 없으면 다른 나라로 여행을 할 수도 없다. 다만, "정치적 단위와 국가적 단위가 일치해야 한다는 정치적 원칙"이 민족주의임에도 불구하고, 실제로 이러한 원칙이 적용된 실제 국가는 거의 존재하지 않는다. 민족주의가 시작된 유럽을 비롯해 대부분의 국가는 다민족(multi national) 혹은 다종족(multi ethnic) 국가다. 비교적 단일한 민족으로 구성되어 있다고 생각되는 일본도 아이누족이라든가 오키나와인들처럼 근대 이전에 서로 다른 정체성을 가지고 유지되어 왔던 공동체가 더 큰 민족 국가에 통합되었고, 단일한 민족이라는 믿음이 가장 강력한 나라 중 하나인 한국은 하나의 국가를 이루지 못하고 있다. 이렇게 민족주의의 현실과 실천은 국가마다 다양하기 때문에 이러한 민족주의는 언제나 완성하지 못하는 프로젝트로만 존재해 왔고, 각 나라안에는 다양한 민족주의 정치, 민족주의 담론, 민족주의 전략이 존재한다.

위의 선언이 흥미로운 것은, 외부의 위협뿐 아니라 내부의 '방해세력'을 상정함으로써 정부의 공식적 통일 방안이 작동한다는 점이다. 즉, 자유민주주의 통일을 가로막는 존재가 북한뿐 아니라, 국내에도 존재한다는 인식—예컨대 종북 세력, 반체제 인사, 급진적 운동권 등이 '내부의 적'으로 구성되는 방식—은 민족주의의 경계 짓기 메커니즘의 하나인 '우리'와 '그들'을 구분하는 경계짓기다. 최근 유럽과 미국에서 등장하는 포퓰리즘 정치에서 볼 수 있듯이, 민족주의는 외부의 적뿐 아니라 우리 내부에서도 '이질적 존재'를 찾아낸다. '이질적인 존재'들은 특정한 '정신'과 '문화'를 위협하며, 국민 통합을 헤치고, 외부의 적과 연결된 내부의 적으로 규정된다. 지난 정부의 통일 담론은 남북 간의 문제를 넘어, 한국사회 내부에서 '누가 진짜 국민인가'를 다시 묻는 방식으로 작동했다. 동시에 그 담론은 특정 집단을 민족 공동체로부터 배제하는 서사적 장치로 활용되었다.

이러한 윤석열 정부의 시각은 2024년 12월 3일 계엄 선포로까지 이어졌다. 비상계엄 선포 담화문은 다음과 같은 주장을 포함한다.

> 자유민주주의의 기반이 되어야 할 국회가 자유민주주의 체제를 붕괴시키는 괴물이 된 것입니다. 지금 대한민국은 당장 무너져도 이상하지 않을 정도의 풍전등화의 운명에 처해 있습니다. 친애하는 국민 여러분, 저는 북한 공산 세력의 위협으로부터 자유대한민국을 수호하고 우리 국민의 자유와 행복을 약탈하고 있는 파렴치한 종북 반국가 세력들을 일거에 척결하고 자유 헌정질서를 지키기 위해 비상계엄을 선포합니다. 저는 이 비상계엄을 통해 망국의 나락으로 떨

> 어지고 있는 자유 대한민국을 재건하고 지켜낼 것입니다. 이를 위해 저는 지금까지 패악질을 일삼은 망국의 원흉 반국가 세력을 반드시 척결하겠습니다. 이는 체제 전복을 노리는 반국가 세력의 준동으로부터 국민의 자유와 안전 그리고 국가 지속 가능성을 보장하며, 미래 세대에게 제대로 된 나라를 물려주기 위한 불가피한 조치입니다. 저는 가능한 한 빠른 시간 내에 반국가 세력을 척결하고 국가를 정상화 시키겠습니다.

윤 전 대통령의 계엄 선포에 대해 헌법재판소는 "이 사건 계엄을 선포한 후 군경을 투입시켜 국회의 헌법상 권한 행사를 방해함으로써 국민주권주의 및 민주주의를 부정하고, 병력을 투입시켜 중앙선관위를 압수·수색하도록 하는 등 헌법이 정한 통치 구조를 무시하였으며, 이 사건 포고령을 발령함으로써 국민의 기본권을 광범위하게 침해하였습니다. 이러한 행위는 법치국가원리와 민주국가원리의 기본원칙들을 위반한 것으로서 그 자체로 헌법질서를 침해하고 민주공화정의 안정성에 심각한 위해를 끼쳤습니다(헌법재판소 2025)"라며 대통령의 파면을 선고했다.

헌재의 파면 결정으로 이러한 분열이 수습된 것은 아니었다. 오히려 '자유민주주의'라는 표현을 둘러싼 갈등은 그 이후에도 사라지지 않았고, '자유'를 누가, 무엇을 위해 말하는가를 둘러싼 해석의 차이는 한국사회 내 이념적 균열을 더욱 극단적으로 밀어붙이는 계기가 되었다. 특히 대통령 파면 이후 일부 극우 커뮤니티를 중심으로 헌재 결정의 정당성 자체를 부정하거나, 헌재를 "좌파 세력의 요새"로 규정하는 주장이 퍼져나갔고, 헌법재판관에 대한 신상공개, 위협, 심지어 물리적 공격 시도까지 벌어지는 등, '자유민주주의 수호'라는 이름 아래 폭력적 정치 행동이 정당화되는 위험이 가시화되었다.

이러한 흐름은 민족주의와 자유민주주의가 결합되었을 때 발생할 수 있는 배제의 정치가 극단적으로 작동한 사례로 볼 수 있다. 즉, 특정한 자유민주주의 해석만을 '정통'으로 규정하고, 그에 동의하지 않는 세력을 '반민족', '반국가'로 낙인찍는 방식은 한국사회가 직면한 이념적 분열이 단순한 의견 차이를 넘어 물리적 충돌의 가능성까지 내포한 '정체성 전쟁'으로 치닫고 있음을 보여준다. 결국 이처럼 자유민주주의의 이름으로 이루어진 경계 짓기와 적대적 상상은, 그 자체로 민주주의를 위협하는 아이러니한 현실을 드러낸다.

"자유민주주의는 헌법의 핵심 가치다."라는 말은 이제 한국사회에서 정치적으로 중립적이지 않다. 어떤 이에게 자유민주주의는 촛불시민혁명의 정신이고, 또 다른 이에게는 공산주의의 확산을 막는 냉전적 시각에서 절대적으로 지켜야 할 체제다. 이 단어는 더 이상 당연하게 공유되는 가치가 아니라, 서로 다른 정체성과 역사 인식을 상징하는 표어가 되었다. 그렇다면 우리는 과연 같은 공동체에 살고 있는 것일까?

2016년 박근혜 전 대통령 탄핵 정국은 이러한 질문을 정면으로 던졌다. 광장에는 수백만의 시민이 촛불을 들고 나와 "대한민국은 민주공화국이다."를 외쳤다. 그보다 조금 늦게 등장한 또 다른 군중은 태극기를 흔들며 "자유민주주의를 지켜야 한다."라고 외쳤다. 두 집단 모두 헌법 가치를 말했지만, 그들이 상상하는 국가는 전혀 달랐다. 하나는 시민이 권력의 주인인 민주공화국을, 다른 하나는 반공과 안보를 중심으로 질서 있는 자유를 상상했다.

이러한 균열은 단지 일시적 정치적 갈등의 결과가 아니다. 오히려 그것은 오랜 시간에 걸쳐 축적된 서로 다른 기억, 상처, 서사가 충돌하는 과정에서 서로 다른 국가에 대한 이상이 점점 더 심화된 결과다.

예컨대, '민주주의'라는 단어를 떠올릴 때, 누군가는 1987년의 거리와 6월 항쟁을 기억하지만, 또 다른 누군가는 6.25 전쟁과 공산주의의 위협 속에서 지켜야 했던 자유를 먼저 떠올린다. 이처럼 한국사회에서는 같은 단어를 말하면서도 전혀 다른 역사를 상기하게 만드는 주제가 있다. 역사학자 돈 베이커(Don Baker)는 한국사회를 분열시키는 주제 중 대표적 사례로 네 가지를 드는데, 그것은 일제 강점기 친일의 문제, 한국 전쟁, 박정희, 그리고 광주 민주화 운동이다(Baker 2016). 예를 들면, 어떤 사람들은 박정희 시대를 '가난한 나라를 일으킨 구국의 지도자'의 시대로 기억하지만, 또 다른 세대는 '인권이 억압되고 노동자가 탄압당했던 독재의 시대'로 기억한다. 언론 역시 이념적 진영에 따라 똑같은 사건을 전혀 다른 방식으로 보도하고 해석한다. 결국 우리는 지금 같은 나라에 살고 있지만, 서로 다른 나라를 상상하고 경험하며 살아가고 있는 셈이다.

이러한 분열은 '민족주의'가 작동하는 방식과도 깊은 관련이 있다. 민족주의는 원래 공동체 구성원들에게 일체감을 주고, '우리는 누구인가'에 대한 공통의 상을 제시하는 힘으로 이해되었다. 각각의 민족국가를 이루는 구성원은 고대 역사로부터 이어지는 민족주의 역사를 만들어내고 그에 기반해 현실의 민족국가가 자연스럽고 바람직한 것이라고 생각한다. 뿐만 아니라 전 세계는 민족국가로 이루어져 있다는 생각 아래 자신의 민족을 포함한 각각의 민족은 단일한 하나의 공동체로 공동되는 문화적, 인종적, 종족적 속성을 갖고 있다고 간주한다. 하지만 오늘날 한국의 민족주의는 더 이상 하나의 단일한 이야기로 기능하지 않는다. 한 편에서는 자유, 반공, 질서를 핵심으로 하는 민족주의를, 다른 한 편에서는 저항, 정의, 연대를 강조하는 민족주의를 주장하며 서로를 향해 '너는 진짜 한국인이 아니다'라고 외친다. 이는 더 이상 단순한 견해 차이가 아니라, '누가 진짜 국민인가'를 둘러싼 투쟁이며, 정체성의 전쟁이다.

민족주의는 크와메 아피아(Appiah, 2018)가 주장하는 것처럼 근대에 우리를 하나로 묶어주는 거짓말 중 하나다. 혹은 앤더슨(Benedict Anderson)이 주장하는 것처럼 "상상된 정치 공동체로서, 본성적으로 제한적이며 주권을 지닌 것으로 상상된다." 그러나 이것이 흔히 사람들이 오해하는 것처럼 민족이 실제에 존재하지 않고 상상에만 존재하는 허구의 것이라는 의미는 아니다. 이러한 거짓말과 상상은 강력하게 우리의 현실을 새롭게 만든다. 오히려 근대 이후 민족주의는 가장 강력한 이념으로 존재하며 대규모 전쟁과 인종 학살의 근원이 되었다. 다만, 민족은 르낭(Ernest Renon)이 이야기하는 것처럼 끊임없이 새롭게 만들어져야 하는 존재다. 어떤 민족-국가도 겔너의 정의처럼 하나의 민족이 하나의 공동체를 구성하지 않기 때문에 특정한 국가의 민족 개념은 국가 공동체 안에 경합하는 다양한 민족주의 담론 사이의 투쟁의 결과물이고, 그래서 언제나 균열이 존재한다. 최근 미국의 트럼프 행정부의 등장과 함께 남북 전쟁에 대한 해석이라든가 흑인에 대한 제도적 차별이 중요한 정치적 쟁점이 된 것이 바로 그러한 예이다. 미국은 청교도 이민이 중심이 되어 노예제를 유지해왔던 나라였고, 남북전쟁을 통해 노예 해방이 된 이후에도 극심한 인종차별이 일상화된 나라였지만, 노예해방과 흑인민권 운동을 통해 미국을 구성하는 모든 이민자가 법 아래 동등한 권리를 갖게 되었고, 이러한 해방의 과정 역시 미국 민족주의 서사의 주요한 부분으로 자리잡았다. 그럼에도 불구하고 이러한 봉합 과정에서 공식적 민족 서사가 자리잡으며 다양한 사람을 주변화시키며, 그것이 트럼프라는 현상을 통해서 다시 분열로 등장하는 것이다.

그렇다면 우리는 다시 질문해야 한다. "우리는 어떤 민족으로 살고 있는가?" "우리라는 말은 과연 누구를 포함하고, 누구를 배제하는가?" '하나의 민족'이라는 표현은 여전히 강력하게 사용되지만, 그 안에서 서로 다른 정체성과 이상이 충돌하는 현실은 점점 더 뚜렷해지고 있다.

이 장은 바로 그 지점에서 시작한다. 우리는 어떻게 '하나의 민족'이라는 상상을 공유하면서도 이렇게나 갈라져 버렸는가? 그리고 이러한 균열의 밑바닥에는 어떤 민족주의 서사가 존재하고 충돌하고 있는가? 더 나아가, 우리는 이 분열을 넘어서기 위해 어떤 새로운 이야기, 어떤 '우리'의 상상을 만들어야 하는가?

2. 한국 민족주의는 어떻게 만들어졌나?

박찬승(2016)은 개념사 연구를 통해 한국에서 '민족'이라는 개념이 어떻게 변화해 왔는지를 보여주는데, 그에 따르면, 한국에서 '민족'이라는 단어는 1900년 경에 처음 들어와 1906년 경부터 본격적으로 사용되었고, 1919년 3.1운동과 1920년대 문화운동 이후 개념이 확산되었다. 민족과 유사한 개념으로는 조선시대부터 사용되는 '족류'라는 개념이나 '동포'라는 개념이 있는데, 이 시기 사용되던 족류, 동포, 민족 개념은 모두 현재 우리가 사용하는 개념과는 차이가 있다. 어쨌건 한국사회에서 민족주의는 오랫동안 '우리를 하나로 묶는 힘'으로 작동해 왔다. 단일민족 국가라는 정체성은 외세에 맞서고, 전쟁과 분단을 견디고, 경제성장을 추진하는 데 있어 매우 유용한 동원 수단이었다. 민족은 우리 마음을 벅차게 만드는 단어였다. 최근 들어 더 이상 민족이 가슴을 벅차게 만들지 않더라도, 우리는 한국인이라는 정체성을 기반으로 세계를 바라본다. 가장 쉽게는 2002년 월드컵 4강 신화를 이루어 낼 때 전국민이 거리에 나와 응원을 했고 토너먼트에 한 계단 오를 때마다 전국에서 축하의 물결과 파티가 이어졌다. 북한을 뜨거운 마음으로 통일의 동반자로 생각을 하든지 국제 사회를 상대로 무모한 일을 벌이는 믿을 수 없는 깡패국가로 바라보든지 간에 북한을 다른 국가가 바라보는 관점으로 바라보기는 어렵다. 인터넷에는 한국 인터넷 사용자들이 독도 문제에 대해 발끈하는 것을 놀리는 수많은 밈(meme)이 존재한다. 과거를 사죄하지 않는 일본에 대해서는 대다수의 국민이 분노하며, 중국이 김치는 물론 한복까지 자신의 문화로 삼으려고 한다는 기사를 보면 무언가를 해야 한다고 느낀다. K-팝, K-드라마, K-영화의 국제적 성공에는 왠지 모르게 국뽕이 차오르고 한국 문화에 관심있는 외국인들에게는 적극적으로 한국 문화를 소개해야만 할 것 같다. 티비 리얼리티 쇼에 나오는 외국인이 청국장도 홍어도 잘 먹는 모습을 보면서 그들이 얼마나 한국인이 되었는지에 감탄한다. 정체성과 관련한 최근의 여러 여론 조사는 한국의 민족 정체성 특히 북한과 동질감을 느끼는 민족 정체성은 점차 옅어지고 있음을 보고하지만, 그럼에도 불구하고 우리는 여전히 한국 사람이다.

이런 점에서 한국의 민족주의를 좁게 정의를 내려 북한과 하나의 정치 공동체를 이루는 열망을 진정한 민족주의로 바라보고 그러한 생각을 억압하는 모든 정치 세력이나 정치적 이상은 반민족적이라고 규정하기도 한다. 이러한 시각은 민족주의 중 단지 종족적 민족주의(ethnic nationalism)만 민족주의로 보려는 시각이다. '민족'은 nation

의 번역어인데, 원래 라틴어의 natio에서 온 이 단어는 로마 제국 시기에는 같은 지역 출신을 의미했지만, 중세를 거치며 점차 공동체를 대표하는 사람이라는 의미가 강화되다가 프랑스 혁명 이후 정치적 이념이나 신념을 공유하는 사람이라는 의미로까지 확장되어 시민적 요소가 포함되었다(Greenfield, 1993). 이 개념이 일본의 지식인들에 의해 번역될 때, 그런 이유로 '국민', '민족', '족민' 등 다양하게 번역되다가 '민족'이라는 단어로 정착하게 되었고, 이것이 중국과 조선에도 전해지게 된다(박찬승, 2016). 여전히 민족, 민족주의는 그런 이유로 용어를 사용하는 사람에 따라 다양하게 사용된다. 'Nation'은 '민족', '국민', 혹은 이 단어의 번역의 어려움을 호소하며 '내이션'이라고 쓰이기도 하고, 'Nationalism'은 '민족주의', '국민국가주의', '내셔널리즘' 등 다양하게 사용된다. 그런 점에서 민족을 담론으로 정의하는 최근의 시각은 우리가 근대 이후 민족-국가에서 다양한 방식으로 사용되는 다양한 형태의 민족주의를 이해하는 데 도움을 준다. 캘훈은 민족주의를 세계를 바라보고 해석하는 하나의 방식으로, 인류가 서로 다른 민족으로 구분되어 있고, 그 각각은 상이한 과거, 현재 그리고 미래의 운명을 지닌다고 주장하는 다양한 담론을 민족주의라고 지칭한다(Calhoun, 1996). 이러한 관점으로 본다면 민족주의 담론은 다양한 운동, 이데올로기, 정책을 '민족주의'로 정의할 수 있고, 이렇게 한국의 민족주의의 역할을 바라본다면 한국의 민족주의는 다양한 집단에 의해 제기되어 때로는 통일을 지향하기도 통일을 억압하기도 하면서 바람직한 대한민국은 어떤 방향으로 나아갈지에 대한 비전을 제시하고, 그러한 대한민국을 만들어가는 주체가 누가 되어야 하며, 어떤 사람들이 대한민국 국민 혹은 동포가 될 수 있는지에 대한 상이한 시각들이 끊임없이 경쟁하고 있는 것으로 볼 수 있다. 예를 들면, 박찬승(2016)은 한국의 민족주의가 "남북의 통합을 강조하는 '민족주의'와 '일국적 애국주의', 즉 '대한민국 애국주의'를 강조하는 '국가주의'가 서로 경합하는 양상"을 보였다고 평가한다. 한국의 민족주의는 "대내적으로는 민권과 국권을 둘러싸고 자유주의적 내셔널리즘과 국가주의적 내셔널리즘이 서로 경합하였고, 대외적으로는 반일·반미·통일 등을 둘러싸고 반외세적·통일지향적 내셔널리즘과 친외세적·일국지향적 내셔널리즘이 서로 경합"했다고 본다. 전재호(2019)는 뿐만 아니라 김영삼 정부와 김대중 정부의 경제 민족주의 담론의 비교, 2000년대 중반 한국사회를 달군 한국 근현대사 교과서를 둘러싼 갈등, 남북 정권의 역사 교과서 분석 등을 통해 한국의 민족주의가 단일하지 않고 다양한 민족주의가 경합하고 있음을 보여준다.

해방 이후 수립된 대한민국은 '한민족이 하나의 국가를 이루지 못했다'는 현실을 끊임없이 의식하며, 국가 정체성의 중심에 '민족'이라는 상징을 놓았다. 이는 단순한 감정적 구호가 아니라, 헌법, 교육, 외교, 문화 전반에 걸쳐 제도화된 서사였다. 이러한 민족주의의 제도화 과정에서 가장 강력한 키워드는 '반공'이었다. 이승만 정부는 건국 초기부터 공산주의에 대한 적대와 배제를 민족의 정체성과 동일시했다. '공산주의자=비국민'이라는 공식은 단지 이념적 구분이 아니라, 누가 '진짜 한국인'인가를 판단하는 정치적 기준이 되었다. 1948년 국가보안법의 제정은 이를 법제화한 상징적 사건이었다. 보안법은 단지 사상의 문제를 다룬 것이 아니라, 한 국가 안에서 '민족 내부의 적'을 구분하고 통제하는 도구였다.

박정희 정권에 들어서면서 이러한 민족주의는 더욱 공고해졌다. 박정희 정권은 한국의 민주주의는 서구의 민주주의와는 다를 수밖에 없다며 '행정적 민족주의', '민족적 민주주의', '한국적 민주주의'를 제시했다. 산업화와 경제개발이라는 국가적 과제가 강조되면서, 민족은 단결과 희생의 이름으로 동원되었다. '잘 살아보세'라는 구호는 단지 경제적 풍요를 약속하는 것이 아니라, '국가 재건'이라는 대의 아래 개인의 권리와 다양성을 종속시키는 논리로 작동했다. 이 시기 민족주의는 곧 국가주의였고, 국가주의는 곧 대통령의 리더십과 동일시되었다. 메이지 시기 일본이 천황의 '교육칙어'를 통해 천황을 중심으로 하는 군국주의 일본의 기초를 수립했던 것처럼, 박정희 시대 한국도 '우리는 민족중흥의 역사적 사명을 위해 이 땅에 태어났다'로 시작하는 '국민교육헌장'을 모든 학생이 외워야 했다. 국민은 민족의 일원으로 존재하는 것이 아니라, 국가를 위한 도구로 존재하는 것이었다. 이러한 국가주의는 다양한 사회 통제 수단을 통해 공고화되었다. 도시는 반상회를 통해, 지방은 새마을 운동을 통해, 사회의 최하단까지 국가 아래 조직되었다. 학교에서는 국민교육헌장을 외우고, 애국조회, 국민체조 등이 보급되며 멸사봉공(滅私奉公)과 반공으로 무장한 건강한 신체의 국민을 양성했고, 거리 곳곳에서는 반공 포스터와 간첩 신고 포스터가 게시되어 항상 우리 안의 적에 대한 감시를 소홀히 하지 않도록 각성시켰고, 군복무를 한 사람들에게는 취업에서 가산점을 부과함으로써 이러한 병영국가의 가치가 제도적으로 재생산될 수 있도록 만들었다(Moon, 2005).

흥미로운 점은 이처럼 강력한 국가 중심 민족주의가 '통일'이라는 목표 아래에서 정당화되었다는 것이다. 분단된 현실은 언제나 '통일을 이루지 못한 미완의 민족'이라는 인식을 낳았고, 따라서 강력한 국가와 지도자가 필요하다는 논리는 민족주의와 권위주의의 결합을 자연스럽게 만들었다. 이러한 서사는 교육을 통해 반복되었고, 교과서에는 '우리 민족의 우수성과 단일성', '북한의 위협과 공산주의의 잔인성',

‘대한민국의 정통성과 정당성’이 강조되었다. 아이들은 어려서부터 민족은 하나이고, 그 민족을 위협하는 존재는 북한 혹은 내부의 이념적 반대자들이라는 사고방식을 학습했다. 즉, 학교 교육에서 북한은 ‘도발적이고 폭력적인 타자’로, 남한은 ‘정통성을 가진 자유세계의 대표’로 구성했는데, 이러한 구도는 통일의 필요성과 정당성, 그리고 국가에 대한 무조건적 충성이라는 가치를 동시에 내면화하도록 요구했다.

여기서 중요한 것은, 이러한 민족주의가 언제나 외부의 적뿐 아니라 내부의 경계를 짓는 방식으로 작동했다는 점이다. 1980년 광주민주화운동을 예로 들어보자. 당시 정부는 광주 시민의 저항을 ‘북한의 사주를 받은 폭도’로 규정했다. 이는 단지 진압의 정당성을 확보하기 위한 언론 전략이 아니라, 광주 시민을 ‘민족의 일원’에서 배제하는 서사적 장치였다. 마찬가지로 노동운동, 학생운동, 지역운동 역시 때로는 ‘빨갱이’, ‘사회 불만세력’이라는 이름으로 민족주의 밖으로 밀려났다.

요컨대 해방 이후 한국의 민족주의는 국가주의와 결합하며, 반공주의, 산업화, 희생, 권위에 대한 충성을 중심으로 구성되었다. 이 민족주의는 내부의 다름을 억압하고, 외부의 위협을 과장하며, 시민을 통합이 아닌 동원의 대상으로 취급하는 방식으로 유지되었다. 민족은 하나이며, 그 하나됨은 국가의 강력한 리더십 아래에서만 가능하다는 믿음은 민주주의가 성장해야 할 공간을 꾸준히 좁혔다.

그 결과, 한국의 민족주의는 본래 통합을 위한 상상된 공동체라기보다는, 경계를 긋고 배제하고 위계화하는 서사로 정착되었다. 그리고 바로 이러한 구조 위에서, 다양한 민족주의 서사가 등장하기도 했다. 권위주의적 민족주의에 저항하는 ‘민중’의 이야기, 지식인으로써 한국인의 미래를 이끌어나가는 학생 ‘운동권’의 이야기, 산업의 역군이면서 국가의 발전이라는 이름아래 억압되어 온 ‘노동자’의 이야기,

국가를 넘어선 보편적 가치로서의 '시민'의 이야기 등이 본격적으로 떠오르기 시작한다. 다음은 바로 이 전환의 계기와 과정, 그리고 충돌의 현장을 살펴보고자 한다.

3. 균열의 시작, 대항 서사의 등장

1980년대는 민주화를 넘어서, 국가와 민족을 바라보는 서사가 본격적으로 분기되기 시작한 시점이다. 그러나 이러한 새로운 대항 서사는 돌연히 출현한 것이 아니었다. 그 기원은 1960년 4.19 혁명 이후 학생운동의 담론 형성에서부터 이미 감지되었으며, 1960~70년대에 걸쳐 『사상계』의 자유주의 지식인, 민중신학 진영, 재야 민주인사 및 노동운동을 중심으로 축적되고 있었다. 국가주의와 반공이 강력히 작동하던 시기에도, 일부 지식인과 종교인들은 권위주의적 민족주의에 대한 비판적 문제제기를 지속하며, 민족과 국가를 재정의하려는 흐름을 이어갔다.

특히 『사상계』를 중심으로 활동한 자유주의자들은 단일민족주의나 반공 민족주의의 독점적 서사에 의문을 제기하며, 시민 개개인의 권리와 표현의 자유, 비판적 지성의 중요성을 강조했다. 이들은 국가주의를 넘어서 '시민의 민족주의'를 주장했고, 이는 1980년대 이후 본격화되는 시민운동과 결합하여 대항 서사의 토양이 되었다. 한편 민중신학은 기독교 내부에서 등장한 신학적 비판으로, 억압받는 민중을 구원의 주체로 바라보며, 국가에 의해 외면된 이들의 고통과 목소리를 민족 공동체의 핵심으로 자리매김했다. 학생운동은 민주주의가 억압된 사회에서 양심을 갖고 민중과 함께 호흡하며 역사를 바꾸는 '운동권'의 서사를 확립해 나아갔다(Lee, 2005). 이 모든 흐름은 결국 1980년 광주민주화운동이라는 거대한 균열의 순간으로 수렴된다. 다른 한편으로는 전태일의 저항으로 촉발된 노동운동의 성장이다. 70년대 급속한 경제 발전은 대한민국 사회에 풍요를 가져다 주었지만 다른 한 편으로는 그러한 발전의 동력이 된 수많은 노동자들의 희생이 바탕이 되었다. 열악한 노동 환경 속에서 노동자들은 그들만의 독특한 노동자성을 발전시켰다(Koo, 2001).

특히 광주민주화운동은 이 새로운 대항 서사의 기점을 이루었다. 1980년 5월, 계엄군의 폭력적 진압에 맞선 광주 시민의 저항은 국가권력이 만들어 놓은 국가에 대한 저항은 '민족의 적'이라는 낙인에 정면으로 반박하는 사건이었다. 이러한 학살의 경험은 일반적인 시민들 사이의 우정의 감정이 동료의 죽음으로 인해 역사적이고 공적인 공동체에 대해 헌신하는 주체로서의 변화를 가져왔다. 예를 들면 한강 작가의 『소년이 온다』에서 "네가 죽은 뒤 장례식을 치르지 못해 내 삶이 장례식이 되었나."라는 말로 살아남은 사람들의 부책의식을 표현한다. 단지 광주 현장에 있었던 사람 뿐 아니라 그 자리에 없었던 학생운동, 노동운동, 빈민운동을 하는 사람들 사이에서도 그들이 당시 어떤 일이 있었는지를 후대와 해외에 전달해야 할 의무감이 만들어졌다. 이후 광주의 진실을 알리기 위한 학생운동, 재야운동, 언론 활동 등은 기존의 민족주의 서사에 균열을 내는 중요한 정치적, 상징적 실천이었다. '진짜 한국인은 누구인가'라는 질문에 대해, 이제는 단지 국가에 충성하는 존재가 아닌, 국가 권력에 저항하고 억눌린 역사를 말하는 이들이 새로운 민족적 주체로 등장한 것이다.

이 시기의 민주화운동에서 핵심적으로 작동한 개념은 '민중'이었다. '민중'은 단지 경제적으로 가난한 계층이 아니라, 역사적으로 침묵당하고 배제되어온 다수의 대중을 의미했다. 학생운동, 노동운동, 도시빈민운동, 여성운동 등은 이 '민중'을 자신들의 정체성과 정치적 주체로 상정하며, 민족주의의 새로운 서사를 구성해갔다. 기존의 민족은 국가에 의해 말해졌지만, 새로운 민족은 억압에 저항하는 목소리로부터 말해지기 시작한 것이다.

이러한 대항 서사는 단지 정권의 교체를 목표로 한 것이 아니었다. 그것은 궁극적으로 '어떤 나라를 만들 것인가'라는 질문, 즉 국가의 형태와 그 안에서의 국민됨의 의미를 새롭게 정의하려는 시도였다. 여기에는 단지 반독재, 반군부만이 아니라, 자본주의적 개발 체제, 반공 이데올로기, 권위적 질서에 대한 근본적 회의와 저항이 포함되어 있었다. '민중이 나라의 주인이다'라는 구호는 단지 정치적 수사에 그치지 않고, 기존 민족주의 서사의 해체와 재구성을 요구하는 정치적 실천이었다. 한편으로 이러한 새로운 저항 서사들의 등장에는 일종의 역설이 존재했다. 예를 들면 그린커(Grinker, 1996)는 1980년대 군사정권 아래에서 교육을 받은 세계가 어떻게 민족주의 서사를 체화했는지를 설명하면서, '반공 민족주의'와 '통일 민족주의'를 교육을 가장 열심히 받았던 당시의 대학생들이 그 체제에 대한 가장 열렬한 반대자가 되었음을 지적한다.

1987년 6월 항쟁은 이러한 대항 서사의 확산과 제도화의 출발점이었다. 직선제 개헌을 관철시킨 시민들의 힘은 새로운 민주주의의 가능성을 열었고, 동시에 국가의 정통성을 다시 묻는 계기가 되었다. 그러나 이 민주화는 곧 또 다른 문제를 낳았다. 국가 권력이 민주화되었다고 해서, 국가가 독점하던 민족 서사가 자동적으로 변화된 것은 아니었다. 오히려 민주화 이후에는 서로 다른 민족주의 서사가 정치의 장에 본격적으로 등장하며, 민족주의의 분열이 본격화되기 시작한다.

민주화 이후의 민족주의는 더 이상 하나의 이야기로 통일되지 않았다. 민주화 운동 진영은 해방 이후 억압되었던 역사적 기억—예컨대 친일 청산, 노동운동, 여성운동, 지역 차별, 분단 트라우마 등을 중심으로 한 '포용적 민족주의'를 주장한다. 반면 기득권 세력은 기존의 반공, 산업화, 질서, 국가 정통성을 중심으로 한 '수호적 민족주의'를 강화한다. 이 두 서사는 단지 과거에 대한 해석 차이를 넘어서, 오늘날의 국가 정체성, 시민 자격, 외교 정책, 통일 구상 등 거의 모든 영역에서 충돌하게 된다.

결국 1980년대 이후 등장한 대항 서사들은 기존 국가주의적 민족주의에 균열을 내고, 보다 다원적인 '한국인됨'을 상상할 수 있는 가능성을 열었다. 하지만 그 가능성은 아직 완성되지 않았으며, 이후의 한국사회는 이들 서사들이 끊임없이 경쟁하고 충돌하는 공간으로 진입하게 된다. 이처럼 분열된 민족주의 서사들이 지금 이 순간 한국사회 곳곳에서 어떻게 현실 정치와 삶의 조건을 규정하고 있는가?

4. 충돌하는 민족주의, 흔들리는 우리

민주화 이후 한국사회는 더 이상 하나의 민족주의 서사로 설명되지 않는다. 해방 이후 국가주의적 민족주의와 그것에 대한 대항 서사가 각기 자신만의 '진짜 민족', '진짜 한국인', '진짜 국가'를 상상하게 되면서, 한국사회는 동일한 정체성 아래 통합되기보다 다양한 균열선 위에서 충돌하기 시작했다. 사실 민족주의는 본래부터 단일하고 안정적인 내러티브가 아니었다. 민족은 종종 하나의 실체로 상정되지만, 실제로는 특정 시기, 특정 권력에 의해 구성되고 재해석되는 담론적 현상이다. 민족주의 담론은 언제나 경합적이며, 동일한 역사적 사건이나 인물을 두고도 서로 다른 집단이 상반된 의미를 부여하며 자신들의 정체성을 정당화한다. 이처럼 민족주의는 고정된 본질이 아니라, 정치적 정당성, 도덕적 권위, 역사적 정체성 등을 두고 벌어지는 상징 투쟁의 장이자 유동적 실천의 산물이다.

이러한 민족주의의 경합성은 특히 '기억의 정치(politics of memory)'를 통해 구체화된다. 사회는 과거를 기억하는 방식에 따라 현재의 정체성과 정치적 정당성을 구성한다. 집단 정체성은 단순히 과거 사실의 누적이 아니라, 어떤 기억을 '기억할 것인가', 어떤 기억을 '잊을 것인가'를 둘러싼 정치적 선택의 결과이다. 한국사회에서도 '진짜 한국인'과 '가짜 국민'의 구분은 단순히 정책의 선호 차이가 아니라, 서로 다른 역사 기억의 체계 위에 구축된다. 예컨대, 3.1운동과 임시정부를 중심에 두는 서사와, 건국절을 강조하는 서사, 친일청산의 미완성을 강조하는 담론과, 산업화를 통해 민족 발전을 이룬 성과를 강조하는 입장 사이에는 동일한 과거를 전혀 다른 방식으로 구성하려는 '기억의 전쟁'이 존재한다. 이처럼 민족주의의 분열은 단지 정파 간의 이념 대립이 아니라, 과거에 대한 해석과 기억의 구성 권리를 둘러싼 헤게모니 경쟁이기도 하다. 결국, 한국 민족주의는 하나의 고정된 내러티브가 아니라 서로 충돌하는 기억의 체계이며, 정체성 정치의 장에서 유동적으로 구성되는 이념 투쟁의 현장이다. 이 점에서 한국사회의 민족주의는 과거의 해석을 둘러싼 '기억의 정치'와 현재의 정당성 투쟁이 맞물려 있는 복합적 구조로 작동하고 있다.

이러한 역사 인식의 대립은 특히 2000년대 이후 본격화된 교과서 서술 논쟁에서 가장 첨예하게 표출되었다. 전재호(2010)는 교과서를 둘러싼 갈등이 단순한 교육내용 논쟁이 아니라, '누가 한국인의 정통성을 정의할 권리를 갖는가'에 대한 서사 정치의 핵심이라고 분석한다. 한 쪽에서는 박정희 시대의 산업화와 국가 건설의 공로를 강조하며, 광주나 친일 문제에 대해 상대적으로 축소·중립적 서술을 선호한다. 반면 다른 한 쪽에서는 독재에 대한 비판, 친일 청산의 필요성, 광주민주화운동의 역사적 의미를 강조하며, 과거의 부정의에 대한 기억과 책임을 민족 정체성의 핵심 요소로 본다. 같은 사건을 두고 전혀 다른 역사 서사를 만들어내는 이 구조는 민족주의가 단일한 내러티브가 아닌, 경쟁하는 '기억의 정치'임을 보여준다.

2008년 뉴라이트 계열의 역사학자들과 보수 단체들이 주도한 교과서 비판은 이념전쟁의 서막이었다. 이들은 기존의 교과서들이 "좌편향되었다"고 주장하며, 박정희 정권의 산업화 성과, 6.25 전쟁에서의 국군과 유엔군의 희생, 북한의 체제 문제 등에 대한 기술이 축소되거나 부정적으로 서술되었다고 비판했다. 이에 따라 교육부는 2010년 고등학교 한국사 교과서의 집필 기준을 개정하였다. 특히 2015년 박근혜 정부가 추진한 중고등학교 한국사 교과서 국정화 시도는 이 갈등을 정점으로 끌어올렸다. 정부는 "역사교육의 중립성과 일관성을 회복하기 위해서" 국정화를 추진한다고 주장했지만, 그에 반대하는 진영과 역사학계는 이를 "역사 퇴행"이자 "권위주의적 국가주의의 부활"이라고 강하게 반대했다. 시민사회와 교사단체, 대학 역사학과 교수들은 공동성명을 통해 국정 교과서가 일제 강점기 친일파 미화, 박정희 정권의 독재 통치 미화, 5.18 광주민주화운동의 축소·왜곡 등을 초래할 것이라고 우려했다.

실제 2017년 공개된 국정 역사 교과서에는 '건국절' 표현 도입, 유신체제에 대한 비판적 서술 축소, 친일 인사에 대한 기술의 상대화, 5.18과 6월 항쟁의 시민 참여 강조 삭제 등 민감한 쟁점에서 보수적 관점이 두드러졌다. 이러한 변화는 단순한 관점의 차이를 넘어, 민족의 정통성을 어디에 두는가-해방 이후 독립운동의 계승이냐, 건국과 산업화의 성취냐-에 대한 근본적 가치 충돌을 반영한 것이다. 이러한 교과서 논쟁은 단지 역사 서술을 둘러싼 교육 정책의 문제가 아니라, 한국사회 내 경쟁하는 민족주의 서사들이 교육이라는 장에서 충돌하고 있다는 점에서 주목된다. 각각의 교과서는 특정한 '기억의 연대기'를 선택하고, 이를 통해 미래 세대에게 어떤 국민이 되어야 하는지를 암묵적으로 주입한다. 결국 교과서 논쟁은 과거에 대한 해석을 둘러싼 전쟁인 동시에, 국가와 국민의 미래상을 둘러싼 투쟁이기도 하다.

민족주의의 충돌은 과거뿐 아니라 현재의 정책 결정 과정에서도 반복된다. 복지, 교육, 안보, 통일 정책과 같은 삶의 조건에 직결된 영역에서, 민족주의적 상상은 여전히 강력한 정치적 구심점이 된다. 특히 2010년대 이후 본격화된 반포퓰리즘 논쟁은 이러한 민족주의의 현대적 작동 방식을 잘 보여준다(장휘, 2020). 보수적 언론과 정치인들은 포퓰리즘을 '반시장적이고 반자유주의적인 대중영합주의'로 규정하며, 복지 확대, 평등 교육, 남북 대화와 같은 정책을 '국가를 무너뜨리는 위험한 유혹'으로 해석한다. 반면 다른 쪽에서는 포퓰리즘 비판 자체가 민주적 요구와 대중의 목소리를 '비이성적'으로 낙인찍는 정치적 통제 장치라고 반박한다.

예컨대, 무상급식이나 기본소득 같은 복지정책은 '퍼주기'와 '책임 없는 선심정책'이라는 비난을 받지만, 동시에 시민의 권리와 국가의 책무로 간주되며 민족적 공동체의 연대 감각을 재구성하는 요소로도 작동한다. 통일 문제에 있어서도, 강경 대응과 대화를 둘러싼 입장 차이는 단순한 전략 선택의 문제가 아니라, 어떤 민족주의를 상상하느냐에 따라 전혀 다른 방향으로 수렴된다. 한 쪽에서는 통일을 민족 공동체 회복의 일환으로 보며, 대화와 협력을 강조하지만, 다른 한 쪽에서는 통일을 '자유민주주의 체제 하에서의 흡수 통일'로 전제하고, 그 전제에 동의하지 않는 이들을 '반통일 세력'으로 간주한다.

민족주의의 분열은 정치와 교육을 넘어 문화적 재현의 장에서도 활발하게 나타난다. 대중문화는 단순한 오락이 아니라, 특정한 정체성과 역사 해석을 자연스럽게 정당화하고 전파하는 중요한 장치이기 때문이다. 드라마, 영화, 예능, 온라인 콘텐츠 등은 '민족이란 무엇인가', '누가 진짜 한국인인가'에 대한 암묵적인 서사를 반복적으로 재생산하며, 때로는 충돌을 일으킨다. 대표적인 사례는 KBS 드라마 〈서울 1945〉 논란이다. 이 드라마는 해방 이후 남북의 분단과정을 좌우 이념 갈등이라는 복합적 배경 속에서 다층적으로 묘사했다. 그러나 극중 등장한 이승만에 대한 비판적 묘사와 조선인민공화국의 묘사에 대해 보수 진영은 '좌편향'이라고 강하게 비판했고, 국회의 청문회와 감사원 조사가 벌어지는 초유의 사태로까지 확산되었다. 이 사건은 문화 재현을 둘러싼 민족주의 서사가 얼마나 민감한 이념 갈등의 지점인지 잘 보여준다.

또 다른 사례는 영화 〈택시운전사〉와 〈1987〉의 흥행이다. 두 작품은 각각 5.18 광주민주화운동과 6월 항쟁을 다룬 작품으로, 당시 보수 정권의 국가폭력과 시민저항의 서사를 중심으로 구성되었다. 이 영화들에 대해 일부 언론과 정치인들은 '반국가적', '좌편향'이라는 비판이 제기되었고, 반대로 다른 편에서는 "기억의 복원"이자 "정의로운 국민의 상"을 그리는 작품으로 호평하였다. 같은 역사적 사건을 바라보는 관점 차이가 문화적 재현물에 대한 정치적 평가로 직결된 것이다.

이러한 갈등은 단지 과거 반공주의와 산업화를 바탕으로 한 민족주의 서사를 기반으로 한 세력과 민주화를 기반으로 하는 민족주의 서사를 기반하는 세력들 간의 분열로만 나타나는 것은 아니다. 민주화 이후 다양한 이념과 사상이 정치 세력으로 형성되면서, 새로운 정체성과 새로운 민족주의 서사들이 등장하기도 한다. 예를 들면, 코로나 시기 한국의 방역 정책의 성공적 수행은 해외 언론의 조명을 받게 되었고, 다양한 소위 유튜브 '국뽕 채널'은 이러한 해외의 반응을 자랑스럽게 전달했다. 이러한 국뽕 채널의 콘텐츠에서는 종족적 민족주의나 반공주의 산업화 민족주의 서사와는 다른 형태의 서사가 발견되는데, 국가에 대한 효능감이 국가에 대한 자부심으로 나타나는 민족주의 서사다(장휘·송경호, 2021). 이러한 서사는 과거 국군 유해를 하와이 등 해외에서 송환한다든지 민족 운동 지도자인 홍범도 장군의 유해를 송환하는 시기에 온라인에서의 반응으로 표출되었다.

2016년 강남역 살인사건은 한국사회의 젠더 갈등을 수면 위로 끌어올린 결정적 계기였다. 여성들은 '여성혐오'를 사건의 본질로 규정하고, 지하철역 벽면에 포스트잇 추모 메시지를 붙이며 자발적 기억 공동체를 형성했다. 반면, 일부 보수 진영과 남성 중심 커뮤니티에서는 이를 '과잉반응'이라 규정하며 역차별과 남성혐오라는 프레임으로 맞섰다. 젊은 남성층 일부는 자신들을 '역차별당한 국민'으로 인식하며, 자신들이야말로 진짜 대한민국의 주체라고 주장하는 새로운 형태의 '성별 민족주의'를 구성했다. 이는 특정한 젠더 정체성을 중심으로 '우리'를 구성하고, 다른 젠더 정체성을 배제하는 또 다른 민족주의적 상상의 작동 방식이다. 이는 국가가 일상적인 여성에 대한 폭력을 방지하고 안전을 보장해야 한다는 요구와 남성 중심의 보수적 국민 주체 상상이 충돌하는 상징적 국면이었다. 이러한 페미니즘과 반페미니즘 갈등 역시 국가의 역할이 무엇이어야 하고 우리가 바라는 국가는 어떤 모습인가에 대한 논쟁을 중심으로 진행되었다.

이러한 분열은 이주와 난민 문제에서도 선명하게 드러난다. 2018년 제주 예멘 난민 수용 논란은 그 상징적 사례다. 한국 정부가 무비자 제도를 통해 입국한 예멘 난민 수백 명의 임시 체류를 허용하자, 청와대 국민청원에는 "가짜 난민 추방하라"는 제목의 청원이 70만 명에 가까운 서명을 받으며 큰 반향을 일으켰다. 난민에 대한 부정적 이미지는 '우리 민족의 순수성'과 '안보 위협', '이슬람 문화에 대한 불신'과 결합되며, 혈통 기반의 민족주의와 문화순수주의적 담론을 자극했다. 흥미로운 것은 아주 짧은 시기이기는 하지만, 때로 급진적인 페미니스트 담론과 배타적인 우파 포퓰리스트 담론이 이 시기에 연합을 이루었다는 점이다. 가부장적인 이슬람 문화에서 온 남성들이 한국에서 벌이게 될 다양한 형태의 여성에 대한 성적 대상화와 성폭력에 대한 우려를 바탕으로 한 페미니스트 단체들은 이슬람 국가 난민을 받아들임으로 해서 서구와 마찬가지로 한국의 전통과 문화와 종족적 순수성이 파괴될 것을 우려한 보수적인 반난민 단체와 공동으로 대응 전선을 구축했다. 이는 보수적 반난민 단체들이 점차 운동의 주체를 국수주의적인 집단으로 제한하면서 결국 해체되기는 했지만, 한국사회의 민족주의 담론 분열이 얼마나 복잡하게 얽혀 있는지를 보여주는 하나의 계기가 되었다.

반면, 일부 시민사회와 인권단체, 종교계는 난민도 인류 공동체의 일원이며, 대한민국의 '정의롭고 인권적인 국가' 정체성을 실현하기 위해 이들을 수용해야 한다는 주장을 펼쳤다. 이 과정에서 다문화, 포용성, 세계시민주의를 기반으로 한 보편적 민족주의 또는 탈민족주의 담론이 등장했지만, 여론의 지지를 얻기엔 역부족이었다. 오히려 이 사건은 한국사회의 민족주의가 여전히 배타적이고 국지적인 정체성 중심으로 작동하고 있음을 드러내었다.

이처럼 문화적 재현의 장에서 드러나는 민족주의는 단지 과거의 기억을 둘러싼 충돌이 아니라, 젠더, 인종, 이주, 종교, 계층 등 다층적인 정체성의 갈등이 민족주의 서사로 흡수되거나 그것을 재구성하며 작동하는 양상을 띠고 있다. 이러한 충돌은 한국사회가 '하나의 민족'이라는 전통적 통합 담론 아래 얼마나 다양한 분열선을 안고 있는지를 여실히 보여주며, 민족주의가 결코 고정된 실체가 아닌 경합적이고 유동적인 상상적 공동체라는 점을 다시금 확인하게 한다.

이처럼 한국사회에서 민족주의는 단지 과거를 회고하거나 감정을 표현하는 수단이 아니라, 현재의 정치적 입장과 정책 선택을 규정하는 가장 강력한 서사 장치로 작동하고 있다. 교과서, 방송, 정치 연설, 온라인 커뮤니티까지 민족주의적 언어는 일상 속에서 반복되며, 각 진영은 자신만의 '진짜 민족'을 주장하며 상대를 배제한다. 결국 '우리는 누구인가'라는 질문은 여전히 풀리지 않은 채, 서로 다른 민족주의들이 사회 전반에 걸쳐 충돌하고 있다.

5. 공존을 위한 민족 서사 다시 쓰기

지금까지 우리는 한국사회에서 민족주의가 어떻게 구성되고, 분화되고, 충돌해왔는지를 살펴보았다. 민족주의는 본래 사람들을 하나로 묶는 통합의 상상력으로 기능해왔지만, 오늘날 한국사회에서는 오히려 갈등을 격화시키는 분열의 언어로 작동하고 있다. 민족을 어떻게 상상하느냐에 따라, 우리는 서로 다른 국가를 그리게 되고, 서로를 '진짜 국민' 혹은 '국민이 아닌 자'로 규정하게 된다. 최근 서구 사회에서 보듯이 민족주의는 종종 국가주의, 인종주의와 결합해 위험한 전체주의 혹은 포퓰리즘 정치를 만들어낸다. 우리도 오랫동안의 국가주의의 영향으로 인해 억압적인 과거에 대한 향수와 다원주의를 거부하는 극우 정치가 점차 힘을 얻어간다. 민족주의가 근대 국가를 구성하고 사회적 통합을 이루는데 여전히 필수적인 '거짓말' 중 하나라고 한다면(Appiah, 2018), 우리는 어떻게 그 민족주의를 길들일 수 있을지 고심해야 한다.

로저스 스미스(Smith, 2020)는 미국 정치 문화의 분열을 분석하면서, 동일한 국가 안에서도 서로 다른 정체성 서사가 경쟁하고 충돌할 수 있으며, 그 과정에서 특정한 역사 기억과 가치가 정치적으로 동원된다고 지적한다. 스미스에 따르면, '우리가 누구인가'에 대한 서사는 언제나 고정되어 있지 않으며, 특정 시기와 정치세력이 자신에게 유리한 정체성을 '국민적 이야기'로 제시하고, 제도와 정책을 통해 그것을 반복 재생산한다. 이러한 서사 정치의 핵심은 바로 포함과 배제의 경계선이 어디에 그어지느냐에 있다.

스미스는 특히 미국의 경우, 자유, 평등, 공화주의라는 보편적 가치의 서사와, 백인 중심의 민족적 서사가 병존하며 경쟁해왔음을 지적한다. 그리고 그는 이 서사 경쟁이 단지 상징의 문제가 아니라, 시민권, 투표권, 복지 자격, 교육 내용 등 실질적인 제도적 결과를 낳는다는 점에서 중요하다고 강조한다. 이와 마찬가지로 한국사회에서도 '자유민주주의', '민족의 동질성', '항일과 반공', '경제개발과 근면' 등 다양한 민족적 정체성 서사들이 경쟁하고 있으며, 이 서사들은 헌법 해석, 역사교육, 통일방안, 이민정책, 표현의 자유 등 수많은 분야에서 서로 다른 정치적 결과를 낳고 있다.

그렇다면 이처럼 경쟁하는 민족주의 서사 속에서 분열을 넘어서는 방식은 무엇일까? 스미스는 그 해답을 '보편적 가치를 기반으로 한 새로운 국민적 이야기'에서 찾는다. 그는 단지 과거의 특정 정체성을 반복하거나, 민족의 고유성을 강조하는 대신, 시민 개개인의 권리, 실질적 자유, 참여의 기회를 중심으로 한 서사를 구축할 것을 제안한다. 즉, '우리가 누구인가'를 다시 쓰는 일이야말로 분열을 넘어서는 유일한 정치적 선택이라는 것이다.

이러한 스미스의 제안은 한국사회에도 중요한 시사점을 제공한다. 한국의 민족주의 서사 역시, 자유와 민주주의라는 가치를 중심에 두되, 그것이 단지 반공이나 국가주의의 수단으로 축소되지 않도록 재정립되어야 한다. 민주주의는 더 이상 체제 비교의 도구가 아니라, 시민 누구나 동등하게 소속될 수 있는 공동체의 원리로 재구성되어야 한다. '자유민주주의에 의한 통일'이라는 선언이 진정한 통일 서사가 되기 위해서는, 그 자유와 민주주의가 특정 이념과 세력만을 위한 것이 아니라, 다양한 정체성과 기억이 공존할 수 있는 틀이어야 한다.

결국 필요한 것은 '민족주의를 없애는 것'이 아니라, 그것을 다시 상상하는 것이다. 과거의 권위주의적, 국가주의적 서사를 넘어서, 실질적 자유와 참여, 기억의 다양성과 상호존중을 중심으로 한 포용적 민족주의 서사가 필요한 시점이다. 이는 단지 추상적인 도덕적 당위가 아니라, 오늘날 한국사회가 직면한 분열과 갈등을 넘어서는 유일한 현실적 정치적 실천이기도 하다. 우리는 지금, 민족이라는 말이 더 이상 사람들을 나누는 이름이 아니라, 함께 살아갈 수 있는 가능성의 언어가 되기를 요구받고 있다.

엮은 이

조화순

노스웨스턴대학교 정치학 박사

현 연세대학교 교수

제53대 한국정치학회 회장

공동 집필(이하 가나다 순)

김기동(한국외국어대학교 정치외교학과 조교수)

김범수(단국대학교 정치외교학과 초빙교수)

민 희(부산대학교 정치외교학과 부교수)

송경호(한국전자통신연구원 AI안전연구소 선임연구원)

이 훈(경희대학교 미디어학과 부교수)

이재묵(한국외국어대학교 정치외교학과 교수)

장 휘(세종대학교 글로벌인재학부 초빙교수)

조계원(고려대학교 정치연구소 연구교수)

한은수(연세대학교 디지털사회과학센터 박사후연구원)

무엇이 한국사회를 분열시키나?

초판발행 2025년 6월 25일

지은이 조화순
펴낸이 안종만·안상준

편 집 장유나
기획/마케팅 장규식
표지디자인 BEN STORY
제 작 고철민·김원표

펴낸곳 (주) 박영사
서울특별시 금천구 가산디지털2로 53, 210호(가산동, 한라시그마밸리)
등록 1959.3.11. 제300-1959-1호(倫)
전 화 02)733-6771
f a x 02)736-4818
e-mail pys@pybook.co.kr
homepage www.pybook.co.kr
ISBN 979-11-303-2384-8 93340

정 가 20,000원

이 저서는 2020년 대한민국 교육부와 한국연구재단의 지원을 받아 수행된 연구임
(NRF-2020S1A5C2A03093177)